本书由
中央高校建设世界一流大学（学科）
和特色发展引导专项资金
资助

中南财经政法大学"双一流"建设文库

中 | 国 | 经 | 济 | 发 | 展 | 系 | 列

"性价比"视角下
中国制造业出口增长研究

谢 靖 著

中国财经出版传媒集团

经济科学出版社
Economic Science Press

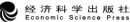

图书在版编目（CIP）数据

"性价比"视角下中国制造业出口增长研究/谢靖著．
—北京：经济科学出版社，2020.6
（中南财经政法大学"双一流"建设文库）
ISBN 978 - 7 - 5218 - 1636 - 5

Ⅰ.①性…　Ⅱ.①谢…　Ⅲ.①制造工业 - 出口贸易 -
研究 - 中国　Ⅳ.①F426.4

中国版本图书馆 CIP 数据核字（2020）第 100464 号

责任编辑：孙丽丽　撤晓宇
责任校对：王肖楠
版式设计：陈宇琰
责任印制：李　鹏　范　艳

"性价比"视角下中国制造业出口增长研究
谢　靖　著
经济科学出版社出版、发行　新华书店经销
社址：北京市海淀区阜成路甲 28 号　邮编：100142
总编部电话：010 - 88191217　发行部电话：010 - 88191522
网址：www. esp. com. cn
电子邮箱：esp@ esp. com. cn
天猫网店：经济科学出版社旗舰店
网址：http://jjkxcbs. tmall. com
北京季蜂印刷有限公司印装
787 × 1092　16 开　15 印张　250000 字
2020 年 6 月第 1 版　2020 年 6 月第 1 次印刷
ISBN 978 - 7 - 5218 - 1636 - 5　定价：60.00 元
（图书出现印装问题，本社负责调换。电话：010 - 88191510）
（版权所有　侵权必究　打击盗版　举报热线：010 - 88191661
QQ：2242791300　营销中心电话：010 - 88191537
电子邮箱：dbts@ esp. com. cn）

总　序

　　"中南财经政法大学'双一流'建设文库"是中南财经政法大学组织出版的系列学术丛书，是学校"双一流"建设的特色项目和重要学术成果的展现。

　　中南财经政法大学源起于 1948 年以邓小平为第一书记的中共中央中原局在挺进中原、解放全中国的革命烽烟中创建的中原大学。1953 年，以中原大学财经学院、政法学院为基础，荟萃中南地区多所高等院校的财经、政法系科与学术精英，成立中南财经学院和中南政法学院。之后学校历经湖北大学、湖北财经专科学校、湖北财经学院、复建中南政法学院、中南财经大学的发展时期。2000 年 5 月 26 日，同根同源的中南财经大学与中南政法学院合并组建"中南财经政法大学"，成为一所财经、政法"强强联合"的人文社科类高校。2005 年，学校入选国家"211 工程"重点建设高校；2011 年，学校入选国家"985 工程优势学科创新平台"项目重点建设高校；2017 年，学校入选世界一流大学和一流学科（简称"双一流"）建设高校。70 年来，中南财经政法大学与新中国同呼吸、共命运，奋勇投身于中华民族从自强独立走向民主富强的复兴征程，参与缔造了新中国高等财经、政法教育从创立到繁荣的学科历史。

　　"板凳要坐十年冷，文章不写一句空"，作为一所传承红色基因的人文社科大学，中南财经政法大学将范文澜和潘梓年等前贤们坚守的马克思主义革命学风和严谨务实的学术品格内化为学术文化基因。学校继承优良学术传统，深入推进师德师风建设，改革完善人才引育机制，营造风清气正的学术氛围，为人才辈出提供良好的学术环境。入选"双一流"建设高校，是党和国家对学校 70 年办学历史、办学成就和办学特色的充分认可。"中南大"人不忘初心，牢记使命，以立德树人为根本，以"中国特色、世界一流"为核心，坚持内涵发展，"双一流"建设取得显著进步：学科体系不断健全，人才体系初步成型，师资队伍不断壮大，研究水平和创新能力不断提高，现代大学治理体系不断完善，国际交流合作优化升级，综合实力和核心竞争力显著提升，为在 2048 年建校百年时，实现主干学科跻身世界一流学科行列的发展愿景打下了坚实根基。

"当代中国正经历着我国历史上最为广泛而深刻的社会变革，也正在进行着人类历史上最为宏大而独特的实践创新"，"这是一个需要理论而且一定能够产生理论的时代，这是一个需要思想而且一定能够产生思想的时代"①。坚持和发展中国特色社会主义，统筹推进"五位一体"总体布局和协调推进"四个全面"战略布局，实现"两个一百年"奋斗目标、实现中华民族伟大复兴的中国梦，需要构建中国特色哲学社会科学体系。市场经济就是法治经济，法学和经济学是哲学社会科学的重要支撑学科，是新时代构建中国特色哲学社会科学体系的着力点、着重点。法学与经济学交叉融合成为哲学社会科学创新发展的重要动力，也为塑造中国学术自主性提供了重大机遇。学校坚持财经政法融通的办学定位和学科学术发展战略，"双一流"建设以来，以"法与经济学科群"为引领，以构建中国特色法学和经济学学科、学术、话语体系为己任，立足新时代中国特色社会主义伟大实践，发掘中国传统经济思想、法律文化智慧，提炼中国经济发展与法治实践经验，推动马克思主义法学和经济学中国化、现代化、国际化，产出了一批高质量的研究成果，"中南财经政法大学'双一流'建设文库"即为其中部分学术成果的展现。

文库首批遴选、出版二百余册专著，以区域发展、长江经济带、"一带一路"、创新治理、中国经济发展、贸易冲突、全球治理、数字经济、文化传承、生态文明等十个主题系列呈现，通过问题导向、概念共享，探寻中华文明生生不息的内在复杂性与合理性，阐释新时代中国经济、法治成就与自信，展望人类命运共同体构建过程中所呈现的新生态体系，为解决全球经济、法治问题提供创新性思路和方案，进一步促进财经政法融合发展、范式更新。本文库的著者有德高望重的学科开拓者、奠基人，有风华正茂的学术带头人和领军人物，亦有崭露头角的青年一代，老中青学者秉持家国情怀、述学立论、建言献策，彰显"中南大"经世济民的学术底蕴和薪火相传的人才体系。放眼未来、走向世界，我们以习近平新时代中国特色社会主义思想为指导，砥砺前行，凝心聚

① 习近平：《在哲学社会科学工作座谈会上的讲话》，2016 年 5 月 17 日。

力推进"双一流"加快建设、特色建设、高质量建设，开创"中南学派"，以中国理论、中国实践引领法学和经济学研究的国际前沿，为世界经济发展、法治建设做出卓越贡献。为此，我们将积极回应社会发展出现的新问题、新趋势，不断推出新的主题系列，以增强文库的开放性和丰富性。

"中南财经政法大学'双一流'建设文库"的出版工作是一个系统工程，它的推进得到相关学院和出版单位的鼎力支持，学者们精益求精、数易其稿，付出极大辛劳。在此，我们向所有作者以及参与编纂工作的同志们致以诚挚的谢意！

因时间所囿，不妥之处还恳请广大读者和同行包涵、指正！

中南财经政法大学校长

前　言

中国作为世界上最大的发展中国家，"中国制造"在国际市场中取得的巨大成就自然引起国内外学者和政策制定者的特别关注，并将这一现象称之为"中国出口奇迹"。针对现有文献对中国出口增长的解读不够充分，本书提出待研究的问题，即在价格优势渐进弱化而出口产品质量与发达国家尚存在一定差距的情况下，中国的出口为何还能持续增长。基于对现有研究成果的充分吸收，本书拟综合考虑价格和质量两种因素，尝试引入"性价比"的研究视角来解读中国出口增长的原因，并对制造业的出口增长和"性价比"变动进行结构分解，分析"性价比"及其他因素的变化对制造业出口增长的贡献程度，考察"性价比"变动的主要动力因素及其在结构上的动态变化，在此基础上进一步分析制造业的出口升级路径，进而为出口部门的行为决策提供经验参考，为政府的贸易政策取向提供事实依据。

本书的具体研究内容主要包括以下章节：

导论。本部分主要阐述本书的选题背景、研究目的、研究的理论与现实意义、研究思路与技术路线、主要研究内容、研究方法及可能的创新之处。

第一章为国内外相关研究综述。本部分主要是梳理相关国内外文献并进行评述。(1) 梳理企业异质性理论（包括生产率异质性和产品质量异质性）的主要研究内容，厘清生产率与价格、产品质量之间的关系，对出口质量的主要测度方法进行总结及评述。(2) 回顾"性价比"的研究历程，着重分析"性价比"在经济学领域的相关应用，为本研究提供借鉴和启发。(3) 从宏观层面和微观层面梳理现有文献对中国出口增长的有关解读，总结这些研究的理论依据和经验支撑，并从中找到本研究的切入点。

第二章为企业出口行为的理论分析：一个新的视角。本部分主要在质量异质性模型的基础上，构建"性价比"决定企业出口行为的理论分析框架。参照已有文献对"性价比"的理解,将"性价比"引入质量异质性模型,分析"性价比"对消费需求的影响;同时借鉴双重生产率异质性模型,分析企业的生产效率与质量生产能力对产品的价格、质量和"性价比"水平的内生决定;通过局部均衡分析,构建"性价比"与企业出口行为决定的理论分析框架。

第三章在企业—产品层面对"性价比"与出口增长进行实证分析。本部分将利用海关数据库提供的微观贸易数据,测度企业—产品—进口国—年份维度的"性价比"指数,在理论分析框架的基础上构建计量模型,实证分析"性价比"变动对企业出口的影响。

第四章在行业层面对"性价比"影响出口增长进行实证分析。本部分将借鉴现有文献的指数分解方法,测度中国制造业的行业"性价比"指数,实证检验"性价比"变动对制造业行业出口增长的影响,并分析在不同类型行业和不同类型进口国中的差异性。

第五章对出口增长和"性价比"变动进行结构性分解。本部分主要分析"性价比"及其他因素的变化对制造业出口增长的动态影响、考察各因素对制造业出口增长的贡献程度,同时分析制造业"性价比"变动的主要驱动因素及其在结构上的动态变化。

第六章在以上研究的基础上,着重从出口产品质量升级的角度分析中国制造业在技术创新和资源与环境约束下的出口升级路径。

第七章主要从出口增加值的角度分析制造业出口升级路径。本部分主要运用投入—产出模型及有关方法,基于出口增加值来测算中国制造业的显示性比较优势指数和要素含量,实证分析垂直专业化贸易和分工下中国制造业比较优势的演进状况和升级路径。

第八章梳理全书的研究内容,得出主要研究结论,并在此基础上提出一些政策启示。

通过以上研究,得到的主要结论有:

第一,企业在既定的生产效率和质量生产能力的约束下,将通过对产品"性价比"的选择来实现利润最大化。"性价比"水平越高的企业,在市场中的获利能力也越强。因此,产品的"性价比"水平决定了企业的利润空间,进而影响该企业的市场行为选择。当产品的"性价比"提高到一定水平,使得企业在国外市场获得的利润大于或等于其在国内市场的利润时，该企业就会选择出口。

第二，从企业—产品层面来看：由价格和质量共同决定的"性价比"的提高对制造业企业的出口增长具有显著的促进作用，并且在不同类型企业、不同类型产品和不同类型进口国中均表现出一定的差异性。具体来看，（1）"性价比"对外资企业的出口促进作用要强于本土企业。（2）"性价比"的出口促进作用在劳动密集型产品的表现较为突出，而在资本密集型产品和技术密集型产品的表现则相对较弱。（3）相较于高收入进口国而言，"性价比"对制造业企业的出口促进作用在中低收入进口国的表现更为明显。

第三，从行业层面来看：（1）中国制造业的"性价比"水平在总体上稳步提升，但在行业结构上发展不均衡。（2）行业"性价比"的提高和进口国市场需求的增强均在一定程度上促进了中国制造业的出口增长，同时，在不同类型行业和不同类型进口国中也表现出了差异性。（3）此外，进口国对中国的出口比重、固定贸易成本、可变贸易成本、相对多边贸易阻力和区域贸易安排对中国制造业出口增长的影响均基本符合理论预期，而地理邻近却并未发挥出显著的预期作用。

第四，从制造业出口增长的分解结果来看：（1）"性价比"和进口国市场规模的变动对制造业各行业的出口增长均作出了积极贡献，这反映出正是由于中国出口产品的"性价比"提高恰好满足了不断扩大的国外市场需求，成就了中国制造业的出口奇迹。（2）相对来说，"性价比"的提高对制造业在高收入进口国的出口增长贡献程度更大，而进口国市场规模的扩大对制造业在中低收入进口国的出口增长贡献程度更大。这一结果反映出，由于发达经济国家的经济增长速度整体放缓，市场需求规模难以大幅提升，因此中国主要通过提升产品竞争力来实现对发达经济国家的出口扩张；尽管中低收入国家的经济体量相对较小，但其经济增长速度较快，特别是一些新兴经济体，市场需求的潜力不断被发掘，在很大程度上刺激了中国出口贸易的快速扩张。

第五，从制造业"性价比"变动的分解结果来看：（1）中国制造业大多数行业"性价比"的提高主要来源于出口质量的提升，仅有少数行业依赖于价格竞争。（2）在变化趋势上，中国制造业大多数行业的出口质量和出口价格是在同时提高，而"性价比"水平依然保持上升趋势，说明制造业"性价比"在结构上正在从价格竞争型向质量提升型演进。（3）"性价比"在结构上是动态调整的，虽然制造业出口产品仍具有价格优势，但出口价格的上升趋势使得价格优势逐渐被削弱，而不断提升的出口质量恰好起到了弥补作用，并带动"性价比"水平进一步提高，这就解释了在价格优势渐进弱化而出口质量与发达国家尚存在差距的情况下制造业出口仍能持续增长的原因。

第六，从出口产品质量的升级路径看：（1）总体来说，环境规制对制造业的出口质量升级会产生先抑制再促进的"U"型动态影响。在环境规制强度较弱阶段，环境规制主要通过对技术创新的"抵消效应"而抑制出口质量升级；随着环境规制强度的逐步提高，环境规制则通过对技术创新的"补偿效应"促进出口质量升级。（2）对于固定资产投资比重较大的行业来说，当前的环境规制政策不利于该行业的出口质量升级，但二者之间存在显著的"U"型动态关系；而对于固定资产投资比重较小的行业，环境规制对出口质量升级会产生有利影响，并且呈现出边际影响递增的"J"型特征。（3）在资源与环境约束下，自主研发并没有促进出口质量升级，而技术引进则发挥了显著的促进作用，说明制造业企业在技术创新方式上存在着明显的路径依赖。（4）人力资本水平和外资参与度的提升均在一定程度上促进了制造业的出口质量升级；而资本密集度的提高和企业规模的扩大对出口质量升级并没有表现出显著的积极影响。

第七，从出口增加值的升级路径看：中国制造业经过自身发展和积极参与国际垂直专业化分工和贸易，劳动密集型部门及产品的比较优势得到巩固，一些资本、技术密集型部门及产品已具有比较优势，另一些部门的比较劣势得到改善。中国制造业各部门资本密集程度正在不断提高，中、高技能劳动时间份额也在逐步增大，出口增加值的比较优势得以增强，比较劣势有所改善，这为中国实施"制造立国"的《中国制造2025》的战略规划打下了坚实基础。

基于以上结论，本书分别从国家、行业、企业三个层面为制造业贸易竞争力提升和出口转型升级提出一些启示与建议。

目　录

第八章　研究结论与政策启示

附录

导　论

第一节　选题背景与研究意义

一、选题背景

改革开放以来，中国的出口贸易迅速扩张，不仅很快超过了其他发展中国家，而且 2009 年中国的出口贸易也超过了发达国家，成为全球第一出口大国（如图 0 - 1 所示）。2015 年中国货物出口总额达到 2.27 万亿美元，占全球份额接近 14%，其中，工业制成品的出口比例高达 94%[①]。中国作为世界上最大的发展中国家，"中国制造"在国际市场中取得的巨大成就自然引起国内外学者和政策制定者的特别关注，这一现象被称为"中国出口奇迹"（Thomas et al.，1999；巫强、刘志彪，2009；施炳展、冼国明，2012；张杰等，2014）。为了更好地理解中国出口奇迹，以便于为其他国家提供经验借鉴，学者们做了多方面的尝试来探究中国出口快速扩张的原因。

一个代表性的观点认为中国出口产品具有价格优势，即中国出口同类产品的价格与其他国家相比明显较低（范爱军，2002；Xu，2007；Schott，2008）。这一类观点在产品同质性的隐含假设下，旨在说明价格优势是中国出口增长的动力源泉。而如果认为中国出口产品仅在于价格竞争，这显然与林德假设（Linder，1961）不符，因为中国的出口市场主要为欧美等发达经济体。此外，如表 0 - 1 所示，在 1996～2009 年间，中国制造业的 15 个行业中有 11 个行业的相对出口价格呈现上升趋势，这说明随着国内要素成本的节节攀升，中国出口产品的价格优势正在渐进弱化。然而，从图 0 - 1 可以看出，在此期间，中国的出口贸易仍保持快速增长趋势。以上事实反映出，价格优势并不能解释中国出口增长的全部。这一类观点隐含假设产品是同质的，未考虑产品质量特征，从而可能忽略了影响中国出口增长的重要因素（陈勇兵等，2012）。

[①]　根据国家统计局和海关总署公布的相关数据计算得到。

（货物出口贸易的全球份额）

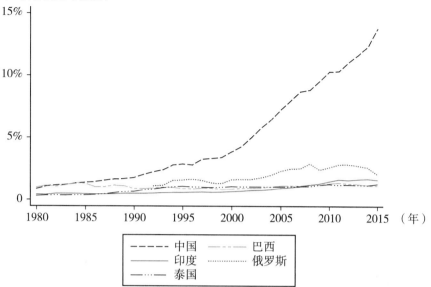

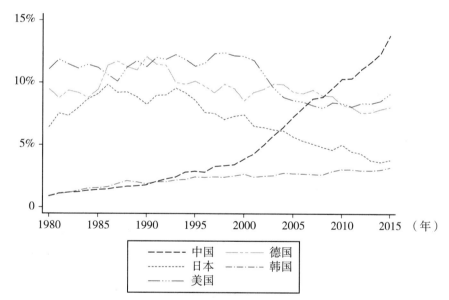

图 0 - 1　中国与其他典型国家出口贸易的变化趋势对比

注：①其中，在 1980 ~ 1989 年间，"德国"包括"联邦德国"和"民主德国"，图中数据为两者加总数据。

②在图 0 - 1 中，纵坐标代表一国货物出口贸易的全球份额，横坐标代表年份。

资料来源：作者根据 WTO 的统计数据绘制得到。

表 0 - 1　　　　　1996～2009 年间中国制造业行业的出口价格指数变化率

制造业行业	出口价格指数变化率（%）
食品、饮料、烟草制造业	- 7.15
纺织、服装、皮革及鞋类制造业	16.82
木材加工制造业	61.05
造纸、印刷、出版业	- 3.24
焦炭、炼油、核燃料制造业	15.09
化学品及化学制品业	- 41.65
橡胶、塑料制品业	1.47
非金属矿物制品业	16.12
基础金属制造业	28.03
压延金属制品业	11.60
其他机械及设备制造业	37.96
电气、光学设备制造业	50.28
汽车、挂车及半挂车制造业	0.63
其他运输设备制造业	- 0.73
其他制造业	34.71

注：表 0 - 1 中的出口价格指数是指中国相对于 OECD 国家的行业出口价格指数，具体计算方法可参见本书第四章第一节。

资料来源：来自本书第五章第三节的计算结果。

一方面，近些年，新新贸易理论得到广泛的应用和发展，研究结果发现企业不仅在生产率上具有异质性（Melitz，2003），而且在产品质量上也存在异质性（Helble and Okubo，2008；Khandelwal，2010）。一些学者开始尝试从产品质量的视角探索中国出口增长的原因。阿尔瓦雷斯和克拉罗（Alvarez and Claro，2006）通过估算中国出口产品的相对质量差异的动态变化，认为相对质量水平的提高是中国出口增长的主要动力因素。进一步地，李小平等（2015）研究发现中国典型行业的出口质量水平呈上升趋势；出口产品质量的提高是中国行业出口增长的重要原因。[1] 然而，如果认为中国产品依靠质量优势实现了出口的持续扩张，可能会缺乏现实说服力。目前关于中国出口产品质量的测算，尽管由

---

[1] 李小平、周记顺、卢现祥、胡久凯：《出口的"质"影响了出口的"量"吗?》，载《经济研究》2015 年第 8 期。

于测算方法和样本选取的不同，测算结果也不尽一致，但鲜有证据表明中国出口产品质量得到了大幅提升进而可以在国际市场中"以质取胜"。[①] 显然，中国出口产品质量的现实状况不足以支撑出口贸易的持续强劲增长。

基于以上对中国出口事实的分析，本书拟提出并试图解答的问题是，在价格优势渐进弱化而出口产品质量与发达国家尚存在一定差距的情况下，中国的出口贸易为何还能持续增长？本书推测，中国出口增长的动力因素可能既包括价格方面也包括质量方面，仅仅从其中的某一方面分析都可能存在一定的局限性，难以真实地揭示出中国出口奇迹的原因，而需要综合考虑产品的价格和质量两种因素，这正是本书研究的出发点。

另一方面，虽然"中国制造"在国际市场中取得了显著的"数量绩效"，但是，"中国制造"在全球生产价值链中呈现出低端锁定态势（陈爱贞、刘志彪，2011；祝树金、张鹏辉，2013），并且贸易条件在持续恶化（钱学锋、熊平，2010）。此外，在中国成为世界制造业第一大国、出口贸易第一大国的同时，长期依赖于"高消耗、高排放"的粗放增长方式也使得中国成为全球碳排放第一大国。为此，国家在《"十三五"生态环境保护规划》中提出，通过实施最严格的环境保护制度，总体改善生态环境质量。显然，随着生产要素成本不断上升、资源与环境约束日益增强，中国过去依赖资源要素投入的粗放式出口模式已难以为继，转型升级、提质增效已成为中国外贸可持续发展的内在需求和必然趋势。国家在《中国制造2025》规划中提出了绿色发展、创新驱动、质量为先的战略方针；之后又在"十三五"规划中提出了外贸向优质优价转变的建设贸易强国战略。因此，中国制造业如何在资源与环境约束下，依靠技术创新实现出口贸易的转型升级，是亟待研究的重要课题。

二、研究意义

（一）理论意义

出口增长一直是国际贸易领域的重点研究议题。大量的国内外文献先后依

---

① 廖涵、谢靖：《"性价比"与出口增长：中国出口奇迹的新解读》，载《世界经济》2018 年第 2 期。

据传统贸易理论、新贸易理论以及新新贸易理论对中国的出口增长进行了宏观层面和微观层面的解读。宏观层面的研究主要是在要素禀赋理论下分析中国的出口比较优势，然而这一类研究侧重于分析供给方面的因素对中国出口增长的影响，忽视了国外需求因素对中国出口增长的贡献，以致其解释力可能受限。微观层面的研究着重在新新贸易理论下将中国产品的竞争力结合国外需求来分析中国出口增长的原因。在生产率异质性模型下，贸易自由化、中间品进口、制度改善及政府补贴等因素将会提高中国企业的生产率水平，进而高生产率的企业将具有价格优势，能够吸引更多的国外市场需求。在质量异质性模型下，产品质量是企业的核心竞争力，出口质量的提高更容易满足进口国（特别是高收入进口国）消费者的需求。综合新新贸易理论的观点，可以看出，一国出口产品的竞争力，或者说国外市场需求的影响因素，主要表现在产品的价格和质量两个方面。然而，在现有的异质性贸易模型中，鲜有文献将价格和质量同时纳入出口行为的决定模型：要么假定产品同质，仅分析生产率（价格竞争力）对企业出口行为的影响；要么构建质量内生模型，分析由生产率内生决定的产品质量对企业出口行为的影响，但是并未考虑价格因素。此外，如前所述，现有文献仅仅从价格或质量的某一方面来解释中国出口增长的原因，都具有一定的局限性。价格优势的观点忽视了产品质量特征，不能解释林德尔假说下中国出口市场主要为欧美等发达经济体的现实；质量优势的观点与中国出口产品质量的现实状况不相符。因此，分析中国出口增长的原因，需要综合考虑产品的价格和质量两种因素。而"性价比"恰好是这两种因素的综合反映，并且已在经济学领域得到了初步的应用。一些学者从"性价比"的角度解释企业竞争（孟捷、冯金华，2015；寻格辉 2004）、分析生产者和消费者福利（安增军、林昌辉，2010），还有少数学者从质量异质性模型中提出了"性价比"的简单思路（施炳展，2013；韩会朝、徐康宁，2014）。

有鉴于此，本书拟在质量异质性模型的基础上引入"性价比"，同时借鉴哈拉克和西瓦达桑（Hallak and Sivadasan，2013）的双重生产率异质性模型，构建生产率、"性价比"与企业出口行为决定的理论分析框架，综合质量和价格两种因素来分析中国出口增长的原因。本书的研究，一方面对异质性企业模型进行了有益拓展，即企业的生产效率主要通过可变成本影响产品价格，企业的质量生产能力主要通过固定成本影响产品质量，进而企业双重异质的生产率（生产效率和质量生产能力）决定了产品的"性价比"水平，"性价比"通过影响企业的市场绩效决定企业的出口行为；另一方面为理解出口增长提供了一个新的视角，即本书研究表明"性价比"提高是中国出口增长的重要原因，并通过结构分解发现，"性价比"在结构上的动态调整揭示了在价格优势渐进弱化而出口质量仍与发达国家存在差距的情况下制造业出口仍能持续增长的原因，这是以往文献从单一的价格或质量方面分析难以捕捉到的。因此，本书研究具有一定的理论意义。

（二）现实意义

从国际层面来看，中国作为世界上最大的发展中国家，具有很强的代表性。在 20 世纪 80 年代初，中国与其他发展中国家都在国际贸易中处于弱势地位，货物出口的全球份额均不到 1%，远远低于发达国家的市场份额。然而，经过近 30 年的发展，中国已经超过发达国家，成为世界制造业第一大国、出口贸易第一大国。因此，深入解析中国出口贸易快速增长的原因，总结中国对外贸易的成功经验，对其他发展中国家的贸易开放政策和经济发展战略具有重要的借鉴意义。

从国家层面来看，国家在"十二五"规划中提出了加快转变外贸发展方式，推动外贸发展从规模扩张向质量提升转变、从成本优势向综合竞争优势转变的战略目标；之后在"十三五"规划中提出了外贸向优质优价转变的建设贸易强国战略。本书构建并测度了中国出口产品的"性价比"指数，以反映出口产品在价格和质量两方面的综合竞争力，实证结果说明"性价比"的提高是中国出口增长的重要原因；同时，从"性价比"的结构分解结果发现，中国出口产品的"性价比"在结构上正在从依靠价格竞争型向依靠质量提升型转变。因此，本书构建的"性价比"指数可以为国家"十二五"规划提出的外贸综合竞争优势提供一个参考指标；"性价比"在结构上的演进趋势也为国家"十三五"规划提出的"优质优价"贸易战略提供了事实依据；本书的研究可以为国家的贸易政策取向提供合理的建议，具有重要的现实意义。

从产业层面来看，国家在 2015 年提出了《中国制造 2025》规划，并明确指出"中国经济发展进入新常态，形成经济增长新动力，塑造国际竞争新优势，重点在制造业，难点在制造业，出路也在制造业"。伴随要素成本不断上升、资源与环境约束日益增强，制造业过去依赖的"高投入、高消耗、低质量"出口发展模式已难以为继。基于此，分析中国制造业出口增长的动力因素及其演进趋势，研究中国制造业在技术创新内在约束和资源与环境外在约束下的出口升级路径，具有重要的现实意义。

从企业层面来看，随着"要素红利"的逐渐释放，中国企业能否在成本优势不断弱化的情况下继续提升出口竞争力，成为制约出口企业进一步发展的瓶颈。因此，研究企业如何优化资源配置，选择合理的出口价格和出口质量，提升出口产品的综合竞争力，进而在扩大出口规模的同时获得更多的出口利润，对出口企业的行为决策具有重要的参考价值。

第二节 研究思路、内容与方法

一、研究思路与技术路线

本书从中国出口的事实出发，针对现有研究对中国出口增长的解读不够充分，提出本书待研究的问题，即在价格优势渐进弱化而出口产品质量与发达国家尚存在一定差距的情况下，中国的出口贸易为何还能持续增长。基于对现有研究成果的充分吸收，本书尝试从"性价比"的视角对中国出口奇迹作出一种新的解读，并在此基础上分析出口贸易的升级路径。具体的研究思路和技术路线（图0-2）陈述如下。

首先，参照已有文献对"性价比"的理解，本书将"性价比"引入质量异质性模型，分析"性价比"对消费需求的影响；同时借鉴哈拉克和西瓦达桑（2013）的双重生产率异质性模型，分析企业的生产效率与质量生产能力对产品的价格、质量和"性价比"水平的内生决定。进而通过局部均衡分析，构建生产率（生产效率与质量生产能力）、"性价比"与企业出口行为决定的理论分析

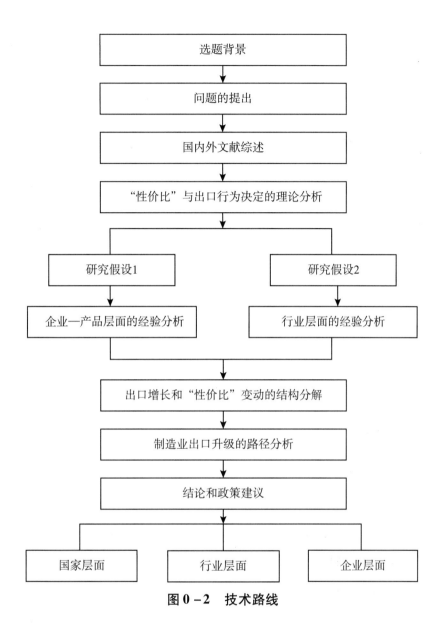

图 0 - 2　技术路线

框架，并提出本书的研究假设：产品的"性价比"水平越高，该产品在国际市场中的竞争力就越强，进而有利于该产品生产企业出口规模的扩大（研究假设1）；如果一个行业的"性价比"水平提高，该行业中就会有更多的企业选择从事出口贸易，进而拉动该行业的出口增长（研究假设2）。其次，本书借鉴科汉德沃等（Khandelwal et al.，2013）和哈拉克和肖特（Hallak and Schott，2011）的出口质量测算方法，分别测算出企业—产品层面的"性价比"指数和行业层面的"性价比"指数，进而分别从企业—产品层面和行业层面对研究假设1和研究假设 2 进行计量检验，实证分析"性价比"对制造业出口增长的影响，并考察在不同类型样本中的差异性。再次，本书通过对出口增长和"性价比"变动的结构性分解，分析"性价比"及其他因素的变化对制造业出口增长的动态影响、考察各因素对制造业出口增长的贡献程度，同时解析制造业"性价比"变动的主要驱动因素及其在结构上的动态变化，以探究制造业在价格优势渐进弱化而产品质量仍与发达国家存在差距的情况下，出口贸易还能持续增长的原因。然后，在以上研究的基础上，本书一方面从产品质量升级的角度，分析中国制造业在技术创新内在约束和资源与环境外在约束下的出口升级路径；另一方面从出口增加值的角度，运用投入—产出模型及有关方法，基于出口增加值来测算中国制造业的显示性比较优势指数和要素含量，并结合 VSS 值实证分析垂直专业化贸易和分工下中国制造业比较优势的演进状况和升级路径。最后，基于本书的研究结论，为山口部门的行为决策提出相应的经验参考，为政府的贸易政策取向和贸易转型路径提供启示性建议。

二、研究内容

根据上述研究思路和技术路线，本书将从以下八个部分进行研究，具体安排如下。

第一部分为导论。本部分首先基于本书的选题背景提出待研究的问题和研究目的，并阐述本书研究的理论意义和现实意义；其次，介绍研究思路、技术路线、研究内容、研究方法及可能的创新与不足之处。

第二部分为国内外文献综述。本部分主要是梳理与本书研究相关的国内外文献并对现有研究进行评述。（1）梳理企业异质性理论（包括生产率异质性和产品质量异质性）的主要研究内容，厘清生产率与价格、产品质量之间关系，对出口质量的主要测度方法进行总结及评述，对企业异质性模型在中国的应用进行总结，分析现有研究中的优势和不足。（2）回顾"性价比"的研究历程，着重分析"性价比"在经济学领域的相关应用，为本书的研究提供借鉴和启发。（3）从宏观层面和微观层面梳理现有文献对中国出口增长的有关解读，总结这些研究的理论依据和经验支撑，并从中找到本书研究的切入点。

第三部分为出口行为决定的理论分析。本部分主要在质量异质性模型的基础上，构建"性价比"决定企业出口行为的理论分析框架。参照已有文献对"性价比"的理解，将"性价比"引入质量异质性模型，分析"性价比"对消费需求的影响；同时，借鉴哈拉克和西瓦达桑（2013）的双重生产率异质性模型，分析企业的生产效率与质量生产能力对产品的价格、质量和"性价比"水平的内生决定；进而，通过局部均衡分析，构建生产率（生产效率与质量生产能力）、"性价比"与企业出口行为决定的理论分析框架。在此基础上，提出本书的研究假设。

第四部分在企业—产品层面对"性价比"影响出口增长进行实证分析。本部分将借鉴科汉德沃等（2013）、樊等（Fan et al.，2015）的方法，利用海关数据库提供的微观贸易数据，测度企业—产品—进口国—年份维度的"性价比"指数，在理论分析框架的基础上构建计量模型，实证分析"性价比"变动对出口增长的影响，对本书的研究假设 1 进行实证验证。

第五部分在行业层面对"性价比"影响出口增长进行实证分析。本部分将借鉴哈拉克和肖特（2011）的指数分解方法，测度中国制造业的行业"性价比"指数，利用中国与 90 个国家（地区）的双边贸易数据，实证检验"性价比"变动对制造业行业出口增长的影响，并分析在不同类型行业和不同类型进口国中的差异性，对本书的研究假设 2 进行实证验证。

第六部分对出口增长和"性价比"变动进行结构性分解。本部分主要分析"性价比"及其他因素的变化对制造业出口增长的动态影响、考察各因素对制造业出口增长的贡献程度，同时分析制造业"性价比"变动的主要驱动因素及其在结构上的动态变化，以探究制造业出口增长的动力来源。

第七部分从出口产品质量的角度分析制造业出口的升级路径。在以上研究的基础上，本部分着重从产品质量升级的角度分析中国制造业在技术创新和资源与环境约束下的出口升级路径，以促进生态文明建设和贸易强国建设的协调发展。

第八部分从出口增加值的角度分析制造业出口的升级路径。本部分主要运用投入—产出模型及有关方法，基于出口增加值来测算中国制造业的显示性比较优势指数和要素含量，并结合 VSS 值实证分析垂直专业化贸易和分工下中国制造业比较优势的演进状况和升级路径。

最后一部分为结论和政策建议。本部分对全书研究进行总结，得出本书的主要研究结论，并在此基础上，为出口部门的行为决策提供经验参考和事实依据，为政府的贸易政策取向和贸易转型路径提供合理的建议。

三、研究方法

一是理论分析和经验分析相结合。在充分借鉴和吸收现有研究成果的基础上，本书将"性价比"应用于质量异质性模型，构建"性价比"决定企业出口行为的理论分析框架，并提出"性价比"影响出口增长的研究假设。同时，在理论分析框架的基础上，构建计量分析模型，分别从企业—产品层面和行业层面对理论分析得出的研究假设进行经验研究。在经验研究中，本书主要使用了混合最小二乘法（POLS）、面板固定效应模型（FE）、两阶段最小二乘法（TSLS）以及系统广义矩估计法（SYS GMM）。

二是定性分析和定量分析相结合。定性分析即为对研究对象"质"的特征的一种研究。在经济学中，一般通过对经济现象的定性分析来揭示特定的经济关系或经济发展规律。本书运用定性分析方法主要体现在：第一，界定"性价比"的概念，分析"性价比"与价格和质量之间的内在关系，以及"性价比"与消费者需求之间的影响关系；第二，对影响出口增长的诸多因素进行定性分析；第三，对影响出口升级的诸多因素进行分析。定量分析即为对研究对象"量"的特征的一种研究，主要分析各因素之间的数量关系。本书运用定量分析主要体现在：第一，趋势分析法，在测度出口产品"性价比"指数的基础上，分析制造业各行业"性价比"水平的演进趋势；第二，计量分析法，对"性价比"及其他影响因素与出口增长之间的关系进行计量回归分析，考察各因素对出口增长的影响效应；第三，结构分析法，对出口增长和"性价比"变动进行结构分解，分析各因素对出口增长的贡献程度以及影响"性价比"变动的主要来源因素。

三是比较分析法。本书运用比较分析法主要体现在：第一，在企业—产品层面的经验分析中，比较国有企业、集体企业、私营企业、中外合资企业及外商独资企业等五类不同所有制企业之间的差异，以及劳动密集型产品、资本密集型产品和技术密集产品等三类不同产品之间差异；第二，在行业层面的经验分析中，比较劳动密集型行业、资本密集型行业和技术密集行业等三类不同行业之间的差异，以及中低收入进口国和高收入进口国之间的差异；第三，在制造业出口产品质量升级的路径分析中，比较固定资产投资比重较大的行业与固定资产投资比重较小的行业之间的差异。第四，在出口增加值视角的出口升级路径分析中，比较了制造业各部门的 VSS 与 VRCA、VEF，以分析中国制造业各部门参与国际垂直专业化分工与比较优势及要素含量的关系。

第三节　本书的创新与不足

一、本书可能的创新之处

在充分借鉴现有相关文献的基础上，本书拟综合考虑价格和质量两种因素，尝试引入"性价比"的研究视角来解读中国出口增长的原因，并对制造业的出口增长和"性价比"变动进行结构分解，分析"性价比"及其他因素的变化对制造业出口增长的贡献程度，考察"性价比"变动的主要动力因素及其在结构上的动态变化，在此基础上本书进一步探索制造业的出口升级路径。本书可能的创新之处主要有五个方面。

第一，为理解中国出口奇迹提供了一个新的视角。本书研究结论表明，中国出口产品"性价比"的提高恰好满足了不断扩大的国外市场需求，成就了中国制造业的出口奇迹；"性价比"在结构上是动态调整的，虽然在样本期间制造业出口产品仍具有价格优势，但出口价格的上升使得价格优势逐渐被削弱，而不断提升的出口质量不仅起到了弥补作用，还带动"性价比"水平进一步提高，这就解释了在价格优势渐进弱化而出口质量与发达国家尚存在差距的情况下制造业出口仍能持续增长的原因。以上结论是以往文献从单一的价格或质量方面分析难以捕捉到的。

第二，对质量异质性模型进行了有益拓展。在质量异质性模型的基础上，本书引入"性价比"分析消费者需求；同时，借鉴哈拉克和西瓦达桑（2013）模型，假定企业具有双重异质性的生产率（生产效率和质量生产能力），异质的生产效率主要通过可变成本影响产品价格，异质的质量生产能力主要通过固定成本影响产品质量；进而，双重异质的生产率内生决定了产品的"性价比"水平。基于以上，本书构建了生产率、"性价比"与企业出口行为决定的理论分析框架，这是对现有相关研究的有益补充。

第三，构建并测度了中国出口产品的"性价比"指数。该指数反映了出口产品在价格和质量两方面的综合竞争力，因此，可以为国家"十二五"规划提出的外贸综合竞争优势提供一个参考指标。此外，本书研究发现制造业"性价比"在结构上正在从依靠价格竞争型向依靠质量提升型转变，这一演进趋势为国家"十三五"规划提出的"优质优价"贸易战略提供了事实依据。

第四，基于要素投入结构的异质性，剖析中国制造业不同行业在技术创新内在约束和资源与环境外在约束下的出口升级路径。要素投入结构是一个行业是否愿意进行技术改进以及技术改进成本大小的决定因素，同时，也是影响一个行业选择不同策略来应对环境与资源约束的关键因素。而现有相关文献大多忽视了要素投入结构这一行业固有的异质性属性，进而可能遗漏了影响制造业出口升级的重要因素。基于此，本书考察技术创新对不同要素投入结构行业出口升级的异质性影响。

第五，对垂直专业化分工和贸易下的比较优势理论进行了重新审视。采用投入—产出模型和方法细致测算了中国制造业 14 个部门的显示性比较优势、要素含量及垂直专业化分工参与度，考虑了中间品复进口中的国内增加值，使出口增加值测算及相关分析更为精细；在此基础上，将三项指数结合起来实证分析中国制造业在参与垂直专业化分工和贸易进程中，所表现出的出口增加值比较优势及要素含量的动态变化状况。

二、本书的不足与研究展望

本书的研究为理解中国制造业的出口奇迹提供了一个新的视角，同时也为制造业的出口升级路径提供了经验参考，但仍然只是一个起步研究，还存在一些分析不足和有待进一步拓展的问题。

第一，在理论分析部分，本书构建了生产率、"性价比"与企业出口行为决定的分析框架，即企业双重异质的生产效率和质量生产能力共同内生决定企业生产产品的"性价比"水平，进而产品的"性价比"水平决定企业的利润空间，进一步影响企业的出口行为。然而，由于尚难以获得企业生产效率和质量生产能力的微观数据，在经验研究中，本书将"性价比"作为外生变量处理，并未考虑"性价比"的内生决定因素。因此，如何从经验上分析"性价比"的微观决定因素，进而指导企业优化资源配置、提高出口产品的竞争力，是以后有待深入研究的方向。

第二，尽管本书搜集并整理了大量的微观贸易数据及中国与众多国家间在细分行业层面上的双边贸易数据，然而由于部分指标数据的年份限制，本书在企业—产品层面的经验研究仅涉及 2000～2006 年，行业层面的经验研究也仅覆盖到 1996～2009 年。显然，数据的可获得性在一定程度上限制了本书研究的时效性。

第三，"性价比"的变动会产生多方面的影响，如在宏观上可能会影响一国的经济增长、贸易条件、就业等，在微观上可能会影响企业的成本加成、消费者的福利水平等，这些都是值得进一步拓展研究的问题。

第四，本书通过对"性价比"变动的结构分解，发现出口质量的提升是制造业"性价比"不断提高的主要动力因素，并且"性价比"在演进趋势上正在从依靠价格竞争型向依靠质量提升型转变。基于此，本书着重从出口产品质量和出口增加值的角度分析了中国制造业在当前内在约束和外在约束下的出口升级路径。然而，实际上，出口升级还表现在多个方面，如出口技术复杂度提升、出口结构优化、贸易条件改善，等等。因此，制造业出口升级的产业政策和贸易政策还需要考虑多方面的因素。

第一章
国内外相关研究综述

本章主要回顾和梳理与本书研究相关的文献，包括企业异质性（生产率异质性和产品质量异质性）的相关研究、"性价比"的相关研究及中国出口增长原因的相关研究。现有文献为本书理解企业出口行为的决定和中国出口增长的原因提供了多维度的研究视角，同时也为本书的写作思路提供了借鉴和启发。

第一节　企业异质性的相关研究

一、生产率异质性的相关研究

（一）企业生产率异质性的证据

传统贸易理论和新贸易理论主要是基于国家层面或产业层面，试图揭示国际贸易产生和发展的规律，而假设（或隐含假设）国家间或产业间的企业在总体上均参与国际贸易。然而，在 20 世纪 90 年代之后，一些学者开始利用微观层面的数据来考察企业的生产和贸易行为，却发现这一假设与国际贸易的现实并不完全吻合：一国的企业中只有少数企业从事出口贸易，且出口企业与非出口企业之间在生产率等多个方面表现出了差异性。

1. 企业出口行为的相对稀缺性

克莱里吉斯等（Clerides et al.，1998）考察了墨西哥、哥伦比亚及摩洛哥等三国企业的出口行为，奥等（Aw et al.，2000）考察了韩国和中国台湾企业行为，伯纳德和詹森（Bernard and Jensen，1999）进一步深入分析了美国出口企业的市场行为，均得到了类似的观点，即一个产业中的企业有少部分从事出口贸易，并且出口企业通常仅出口其产出中的少数部分。伯纳德等（2006a）基于美国样本的考察，发现现实中出口经营是相对稀缺性的经营行为，美国在 2000 年从事经营的企业数达到 500 万家，但仅有 4% 的企业从事出口业务；并且出口企业集中于部分制造业，包括部分采矿业和农业部门的对外货物贸易，而这一比例也仅为 15%。这一事实说明，美国企业更多的只是从事国内贸易，而非国际贸易。伯纳德等（2006b）进一步考察发现，美国制造业企业中的出口企业数量规模相对较小，大约为 20%。以上研究发现的事实说明，企业的出口行为具有相对稀缺性。

2. 出口企业与非出口企业的差异性

出口企业在多方面不同于非出口企业，自 20 世纪 90 年代中期以来，大量基于企业层面生产和贸易数据的微观经验研究发现，出口企业与非出口企业大不相同，较之后者，前者表现出生产规模更大，生产率和工资水平更高，技术和资本更为密集等各种显著特征。伯纳德和詹森（1995）利用 1976 ~ 1987 年美国制造业的微观企业数据来检验出口企业是否比非出口企业更为"优秀"，研究结果发现：（1）尽管制造业企业中的出口企业比重较小（1976 年出口企业占比为 10.4%，1987 年为 14.6%），但是出口企业却在制造业的总发货量和总就业中占了较大比重（出口企业的总发货量比重在 1976 和 1987 年均在 50% 以上，总就业比重均在 40% 以上）；（2）相比而言，出口企业在企业规模、资本密集度、人均投资、劳动生产率等多个方面均明显优于非出口企业[①]。在此基础上，克莱里吉斯等（1998）研究发现出口企业的生产率普遍较高。伯纳德和詹森（2003）通过美国样本最早开始对该问题进行经验分析，随后帕维尼克（Pavcnik，2002）对智利企业的相关研究也讨论了出口企业和非出口企业的差异性。此后，赫尔普曼等（Helpman et al.，2004）的研究也证实了企业间存在明显的差异性[②]。以上研究结果表明，一个产业内的各企业间（特别是出口企业与非出口企业之间）在生产规模、生产率等多方面存在着明显的差异，这些差异特征可能影响着企业的市场行为。这些企业间的差异化特征被称之为企业的异质性。之后的文献围绕企业异质性与企业的出口行为之间的关系进行了大量的理论分析和经验研究。

---

① Bernard, A. B. and J. B. Jensen. Exporters, Jobs, and Wages in U. S. Manufacturing: 1976 ~ 1987 [R]. Brookings Papers on Economic Activity: Microeconomics, 1995.

② 赫尔普曼等（2004）研究发现在美国最大的 1996 家企业中，出口企业的劳动生产率比非出口企业要高出 39%。

(二) 生产率异质性与企业出口的因果关系研究

随着越来越多的经验事实发现出口企业比非出口企业具有更高的生产率，学者们开始关注和讨论这一事实背后的逻辑机理，即生产率与企业出口行为之间的因果关系，是生产率提高导致了企业的出口行为，还是企业在出口中提高了生产率？现有文献一方面通过拓展以往的国际贸易模型进行解释，另一方面通过大量的实证分析予以检验。从研究结论上看，主要得到了两种方向相反的观点：企业出口的"自我选择"机制（self-selection）和出口有利于企业提高生产率的"出口中学"效应（learning by exporting）。以下，将对这两类研究进行简要梳理。

1. "自我选择"机制的相关研究

（1）在理论研究方面。梅里兹（2003）开创性地构建了一个企业异质性的动态产业分析框架来解释产业内企业间的贸易行为，是企业异质性理论最为经典和最具影响力的文献[1]。在梅里兹（2003）模型中，企业生产率的高低体现在企业边际成本的大小上，企业的边际成本越低，企业的生产率水平越高。如果企业要进入出口市场，它们都要面临一个出口固定成本，该成本是沉没成本，一旦沉没进入成本发生，企业的生产率就服从固定的分布。随后，企业的生产率保持不变，同时企业将会面临着一个不变的外生衰亡概率。出口固定成本的存在意味着，如果企业的生产率高于门槛值（出口生产率点），企业才能克服出口固定成本之后仍能获利；如果企业的生产率低于某一较低的门槛值（零利润生产率点），那么企业会出现亏损从而退出出口市场。因而模型的一个主要结论就是，只有高生产率的企业才能克服出口固定成本进入出口市场，自我选择进入出口市场。而生产率低的企业会退出出口市场，从而只能服务于国内市场。梅里兹（2003）进一步的研究发现，贸易自由化的进一步深化会使产业内的企业重新配置，低生产率的企业开始在边际上从产业退出，产出和就业重新向高生产率的企业分配，因而平均的产业生产率水平将会上升。

另一个较为经典的企业异质性文献是伯纳德等（2003），他们在李嘉图模型的基础上拓展了贸易理论来解释企业层面的出口行为。伯纳德等（2003）模型

---

① Melitz, M. J. The Impact of Trade on Intra-industry Reallocations and Aggregate Industry Productivity [J]. *Econometrica*, 2003, 71 (6)：1695 – 1725.

同时考虑了多个国家、地理壁垒和不完全竞争等因素，着重分析了生产率与企业出口行为之间的关系，也论证了出口企业"自我选择"机制的存在。该模型认为，在垄断竞争的条件下，企业使用完全相同的投入组合生产差异化的产品。在不存在国际贸易的情况下，只有最有效率的生产商才能够生产产品；而在发生国际贸易的情况下，由于存在可变贸易成本，只有生产成本较低的企业才可能出口，也即只有生产效率较高的企业才出口。另外，由于生产率水平较高的企业会不断地扩张，而生产率较低的企业不断萎缩甚至退出出口市场，因而出口会促进整个行业生产效率的提高。进一步地，模型认为，随着国际贸易成本的降低，一国国内具有比较优势的行业的内部重组将会加剧，并且行业生产率会提高。

之后，耶普尔（Yeaple，2005）建立了一个一般均衡贸易模型来解释出口企业与非出口企业间的行为差异。与前有文献较为不同的是，耶普尔（2005）并未将企业的异质性归结为生产率差异，而是认为同质性的企业将面临进入、技术水平、是否出口、雇佣工人的类型等四种选择，在企业内生选择的竞争性技术与具有技能差异的工人、贸易成本之间的交互作用下就产生了企业的异质性。[1] 进而，在面临出口固定成本时，那些选择较为先进的技术、支付较高的工资、雇用较高技能的工人的企业，具有更高的生产率和较低的生产成本，将有机会进入出口市场。此外，鲍尔温（Baldwin，2005）在梅里兹（2003）分析框架的基础上发展了一个标准的简化异质性企业模型，不仅对"自我选择"机制进行了理论分析，还提出了一些有待检验的研究假设，具有较大的实证意义。

（2）在经验研究方面。随着企业异质性分析框架的不断发展，一些文献使用不同国家（地区）的微观贸易数据对企业出口行为的"自我选择"机制进行了实证检验。从研究结果上看，绝大多数的结论较为一致，均在不同程度上支持了这一观点。伯纳德和詹森（1995）利用美国1984~1992年的微观层面的企业数据，运用线性模型支持了自我选择效应，其研究表明与非出口企业平均生产率水平相比，新进入的出口企业就已经具备了较高的生产率水平，而没有显著的证据支持出口学习效应。克莱里吉斯等（1998）使用墨西哥、哥伦比亚和

---

① Yeaple, S. R. Firm Heterogeneity, International Trade and Wages [J]. *Journal of International Economics*, 2005, 65 (1): 1-20.

摩洛哥的企业数据，将所有企业样本根据出口状态分组为出口企业、非出口企业、进入者、退出者和在样本考察期出口状态转变的企业，通过对这五组企业的相关数据的分析，描述其劳动生产率轨迹曲线和成本轨迹曲线，得出了企业生产率和出口之间的正相关关系。奥等（2001）根据韩国 1983～1993 年和中国台湾 1981～1991 年的企业数据计算出企业的全要素生产率来测度其与出口之间的关系，通过研究的对比，发现其企业情况存在差异，中国台湾企业的全要素生产率与出口决策之间存在较强的相关性，但是韩国企业的生产率与出口选择的关系较弱。格林纳威和尼勒（Greenaway and Kneller，2004）利用 1959～2002 年英国的微观层面数据对企业的生产率与企业参与国际贸易的方式的关系进行了经验分析，研究发现生产率越高的企业，就越有机会以出口的方式参与国际贸易，进而验证了企业出口行为的"自我选择"机制；并且还发现，企业的出口经验、工人报酬高低和企业规模大小也是决定企业出口的重要因素。

同一时期，鲍尔温和谷（Baldwin and Gu，2003）考察了 1974～1996 年加拿大的企业出口行为，汉松和伦丁（Hansson and Lundin，2004）利用 1990～1999 年瑞典的微观企业数据进行了实证检验，阿诺德和哈斯哥（Arnold and Hussinger，2005）分别估算了 1992～2000 年德国企业层面的劳动生产率和全要素生产率来检验企业出口行为的决定机制，均证实了企业"自我选择"机制的存在。之后，其他学者还使用了日本企业数据（Wakasugi and Tanaka，2009）、意大利企业数据（Conti et al.，2010）、爱尔兰企业数据（Lawless，2009）、印度制造业企业数据（Ranjan and Raychaudhuri，2011）等进行经验研究，也都发现具有较高生产率的"优秀"企业能克服贸易成本而主动选择从事出口贸易，并且出口市场更加多元化。

此外，阿尔瓦雷斯和洛佩斯（Alvarez and Lopez，2005）为了验证智利微观企业的出口是否支持"自我选择"效应，运用该国 1990～1996 年企业层面的数据进行了实证研究，结果表明出口企业拥有更高的劳动生产率和全要素生产率。埃利亚松（Eliasson，2009）利用瑞典 1997～2006 年的制造业企业层面的微观数据，并运用匹配的方法发现在进入出口市场之前出口企业比与之相匹配的非出口企业有更高的生产率，支持了自我选择效应。兰詹和瑞查德符里（2011）利用印度 1990～2006 年制造业企业的数据，用实证分析证实了自我选择效应，即具有较高生产率的"优秀"企业会克服相应的成本主动选择进入出口市场。

2."出口中学"效应的相关研究

（1）在理论研究方面。生产率的提升也有可能是企业进入出口市场后"出口中学习"的结果。克莱里吉斯等（1998）首先提出了存在"出口中学习"效应的可能性。之后，帕克和撒基（Pack and Saggi，1999）构建了一个三阶段博弈模型，将"出口中学"效应归因为发达国家的企业把技术扩散到发展中国家的出口企业，技术扩散会同时增加上游企业和下游企业的竞争，进而有利于发展中国家企业的技术进步①。因此，帕克和撒基（1999）认为"出口中学"效应主要是对于发展中国家的企业而言的。达米安和科斯特维克（Damijan and Kostevc，2006）发展了一个国外市场垄断竞争的一般均衡贸易模型，在该模型中，一个出口企业将面临国外出口市场的激烈竞争，因而企业需要提高自身的生产率以降低边际成本，才能继续留在出口市场中②。该模型认为，由于一个企业（主要来自一个相对不发达国家）面临着国外市场的激烈竞争，其产品的需求价格弹性在那些市场上会更高，因而企业需要提高自身的生产率（也即降低边际成本）来继续留在出口市场上。也就是说，企业在出口以后提高了自身的生产率水平。随着发达国家市场上差异化产品供给种类数量的增加，模型假设不同种类之间的替代弹性上升，这就意味着随着价格需求弹性变大，个别企业的需求曲线斜率就下降，企业的产品价格也就下降，这就会给企业带来提高生产率的压力，从而产生了"出口中学"效应。伯纳德等（2007）通过模型证明由于提高了创新回报，企业进入出口市场可以加强创新激励；此外，学习也意味着企业经营管理的改善和商务流程再造。因此，如果存在着"出口中学习"效应，那么企业生产率在进入之后也可能和进入之前一样出现增长。总之，进入出口市场后，竞争加剧、知识积累、技术转移等因素都有助于企业生产率的进一步提升。

进一步地，格林纳威和尼勒（2007）总结了产生"出口中学"效应的三种渠道③，但也指出，究竟是企业在出口中提高了生产率还是企业为了出口而提高

---

① Pack，H. and Saggi，K. Exporting，Externalities and Technology Transfer ［R］. The World Bank，Policy Research Working Paper，No. 2065，1999.

② Damijan，J. P. and Kostevc. C. Learning-by-exporting：Continuous Productivity Improvements or Capacity Utilization Effects？Evidence from Slovenian Firms ［J］. *Review of World Economics*，2006，142（3）：599 – 614.

③ Greenaway and Kneller（2007）总结的三种渠道包括：企业可以在出口市场中获取到技术改良、降低成本和提高质量等方面的信息；出口使得企业扩大生产规模；出口市场的激烈竞争倒逼企业进行技术创新。

生产率，这种内生机制还需要进一步研究。还有一些学者认为，企业的"出口中学"效应可能存在时间选择问题（Alvarez and Lopez，2005），即企业生产率的改变是企业做出出口决策的内生选择而产生的，因此，企业是在学习如何出口（learning to export），而非在出口中学习（learning by export）。

（2）在经验研究方面。对于"出口中学"的观点，学者们进行了大量的实证检验。然而，实证结果却存在较大的分歧。一部分的实证结果验证了出口学习效应的存在。洛克（Locker，2007）利用1994～2000年斯洛文尼亚的企业数据进行了实证分析，研究发现在所选择的样本行业中有80%的行业存在"出口中学"效应，这些行业的企业在进入出口市场后生产率有了明显提高。类似地，比斯托（Bustos，2008）利用阿根廷企业数据进行经验研究，万（Van，2005）考察了非洲国家的企业情况，格林纳威和尼勒（2007）利用英国的微观数据进行分析，也均支持了出口学习效应，可能的解释是不发达的国家在进入出口市场前会体验学习效应，他们的生产率会由于本国市场的规模、薄弱的基础设施和信用条款所束缚。哈恩和帕克（Hahn and Park，2010）利用韩国1990～1998年的微观层面制造业企业的数据进行实证检验，其研究结论支持了"出口中学"效应，出口企业和本土企业之间的全要素生产率差异随着企业进入出口市场的时间而变大，并且这种效应在高技术密集型行业中、拥有更高的出口份额的企业中以及小规模企业中更为明显，出口是本土企业获得先进技术和知识的重要渠道。

而还有一部分实证研究却发现"出口中学"效应并不是普遍存在的，或是需要一定的前提条件。伯纳德和詹森（2004）基于美国微观企业数据的实证结果表明，并未得到企业出口促进生产率提高的直接证据，出口企业与非出口企业的生产率变动没有显著差异。这意味着，任何一个产业的企业生产率并不会持续上升，或者说学习的增长效应并不是持久的。费尔南德斯和艾斯古特（Fernandes and Isgut，2007）进一步指出，"出口中学"效应可能仅存在于一些特定类型的企业（如年轻企业）。格林纳威和尼勒（2004）发现进入出口市场后的生产率变化取决于所在产业的特点，如果该产业外国公司较多，生产率变化就会很小。洛佩斯（2004）、阿尔瓦雷斯和洛佩斯（2005）提出了时间选择问题，即生产率的变化出现在作出出口决策之后至开始出口销售之前。企业在新技术上的投资导致进入出口前生产率发生变化，企业是在学习如何出口，而并非在出口中学习。

(三) 生产率异质性模型在中国的应用

国内对企业的生产率异质性与出口的相关研究起步较晚。在大量关于新新贸易理论和异质性企业贸易理论的综述文章以及国外学者基于各国企业微观数据的实证研究文章出现后,中国学者开始引入梅里兹的异质性企业贸易模型作为基准模型,来验证企业的生产率与中国企业出口选择的关系,并得到了一些研究成果。但是由于使用不同的方法,以及选取不同的样本数据进行研究,实证检验结果也存在一些分歧和争议。

从研究结果上看,一部分文献认为中国企业的出口行为基本符合异质性贸易理论。易靖韬 (2009) 利用2001~2003年浙江省的企业层面数据,使用二项选择 profit 模型来最大化企业出口未来收益,对影响企业出口的变量指标进行实证检验,结果显示出口贸易具有较高成本,企业异质性对企业的出口选择影响显著,只有那些规模较大、生产率高的企业才可能选择出口,即支持了企业出口的"自我选择"机制。张杰等 (2009) 采用了可以避免同步偏差和样本选择性偏差的 OP 方法以及可以排除企业进入和退出出口市场动态变化的 PSM 方法,实证分析了1999~2003年中国本土制造业企业出口与生产率的关系,一方面发现存在出口行为的"自我选择"机制,另一方面也稳健地验证了出口企业具有"出口中学"效应。钱学锋等 (2011) 在研究出口与生产率的内在作用机制时,分别用实证分析证实了出口企业存在自我选择效应和出口学习效应。邱斌等 (2012) 利用1999~2007年中国规模以上制造业企业微观数据,运用基于倍差的倾向评分匹配法,从企业的异质性角度(企业规模)出发,全面检验了中国制造业企业出口对生产率的影响,结果发现就整体样本而言,中国制造业出口企业既支持了自我选择效应也支持了出口学习效应,而且这两者效应均有滞后性,会随时间的推移而逐渐增强。继续考虑到企业规模异质性后,邱斌等 (2012) 发现不同规模企业的这两种效应均存在明显的差异,小型企业的生产率相对于中型和大型企业在自我选择效应和出口学习效应获得更强的提升。而张杰等 (2008) 对江苏省制造业企业的实证结果却发现全要素生产率对企业出口选择具有重要影响,但是出口对企业全要素生产率的影响并不明显。与张杰等 (2008) 的研究结论恰恰相反的是,马述忠和郑博文 (2010) 利用2001~2007

年中国上市公司数据进行了实证研究，却发现中国企业的出口"自我选择"机制不明显，但是存在"出口中学"效应。赵伟和李淑贞（2008）采用中国高技术产业的相关数据进行了实证研究，发现中国高技术产业具有一定的"出口学习效应"，即企业出口在一定程度上能促进企业生产率的提高，但作用并不明显。

还有一部分文献却发现中国企业存在一定的特殊性，与异质性贸易模型的预期结论较不一致。李春顶和尹翔硕（2009）采用中国工业企业 1998～2007 年数据，选取近 300 万家企业并分成 20 个行业来分别进行对比研究，检验我国出口与生产率的关系，结果显示，出口企业的生产率却比非出口企业的生产率要低，而且生产率与企业出口额呈负相关的关系，表示企业生产率越低越可能出口并且出口额越多。其结论与新新贸易理论的理论结果相悖，提出了"生产率悖论"的概念[①]，并指出出现"生产率悖论"的可能性原因是长期以来中国企业在出口贸易中主要是进行简单的加工贸易，生产效率不高。随后，李春顶（2010）再次通过 1998～2007 年 33 万家中国制造业企业的面板数据进行分析，力求能够全面验证"生产率悖论"是否存在，结论仍是中国行业内的非出口企业生产率异常地出现高于出口企业的生产率的情况，存在"生产率悖论"。马述忠和郑博文（2010）对中国 2001～2007 年 227 家上市公司样本数据进行生产率测算，实证研究表明，企业生产率对出口企业与非出口企业的影响并没有显著性差异。类似的研究如王华等（2010），汤二子等（2011）也都发现我国现阶段，某些行业的出口企业生产率相对于非出口企业的生产率无显著差异甚至更低。根据相关研究，对于中国出口企业存在"生产率悖论"的原因，主要有以下几种观点。

（1）中国的出口企业中，以加工、组装生产为主，而加工贸易处于全球价值链低端，存在技术含量小、生产附加值低、自主创新能力薄弱、生产率低等问题，由于加工贸易在出口贸易中占有较大比重，从而在实证研究的样本数据中使整个出口企业的生产率偏低，导致"生产率悖论"的出现。

（2）中国出口企业在国际市场上的竞争优势并不都是企业生产率的优势，而是以较低的劳动力价格获得的低成本竞争优势，导致出口的多是劳动密集型

---

① 李春顶、尹翔硕：《我国出口企业的"生产率悖论"及其解释》，载《财贸经济》2009 年第 11 期。

产品，从而产生对中国企业的出口行为的检验会背离新新贸易理论的基本结论的情况。

（3）由于一些地方政府的保护主义和相关政策，本土企业互相竞争，压缩了企业在国内生产贸易的利润，进行出口贸易反而能获得政策支持，因而生产率水平存在差异的企业均倾向于选择出口，这种由于外生因素导致的"扭曲性"出口的现象，使企业选择出口贸易变成了国内贸易的替代。

（4）基于中国企业数据的一些实证研究只以生产率差异来单一的代表企业异质性指标，仅仅考虑企业生产率和企业产量来构建企业贸易的实证模型，而忽视了企业性质、所在区位、盈利能力等其他异质性指标也会对企业出口选择产生影响，所以单一的变量选择研究会出现结论不一致的情况。

随着实证结论的争议和研究的进一步发展，李军（2011）提出了多重异质性的概念，认为梅里兹（2003）的单一异质性假设并不符合中国的国情，认为中国改革开放后不同阶段的出口企业类型有差异，出口企业的国际市场竞争力来源不只是生产率的差异性，而是存在企业区位、企业规模、企业年龄、企业性质、创新投入、资本结构、人力资本以及成长率等差异构成的多重异质性，并认为实证研究中，不同年份数据的选择和不同的细分行业中的企业数据的选择，会导致生产率对出口的影响研究结论不同。因此，要结合中国出口企业的发展国情，考虑中国企业转型因素，选取适当的细分行业研究，才能得出具有适用性的结论。

二、产品质量异质性的相关研究

以梅里兹（2003）为代表的企业异质性模型着重强调了企业间的生产率差异及其对企业出口行为的影响，而实际上企业的异质性表现在多个方面，生产率异质性模型在解释一些贸易特征性事实上具有一定的局限性（肖特，2004；Johnson，2012）。科尔等（Cole et al.，2010）认为，企业的异质性不仅仅是生产率的差异，还表现在人力资本、所有权、规模等诸多方面。近些年，随着微观层面的贸易数据逐渐被获取，一些学者发现产品质量也是企业异质性特征的重要方面，相关研究不断涌现，产品质量异质性已成为国际贸易领域的前沿方向。本部分将对一类文献的相关研究成果进行梳理。

（一）对贸易基本问题的理论解释

传统的生产率异质性模型认为高生产率的企业具有低的边际生产成本，从而产品定价也会低。此类模型仅考虑了生产率的异质性，却忽略了产品质量的异质性，因此，传统的生产率异质性模型被称为同质性产品质量模型。最新的研究将产品质量差异引入贸易企业的行为决策模型，认为高生产率的企业会选择使用高品质的中间投入品，生产高质量的产品并以高昂的价格出口到发达国家，这一类模型被称为产品质量异质性模型。质量异质性的相关文献不仅对只引入生产率异质性不能回答的贸易特征性事实作出解答，而且对几乎所有贸易理论能够涉及的领域，如贸易模式（包括贸易流量和贸易流向）、贸易的福利效应以及贸易对经济增长的贡献等，都提供了新的解释，从而在国际贸易理论的最新进展中占据了重要位置。

一方面，产品质量异质性会内生影响企业的出口行为。（1）产品质量差异有助于解释出口产品的相对价格差异。布鲁克斯（Brooks，2006）和哈拉克（2006）认为一国对进口产品的需求会受到进口产品的质量水平和该国消费者对质量的偏好程度的影响，在贸易模型中引入产品质量将有助于理解林德假设（林德，1961）。类似的，海尔布和奥库博（2008）研究发现，消费者愿意为高质量的产品支付更高的价格，生产高质量产品的企业能够克服贸易成本更多地从事出口贸易；安东尼亚代斯（Antoniades，2008）也认为，产品质量更高的企业在国际贸易中会追求更高的成本加成。这就解释了为什么出口产品的价格相对更高，进而弥补了生产率异质性模型在解释国际贸易基本问题上的不足。（2）产品质量水平可以影响企业的出口决策。迪诺剖勒斯和尤莱儿（Dinopoulos and Unel，2013）还分析了产品质量异质性对企业出口行为选择的影响，研究发现企业将根据其生产产品质量水平的高低而做出出口或不出口的行为决策，即能够提供高质量产品的企业将选择出口，提供中等质量产品的企业将留在国内市场，而提供低质量产品的企业将被迫退出市场[①]。

另一方面，产品质量异质性有助于重新理解贸易竞争力的来源。哈拉克和

---

① Dinopoulos，E.，Unel B. A Simple Model of Quality Heterogeneity and International Trade [J]. *Journal of Economic Dynamics and Control*，2013，37（1）：68 – 83.

西瓦达桑（2013）指出产品质量是一国出口竞争力的重要体现，与一国的出口绩效和贸易利得有着直接的联系。科汉德沃（2010）在研究产品质量与国际竞争力的关系时发现，如果一国的产品质量不能持续提高，那么该国的这一产品可能将被转移到国外生产，这不仅会影响到该国的就业水平，而且会使得该国产品受到国外产品的冲击。鲍尔温和哈里根（Baldwin and Harrigan，2011）在梅里兹（2003）模型的基础上引入了消费者对产品质量的偏好，在该模型中，价格将不再是产品竞争力的唯一决定因素，消费者需求还受到产品质量的影响，进而产品的竞争力将主要取决于质量调整后的价格。春山和赵（Haruyama and Zhao，2008）采用动态均衡模型阐释了质量异质性、R&D活动与生产率的相互作用机制，他们认为不断提升的产品质量是技术进步的重要表现形式，而生产贸易产品的"创造性破坏"过程内生地决定了企业的进入和退出，推动了产业内资源的优化配置，最终带来全要素生产率的长期增长。这些研究结论说明，产品质量也是贸易竞争力的重要来源之一。进一步地，比斯托（2011）证明了贸易一体化带来的收益增长会引致出口商进行产品质量升级。阿米提和科汉德沃（Amiti and Khandelwal，2013）也论证了产品市场竞争以及贸易开放对于产品质量提升的作用，他们认为该作用对参与国际竞争的所有国家都是对称的，进而，如果贸易开放增加，进口国的进口税率将会影响其产品质量的升级速率，税率下降有助于该国产品质量提升。

此外，产品质量异质性还会影响国家间的贸易模式和贸易强度。伐吉波姆等（Fajgelbaum et al.，2011）将产品质量引入贸易模型，提出了一个产品同时具有水平差异和垂直差异的贸易分析框架，在该模型中，具有收入和偏好异质性的消费者去实现在不同产品质量和产品种类选择下的效用最大化，通过构建嵌套需求结构方程，分析得出高收入的国家一般倾向于出口高质量的产品。进一步地，法希尔和布鲁塔（Fasil and Borota，2013）认为企业的竞争优势同时来源于企业的生产率差异和产品质量差异，构建了一个南北贸易模型，着重分析了产品质量异质性在形成发达国家与发展中国家之间贸易模式过程中的显著作用，解释了发达国家与发展中国家之间存在出口价格差异的原因以及北—北贸易强度高于南—北贸易强度的内在机理，即发达国家的消费者更偏好于发达国家生产的高质量产品。

在产品质量异质性的理论研究中，早期模型多建立在梅里兹（2003）企业异质性经典分析的基础之上，尤其是从供给方的角度引入外生的或者内生的质量异质性参数，已经足以说明企业产品质量异质性对贸易流向和贸易流量的影响。近几年则基于海尔布和奥库博（2008）的模型，进一步在贸易开放背景下，阐明了产品质量是导致出口价格不一定随着数量增加而下降的原因。也正是外生地或者内生地引入产品质量这一变量，从供给和需求两个层面，将国家之间的距离、贸易成本和人均国民收入等反映国别特征的变量与产品质量发生交互作用，产生了影响贸易模式、贸易福利效应和经济增长的新机制。

（二）对贸易特征事实的经验研究

基于以上文献梳理可以看出，将产品质量引入国际贸易理论模型，能更为深入地分析企业的出口行为和各国的贸易竞争力来源，也正因为如此，出口质量问题逐渐成为国际经济学领域关注的重要论题。一些学者利用微观贸易数据对质量异质性模型进行了经验研究，以为贸易特征事实提供合理的解释，主要包括如何更为精确地测度出口产品质量、产品质量对企业出口行为的影响以及对企业出口目的地选择的影响等方面。

1. 关于产品质量测度方法的研究

由于产品质量的信息并不能直接被获取，因此，如何精确地测度出口产品质量成为进行经验研究首要解决的重要问题之一。学者们主要基于贸易数据或非贸易数据构造指标来测度产品质量。最初，一些学者通过构造代理变量来估计出口产品质量。使用最广泛的代理变量是出口产品价格（Verma，2002；Hallak，2006）和市场份额（Berry，1994；Bils，2004）。但这种方法只是一种近似描述，可能存在较大的偏差，如价格信息里除了产品质量外，还包括其他因素的信息。汉森和尼尔森（Hansen and Nielsen，2008）、哈拉克和肖特（2011）等研究发现出口价格和市场份额都不是产品质量的完美度量。

为规避以上方法的度量偏误，学者们开始构造需求方程以测度出口产品质量。科汉德沃（2010）采用嵌套 Logit 方法，在剔除市场份额中的价格因素后推算出出口质量，该方法主要适用于测算国家—产品层面的出口质量。之后，科汉德沃等（2013）使用国家—年份固定效应控制难以直接观测的宏观因素（价格指数和收入），利用微观数据进行方程估计，从残差中估算出出口目的国—企业—产品—年份层面的出口质量。这种方法具有明显的经济含义，并且便于操作和应用，是目前测算微观层面出口产品质量使用最为广泛的一种方法。类似地，吉尔韦斯（Gervais，2011）将企业在价格和出口状态上的差异分解为质量边际和效率边际，并用美国的贸易统计数据估计了企业层面的产品质量。哈拉克和肖特（2011）使用直接测算方法，首先利用指数理论把可被直接观测的出口价格分解为质量部分和纯净价格部分，再使用贸易收支数据可分别计算出出口质量指数和纯净价格指数，该方法主要适用于测算国家或行业层面的出口质量。芬斯特拉和罗马利斯（Feenstra and Romalis，2014）构建了企业内生化质量决定框架，提出新的适用于微观数据的企业—产品层面的出口质量测算方法。

　　另外，还有一部分文献通过非贸易数据（特定产品的特征）来直接表征产品的质量水平。比如，高德伯格和威尔伯文（Goldberg and Verboven，2001）通过引入与汽车具体特征的指标（如引擎马力等）来控制汽车的产品质量差异；费尔霍根（Verhoogen，2008）用企业是否具有 ISO9000 标准认证来反映该企业产品质量的高低；哈里根和巴斯罗（Barrows，2009）利用配额制度作为企业产品质量的代理变量；克洛泽等（Crozet et al.，2012）与陈和朱文诺（Chen and Juvenal，2016）分别用香槟手册上对于不同品牌香槟的评级以及专家对葡萄酒质量的打分作为产品质量指标。该方法的优点在于对于特定产品构造特定的质量指标，可以最大限度地度量质量水平；但也具有明显的缺点，这种方法使用范围有限，难以广泛推广[1]。

2. 产品质量对企业出口行为的影响

　　一些学者实证检验了产品质量对企业出口行为的影响。迈尔等（Mayer et al.，2011）使用法国企业层面的出口数据进行的研究表明，由于受到进口国竞争效应的影响，出口企业将选择其最具竞争力的产品进行出口。克洛泽等（2012）同样用法国企业数据进行了经验研究，发现产品质量不仅与出口价格呈正相关，还会显著地影响企业进入出口市场的可能性。进一步地，阿米提和科汉德沃（2013）指出，生产高质量的产品经常被认为是出口成功和经济发展的前提条件。费尔霍根（2008）利用墨西哥制造业的面板数据发现，在出口企业中，生产率更高的企业生产的产品质量也更高。迈尔等（2011）用法国出口数据进行的研究表明，在竞争较为激烈的市场中，来自需求方的竞争效应，即对

---

[1] 余淼杰、张睿：《中国制造业出口质量的准确衡量：挑战与解决方法》，载《经济学（季刊）》2017 年第 2 期。

高质量产品的需求，将使企业出口具备其核心竞争力的产品。克洛泽等（2012）用法国企业层面的出口数据和经过专家测评的香槟质量数据进行匹配，发现产品质量的提高会单调地提高产品的市场价格、成功进入市场的概率和出口的价值。库格勒和费尔霍根（Kugler and Verhoogen，2012）使用哥伦比亚的制造业统计数据，发现较大的企业相对较小的企业会使用更贵的投入要素，对其产品定价更高，这种情况在出口企业中也同样存在。罗伯茨等（Roberts et al.，2012）采用中国鞋袜类行业的出口数据，验证了企业面对的需求和自身成本结构的差异带来了企业出口产品质量的差异，进一步决定了出口企业在出口持续性等特征上的差别。进一步地，阿米提和科汉德沃（2013）指出，生产高质量的产品经常被视为出口成功和经济发展的前提条件。

此外，还有一些研究利用产品质量对林德尔假说进行了重新验证。哈拉克（2010）认为如果不将产品质量作为实证分析的基础，就很难找到支持林德尔假说的证据。哈拉克（2010）使用跨行业数据估计了 1995 年 60 个国家间的贸易模式，他发现富国倾向于进口高质量产品，并且这些高质量产品的出口方往往也是收入水平较高的国家。布鲁克斯（2006）认为，世界各地的厂商一般只将其小部分产品出口到海外，在美国这样的大国也是如此。在美国出现这种情况的原因可能是存在一个很大的国内市场，但在哥伦比亚这样的低收入小国却同样如此，现有的理论模型如果不引入质量异质性，就难以解释在不同国家出现的这种较低的出口比例。他用 1981 ~ 1991 年哥伦比亚企业层面的数据进行检验，发现产品质量差异正是解释这一现象的显著原因。而哈拉克和肖特（2011）的研究发现，在 1989 年中国的出口产品质量是世界平均水平的 2/3，而德国当年的出口产品质量为世界平均水平的 2 倍有余；到了 2003 年，中国的出口产品质量在样本国家的排序中反而下降了 2 位。中国成为一个人均收入上升而产品质量没有显著提高的特例。他们认为原因可能是多样的，如中国庞大国内市场的吸引力、从计划经济向市场经济的转型和出口导向型政策的作用，等等。科力诺和艾毕法尼（Crino and Epifani，2012）认为意大利那些生产高质量产品的企业就应该将其销售市场集中在高收入国家。马丁和梅让（Martin and Mejean，2014）的数据表明，来自低收入国家的竞争促使发达国家在那些生产高质量产品的产业中进行专业化生产，这样法国出口产品的平均质量在 1995 ~ 2005 年增长了 10% ~ 15%。

3. 产品质量对企业出口目的地选择的影响

一些学者发现产品质量异质性会影响到企业的出口目的地选择。巴斯托斯和席尔瓦（Bastos and Silva，2010）使用葡萄牙企业—产品—出口目的地维度的微观数据研究发现，出口产品的单位价值（FOB 价）会随着地理距离的增加而增加，并且对高收入国家的出口价格也会更高。进一步地，在同一个产品上，较高生产率的企业倾向于出口价格更高、质量更高的产品，这反映出生产高质量产品的企业更有能力去服务于高端市场[①]。马努瓦和张（Manova and Zhang，2012）利用中国海关细分贸易数据，总结了出口企业的 6 个特征性事实，即多个企业出口同一种产品，出口价格越高的企业其在国外市场获得的收入也越高，并且可以进入范围更广的国外市场；出口规模较大、出口目的地较多、出口价格较高的企业一般会进口价格较高的中间投入品；在企业—产品层面，企业会对收入更高、双边距离更远的国家设定更高的出口价格；同时，企业可以在这些国家获得更多的市场收益；具有更多出口目的地的企业其出口价格的波动范围也较大；此外，这些企业购买中间投入品的价格和来源地范围也较大[②]。通过进一步分析，马努瓦和张（2012）提出贸易模型应该包含产品质量异质性，以便于理解以上特征性事实：更成功的出口企业会投入质量更高的中间品生产出高质量的产品；同时，企业会根据出口目的地的不同而使用不同质量的中间品，进而出口不同质量水平的产品。

近些年，产品质量异质性的相关文献不断涌现，理论和经验研究发现，产品质量是一国或地区对外贸易和经济发展的重要影响因素。国内学者也引入这一前沿理论对中国的贸易问题进行了有益探讨。

（三）产品质量异质性模型在中国的应用

随着产品质量在国际贸易领域的研究中受到越来越多的关注，一些国内学者也开始运用中国的微观贸易数据分析中国对外贸易中的产品质量问题。国内学者有关产品质量异质性的研究主要集中于三个方面：中国出口产品质量的变

---

①　Bastos，Paulo and J. Silva. The Quality of a Firm's Exports：Where You Export to Matters ［J］. *Journal of International Economics*，2010，82（2）：99 – 111.

②　Manova，K. and Zhang，Z. Export Prices Across Firms and Destinations ［J］. *Quarterly Journal of Economics*，2012，127（1）：379 – 436.

化趋势、产品质量的变化对出口贸易的影响和中国出口产品质量的影响因素。

1. 中国出口产品质量的变化趋势研究

近几年，国内学者针对中国出口产品质量的测算进行了积极讨论，但由于测算方法和测算样本选取的不同，测算结果也呈现出较大差异。第一类测算结果显示中国出口产品质量并未得到显著提升，甚至呈现下降趋势。陈勇兵等（2012）利用欧盟进口产品的微观数据考察了 1995～2004 年中国对欧盟出口产品的相对质量变化趋势，结果显示，中国的相对出口质量并未得到改善。施炳展等（2013）采用改进的科汉德沃（2010）方法测算了 1995～2006 年中国出口产品的质量，研究发现中国出口产品质量呈现下降趋势。李坤望等（2014）以相对出口单位价值刻画中国出口产品的相对质量水平，发现大量低品质产品进入出口市场，是导致中国在加入 WTO 以后出口产品质量持续下滑的主要原因。张杰等（2014）利用 2000～2006 年海关微观贸易数据，并使用企业中间投入品进口国的真实汇率作为工具变量，以控制出口产品的价格与需求之间的内生性，测算结果显示：总体上看，中国出口产品质量呈现轻微下降趋势；分企业所有制类型来看，主要是私营企业的出口质量呈下降趋势[①]。高晓娜（2017）也得到类似的结论，并且还发现，私营企业的出口产品质量明显低于国有企业，出口到发展中国家的产品质量低于发达国家。

第二类测算结果则表明中国的出口产品质量在逐步提升。殷德生（2011）采用四分位行业数据考察了中国出口产品质量的变化趋势和决定因素，发现单位贸易成本的下降、出口规模的增加以及贸易伙伴国经济规模的扩大都显著地促进了中出口产品质量的提升。施炳展（2013）采用回归残差法测算了 2000～2006 年中国企业—产品层面的出口质量，结果发现中国出口产品质量在总体上表现为上升趋势，但是本土企业的出口质量在下降，与外资企业的质量差距不断扩大[②]。王明益（2014）采用科汉德沃（2010）方法对中国制造业在 1998～2008 年的出口产品质量进行了测算，研究发现制造业的出口产品质量在整体上表现为缓慢地上升态势。李小平等（2015）利用哈拉克和肖特（2011）的价格指数分解方法，测算了中国行业层面的出口质量指数，结果发现中国典型行业的出口质量呈现上升趋势，但在考察国中处于较低水平。余淼杰和张睿（2017）

---

① 张杰、郑文平、翟福昕：《中国出口产品质量得到提升了么？》，载《经济研究》2014 年第 10 期。
② 施炳展：《中国企业出口产品质量异质性：测度与事实》，载《经济学（季刊）》2013 年第 4 期。

较为系统地梳理了现有的产品质量测算方法，并在此基础上提出了一种同时考虑需求和供给两方面因素的出口质量测算方法，研究得出中国制造业的出口产品质量在 2000～2006 年期间提高了 15%[①]。魏浩和林薛栋（2017）比较了当前不同出口质量测算方法的优缺点，并使用中国的微观产品和企业数据进行了验证，企业层面的测算结果表明，一般贸易下，劳动密集型行业和外资企业出口质量的提升推动了中国出口质量的提高，主要表现为出口产品由中等质量向高质量转变；加工贸易下，劳动密集型行业、外资企业和民营企业出口质量的提升推动了出口质量的提高。

2. 产品质量异质性对中国企业出口的影响研究

随着出口产品质量测算方法越来越多样，一些国内学者开始关注出口质量的变化对中国出口贸易的影响，主要涉及产品质量与出口目的的选择、产品质量与出口企业成本加成、产品质量与国外对华反倾销措施、产品质量与中国出口增长等几个方面。李方静（2014）采用 2005～2006 年中国制造业企业微观层面贸易数据，基于企业产品质量异质性视角，研究企业生产率、产品质量与出口目的地之间的关系。研究结果表明：企业生产率、产品质量与对低收入国家的出口贸易额占比呈稳健负相关关系，生产率高的企业通过追加研发投入更易生产出高质量产品，以满足高收入国家对高质量产品的偏好需求，因而更倾向于向高收入国家出口；出口目的地人均收入与企业的生产率、研发密度、产品质量的交互项的系数显著为正，表明由于人均收入较高的目的地对高质量产品的较强偏好，向人均收入较高的目的地出口有助于提高企业生产率和提升产品质量。李旗胜和佟家栋（2016）在对中国出口企业基于边际成本加成率进行测算的基础上，分析了产品质量及其他因素对企业加成率的影响，分析发现产品质量与加成率之间有显著的正向关系，出口质量的提升有利于企业的加成定价。蒋冬英和赵曙东（2015）分析了中国对美出口产品质量与美国对华反倾销起诉之间的关系，实证结果表明，在低价竞争部门中，美国对中国产品的反倾销概率随着其质量的提升而加大。李有（2015）使用 2001～2013 年的进出口贸易数据检验了中国出口产品质量与出口产品在贸易伙伴国中的市场份额的关系，实证结果表明，出口产品质量的提升显著地促进了中国出口产品在贸易伙伴国的

[①] 余淼杰、张睿：《中国制造业出口质量的准确衡量：挑战与解决方法》，载《经济学（季刊）》2017 年第 2 期。

市场份额的提高，出口产品质量的升级在促进出口产品的国际竞争力方面存在非线性效应，即出口产品质量升级在提高出口产品在贸易伙伴国中的市场份额方面存在收益递减；与发达国家的垂直高质量贸易产品的竞争力效应大于与发展中国家的垂直高质量贸易产品的竞争力效应。类似地，李小平等（2015）的实证研究发现，出口产品质量的提升是中国出口扩张的重要原因之一。

3. 中国出口产品质量的影响因素研究

近些年，国内涌现了较多研究中国出口产品质量影响因素的文献，主要包括贸易自由化、中间品进口、工资、汇率、政府补贴、研发以及环境政策等方面因素。王建新（2014）、刘晓宁和刘磊（2015）、苏理梅等（2017）探讨了贸易自由化对中国出口产品质量提升的作用机制，进口关税削减有利于提高进口中间品的种类和质量，进而促进出口产品质量提升。马述忠和吴国杰（2016）、李秀芳和施炳展（2016）、许家云等（2017）等研究发现，中间品进口通过"中间品产品质量效应""产品种类效应"和"技术溢出效应"可以显著促进中国出口质量的提升。彭冬冬等（2016）、谢靖和廖涵（2017）、盛丹和张慧玲（2017）等从环境规制的视角分析环境政策对中国出口质量升级的影响。许和连和王海成（2016）、张明志和铁瑛（2016）、田曦和朱春昊（2016）认为（最低）工资上涨会在一定程度上抑制中国出口产品质量的提升；而许明（2016）则发现提高劳动报酬对出口产品质量的提升有重要作用，员工超额劳动报酬平均每提升 1%，出口产品质量将提高 0.314% ~ 0.474%。于津平等（2014）、许家云等（2015）、王雅琦等（2015）讨论了汇率与出口质量之间的关系。李秀芳和施炳展（2013）、张杰等（2015）、张洋（2017）实证考察了政府补贴对中国出口产品质量提升的影响，但得出的结论较不一致，李秀芳和施炳展（2013）、张洋（2017）认为政府补贴显著地促进了中国出口企业出质量升级；而张杰等（2015）得出政府补贴对企业出口质量提升产生了显著的抑制效应。李怀建和沈坤荣（2015）使用 58 个国家在 1996 ~ 2009 年的面板数据实证得出，研发水平和物质资本存量对出口质量有显著的促进作用，而人力资本的作用却是不确定的。此外，金融约束（张杰，2015；许明，2016）、出口持续时间和出口强度（陈晓华和沈成燕，2015；刘晓宁和刘磊，2015）、碳生产率（王树柏和李小平，2017）、制度（李方静，2016）等因素也被纳入了出口产品质量的研究框架。

三、简要评述

基于国际贸易中出现的新现象和新问题，以梅里兹（2003）为代表的企业异质性模型给予了较好的理论解释，并且也得到了大量经验研究的验证，逐渐形成一种前沿的国际贸易理论。国内外文献在梅里兹（2003）模型基础上的拓展研究或经验分析，主要围绕出口企业的"自我选择效应"和"出口中学"机制两个主题，即生产率与出口之间的因果关系。从经验研究的结论来看，"自我选择效应"已经被大多数文献所接受，而"出口中学"机制却受到了不少经验文献的质疑。而从对中国的应用来看，一些文献发现中国的出口企业与梅里兹（2003）的企业异质性理论出现了"悖论"，即出口企业的生产率反而比不出口企业更低。尽管后续出现了一些研究试图对中国出口企业的"悖论"进行解释，但似乎学者们并未取得共识。此外，以生产率异质为核心的企业异质性理论也受到了一些挑战。例如，依据生产率异质性理论，生产率更高的出口企业凭借其成本优势应该以更低价格出口，然而肖特（2004）、约翰逊（2012）发现这些企业的出口单价反而更高，并且出口价格跟地理距离正相关；此外，生产率异质性理论强调高生产率的企业具有更优的（价格）竞争力，但是林德（1961）指出，发达国家对进口产品的质量有着更高的偏好和更严格的要求，仅靠价格优势难以进入发达国家市场。显然，生产率异质性理论难以对这些问题作出较好的解释。这也说明，企业的异质性表现在多个方面，仅仅从生产率的角度去分析企业的出口行为难免具有局限性。

在企业异质性模中引入产品质量，为解释贸易基本问题、理解贸易特征事实等方面提供了更丰富的视角。近几年，围绕质量异质性开展研究也成为国际贸易领域的前沿方向。不过，质量异质性模型不论是在理论分析还是经验研究方面，仍存在继续拓展的空间。例如，如何精确地测算产品质量一直是比较棘手的问题，尽管已有学者开始关注产品质量、价格与生产率的关系，但是尚需进一步厘清。目前的质量异质性模型一般认为产品质量由企业的生产率内生决定，较高生产率的企业生产的产品质量也较高；而依据生产率异质性模型，生产率较高企业的产品价格也相对较低，然而，在现实中高质量、低价格的产品却是很少见的。因此，进一步厘清产品质量、价格与生产率之间的内在关系，有助于更好地分析企业出口行为的决定因素。

第二节　"性价比"的相关研究

一、"性价比"的提出与推广

"性价比"一词最早出现在计算科学领域，用于反映算法的复杂度（计算量）与精度之间的数值关系，进而通过数值实验，可以得到最优"性价比"的算法，即使用尽可能少的计算量得到精度较高的算法。而"性价比"的概念逐渐被推广和应用则是在价值工程的基础上延伸和发展起来的。价值工程着重分析如何以最低的成本可靠地实现产品的必要功能，并提升产品的价值①。进而，一些学者从"价值工程"的"价值"中延伸出了"性价比"的含义，即产品的功能和实现该功能所需成本的比值，主要强调产品的功能—成本分析②。比如，任宏等（2000）、向鹏成等（2006）利用价值工程理论构建了商品住宅"性价比"的确定方法；池谷等（Ikeya et al.，2000）、吴正斌等（2015）分析了不同成本的电池对电动汽车"性价比"的影响；董巧婷等（2007）、韩正民（2016）推广了"性价比"评标方法的原理及其模型的应用。

利用"性价比"分析消费者购买决策和企业经营决策的研究主要体现在将"性价比"推广到顾客行为和企业管理领域。侯仁勇和苏艳丽（2007）、杜志彬等（2012）、陈传灿和郝琭璐（2016）提出，"性价比"就是产品性能与价格的匹配程度③；对于消费者而言，"性价比"是指购买某项产品获得的收益与付出

---

① 谭浩邦：《价值工程方法研究》，广东科技出版社1992年版。
② 向鹏成、郭峰、任宏：《房地产性价比的确定方法》，载《重庆大学学报（自然科学版）》2006年第7期。
③ 侯仁勇、苏艳丽：《我国轿车性价比评价模型》，载《价值工程》2007年第1期。

的成本之间的比值①。这些学者通过层次分析法（AHP）构建汽车产品的性能指数，再从汽车的购置成本、使用成本等方面构建价值指数，然后计算出汽车产品的"性价比"指数，进而为消费者作出购买决策提供有益的参考。田志龙等（2010）通过产品的"性价比"定位分析了中国汽车市场弱势后入者的经营战略，提出了一个后入者进入方式—资源弱势克服方式—后发优势实现途径，研究发现中国汽车市场的弱势后入者倾向于选择基于低成本的高"性价比"竞争定位②。计国君和杨光勇（2013）认为战略顾客会跨期比较模仿产品与创新产品之间的"性价比"（性能—价格比）来作出购买决策，分析了战略顾客的"性价比"偏好程度对创新企业和生产模仿产品企业的市场份额和利润的影响③。进一步地，杨光勇和计国君（2015）指出，战略顾客跨期比较模仿产品与创新产品之间的"性价比"，对先进入者（创新者）的领导地位造成威胁，进而先进入者需要采取产品升级策略④。

此外，韩小鹏等（2015）从"性价比"的角度分析了单个制造业产品及其多种增值性服务的最优定价与资源分配策略，研究得出如果一个制造商提供的增值性服务的基本效用较大，同时该制造商通过投入资源来改良产品的效率较低，则该制造商倾向于选择以低"性价比"的一般服务来带动高"性价比"优质服务的经营策略⑤。胡新平等（2015）同时考虑价格和质量两种因素分析了企业在供应链集中决策和分散决策下的营销策略，研究发现"分散决策下零售渠道获得的产品'性价比'最低，而集中决策下零售渠道获得的产品'性价比'最高"⑥。

二、"性价比"在经济学中的应用

"性价比"在经济学中的应用，最早开始于米建国（1983）从价值工程中发

---

① 陈传灿、郝琭璐：《基于性价比评估的轿车购车决策模型》，载《汽车工业研究》2016年第10期。
② 田志龙、李春荣、蒋倩、王浩、刘林、朱力、朱守拓：《中国汽车市场弱势后入者的经营战略——基于对吉利、奇瑞、华晨、比亚迪和哈飞等华系汽车的案例分析》，载《管理世界》2010年第8期。
③ 计国君、杨光勇：《存在战略顾客的模仿创新研究》，载《管理科学学报》2013年第4期。
④ 杨光勇、计国君：《基于战略顾客行为的进入威慑策略研究》，载《中国管理科学》2015年第11期。
⑤ 韩小鹏、张旭梅、王磊、但斌：《产品与多增值性服务的联合定价与资源分配研究》，载《管理工程学报》2015年第3期。
⑥ 胡新平、李天丽、邓腾腾：《质量和价格影响需求的双渠道供应链饥饿营销策略》，载《系统管理学报》2015年第3期。

展的"物美价廉系数"。米建国（1983）分析了产品的质量、使用价值与价格之间的关系，并基于产品质量的等级提出了物美价廉系数，即不同质量等级产品的使用价值系数与价格系数的比值[①]。后来，随着"性价比"概念的逐步推广，一些学者尝试将"性价比"应用于经济学问题的分析，主要包括从"性价比"的角度解释企业竞争和技术创新、分析公共服务均等化及满意度、分析生产者及消费者福利水平以及将"性价比"应用于异质性贸易理论。

（一）从"性价比"的角度解释企业竞争和技术创新

孟捷和冯金华（2015）将组织知识生产的专有性和产品的差异性引入马克思的企业竞争理论分析框架，并把"性价比"界定为产品的使用价值与个别价值的比率。设定在一个部门中有两类不同的企业分别生产具有差异化使用价值的两种产品，那么，两种产品的"性价比"差异就代表着这两种产品是基于不同的生产方式或生产技术而实现的，同时，产品的"性价比"差异也对应着不同的组织知识生产过程；考虑到组织知识具有专业性，两类不同企业在组织知识生产过程上的差异必然会带来产品"性价比"的持久差异[②]。进而，不同"性价比"的产品面临的市场需求也将不一样，企业可能会通过技术进步来增强其市场竞争力。首先，处于弱势地位的企业可以通过提升生产率与改进质量来提高产品的"性价比"水平，以吸引更多的消费需求和市场份额，由此将导致不同的企业开展技术创新和市场竞争。进一步地，动态来看，孟捷和冯金华（2015）认为企业竞争在本质上产生于不同产品"性价比"增长率的差异，即动态层级结构上的"性价比"差异解释了企业竞争的持续性。此外，他们还分析了企业通过技术进步而获取更多的市场份额过程中"性价比"的中介作用。他们认为，技术进步并不仅仅通过降低个别价值来降低个别企业的价格，还可通过提高"性价比"来促进企业吸引更多的消费需求。因为"性价比"的高与低并不唯一地取决于个别价值或个别价格水平，而是等于产品的使用价值与其个别价值的比率，所以，即使是在产品价格上升的情况下，企业也能通过提高产品的使用价值而实现产品的较高"性价比"水平。因此，在考虑产品差异化的

[①] 米建国：《产品物美价廉程度的定量分析——物美价廉系数》，载《经济理论与经济管理》1983年第3期。
[②] 孟捷、冯金华：《部门内企业的代谢竞争与价值规律的实现形式——一个演化马克思主义的解释》，载《经济研究》2015年第1期。

情况下，企业可以凭借较高的产品"性价比"，而不是仅仅依靠降价来参与竞争。进一步地，孟捷和冯金华（2015）构建了部门内企业的代谢竞争模型来分析企业的竞争优势，研究发现企业维持竞争优势的核心前提就是要提高产品的"性价比"水平。

寻格辉（2004）将产品的"性价比"差异引入企业间的竞争分析，进而解释技术领先企业的存在。他沿着浩特玲（Hotlling，1929）模型的分析框架，假设存在两种企业：企业1（领先企业）在开始阶段就进行了研发投入，或者研发投入较多；企业2（跟随企业）在开始阶段并未进行研发投入或者投入较少。在浩特玲（1929）模型中，企业1和企业2生产的产品是具有差异性的，寻格辉（2004）将产品间的差异理解为更具一般意义的产品"性价比"差异。进而，由于产品并不是完全同质的，企业1和企业2之间的竞争，是价格竞争和质量竞争同时存在的，并且是多期的存在，因此，"性价比"的竞争构成了企业竞争的本质，也构成了企业竞争的主要手段[1]。基于产品差异的"性价比"优势可以理解为企业在市场中保持其产品竞争力的一种隐性专利。进一步地，寻格辉（2004）通过多期的动态竞争分析，发现企业以产品差异和产品的高"性价比"为实现工具的利润追求，会触发企业技术领先动机，进而不断加大研发投入而保持技术领先。

此外，徐幼民（2014）从"性价比"的视角构建了一种新的技术创新评价指标。徐幼民（2014）认为，如果企业进行技术创新的目的是降低生产成本，则会带来产品价格的下降，在这种情况下，可以将产品价格的变化情况作为技术创新的评价指标；而如果企业进行技术创新的目的是提高产品的性能和品质，以上使用价格变化的评价指标就不再适用，因为企业通过技术创新来提高产品的性能和品质往往会带来产品价格的上升，在这种情况下，需要同时考虑产品性能和价格的变化情况来衡量产品技术创新的状况。因此，徐幼民（2014）提出可以用消费者购买同一类别产品的"性价比"变化情况来综合反映企业进行技术创新的动态状况[2]。

---

[1]　寻格辉：《R&D的投资激励：为什么会有技术领先企业?》，载《上海经济研究》2004年第6期。
[2]　徐幼民、漆玲琼、徐小康等：《论技术创新状况的经济评价指标》，载《财经理论与实践》2014年第3期。

（二）从"性价比"的角度分析公共服务均等化及满意度

朱柏铭（2008）从"性价比"的角度分析了基本公共服务均等化问题。他提出，基本公共服务"性价比"可定义为居民从基本公共服务消费中所得到的效用水平（满意程度）与其支付的成本（交纳税费所付出的牺牲程度）之比，这一定义内涵了一种经济学解释，即从经济学角度看，基本公共服务"性价比"反映的是基本公共服务的边际效用与其边际成本的比值关系①。为了清晰地分析基本公共服务"性价比"在不同居民间的差异情况，朱柏铭（2008）构建了一个"三环四要素评议模型"，以确定基本公共服务"性价比"的评议指标，根据该评议指标研究得出有效率的基本公共服务均等化应该以居民意愿为导向。

范帅邦和乐君杰（2009）对公共产品的"性价比"采用了与朱柏铭（2008）类似的定义，即公共产品的"性价比"水平是指居民从公共产品消费中所获得的性能（或服务）与其为该笔消费所支付的价格（即缴纳的税费）之间的比值。进一步地，范帅邦和乐君杰（2009）对杭州市城区居民进行了公共产品"性价比"满意度的问卷调查，并利用该调查数据对公共产品"性价比"水平的最优问题进行了经济学分析，分析结果发现，整体来看，杭州市居民对政府提供的公共产品的"性价比"水平基本满意，但在公共交通、基础教育等一些公共产品上，居民的"性价比"满意度较低，有待进一步提升；不同收入群体对公共产品"性价比"的满意度高表现出了较大的差异性，低收入群体的满意度较高于高收入群体②。

（三）从"性价比"的角度分析生产者及消费者的福利水平

安增军和林昌辉（2010）认为传统的效用论仅考虑消费者的购买数量，只要消费者购买相同的产品数量即可获得相同的效用水平，然而，这是与现实不相符的。基于此，他们提出了"性价比"和"产品质量数"等概念，用以反映消费者购买差异化产品时所获得的不同效用水平。其中，产品质量数是指一单位数量的某产品中所包含的质量单位，进而将一种产品的"性价比"定义为产

---

① 朱柏铭：《从性价比角度看"基本公共服务均等化"》，载《财贸经济》2008年第10期。
② 范帅邦、乐君杰：《公共产品性价比水平实证分析——基于杭州市的民意调查》，载《改革与战略》2009年第7期。

品在每单位价格下所对应的质量数，即"性价比"水平等于产品质量数除以产品价格。当消费者购买既定数量的产品时，消费者的效用大小就由该产品的质量数来决定，产品质量数越多，该消费者的效用就越大；当消费者购买既定价格的产品时，消费者的效用大小还决定于单位产品价格的质量水平；因此，综合来看，当消费者购买既定数量和既定价格的产品时，消费者的效应水平就决定于该产品的"性价比"水平[①]。进而，消费者将依据"性价比"来选择在预算约束下所要购买产品的数量和价格，以使其效用最大化。进一步地，安增军和林昌辉（2010）基于传统的经济学分析方法分别刻画了消费者产品质量需求曲线和生产者产品质量供给曲线，并在此基础上构建了新的需求与供给均衡模型，比较品牌产品与非品牌产品的福利效应，研究发现相比于非品牌产品而言，品牌产品同时提升了消费者和生产者福利水平。

（四）将"性价比"应用于质量异质性贸易模型

生产率异质性模型认为较高生产率的企业具有低的边际生产成本，进而产品价格也会相对较低（梅里兹，2003）。而后来的质量异质性模型却发现较高生产率的企业往往生产质量较高的产品，并且以较高的价格出口（鲍尔温、哈里根，2011；约翰逊，2012）。为了解释企业的生产率与产品价格、产品质量之间关系，科汉德沃（2010）、哈拉克和肖特（2011）、科汉德沃等（2013）、哈拉克和西瓦达桑（2013）、樊等（2015）把可直接观测的出口价格分解为产品质量和质量调整价格（quality-adjusted price）两个部分，即 $p_i = \lambda_i \tilde{p}_i$，其中 p_i、λ_i、$\tilde{p}_i$ 分别是指产品 i 的出口价格、产品质量和质量调整价格。生产率水平的高低一方面会影响企业的产品质量水平，另一方面还会影响质量调整价格，而生产率与企业出口价格的关系将取决于生产率对产品质量和质量调整价格的综合影响。因此，质量调整价格 $\tilde{p}_i$ 可以被理解为是企业在去除质量因素后的边际生产成本[②]。在公式上，质量调整价格 $\tilde{p}_i = \dfrac{p_i}{\lambda_i}$，反映了出口产品的价格与质量之间的比值。基于此，国内学者施炳展（2013）、廖涵和谢靖（2018）将产品面临的需求

[①] 安增军、林昌辉：《品牌对生产者及消费者福利水平影响研究——基于效用函数的重构》，载《东南学术》2010 年第 2 期。

[②] 樊海潮、郭光远：《出口价格、出口质量与生产率间的关系：中国的证据》，载《世界经济》2015 年第 2 期。

函数 $q_i = \dfrac{\lambda_i^{\sigma-1}}{p_i^{\sigma}} \dfrac{E}{P}$ 理解为，在差异化的产品市场中，消费者的效用水平取决于产品数量和产品质量，产品的需求量取决于产品质量与产品价格的比值，即"性价比"[1]。韩会朝和徐康宁（2014）将该需求函数解释为，影响消费者购买行为的价格是消费者对产品进行"性价比"比较之后的"心理价格"（即质量调整价格），消费者会认为高质量的产品"物美价廉"，因此感受的"心理价格"较低[2]。可以看出，质量调整价格与"性价比"之间互为倒数关系。进一步地，施炳展（2013）简要地定性分析了价格、质量与"性价比"之间关系：价格较低的产品一般其质量水平也较低，产品的竞争力容易被较低的质量所"稀释"，因此"低质低价"产品未必具有较高的"性价比"水平；同样，质量较高的产品往往其价格也较高，产品的竞争力将被较高的价格所"抵消"，因此"高质高价"产品也未必具有较高的"性价比"水平。只有当产品的价格和质量同时满足一定条件时，才具有较高的"性价比"水平，企业可以获得较好的市场绩效。

三、简要评述

从以上文献回顾可以看出，"性价比"的概念由计算科学领域提出以后，在价值工程领域得到了较大的推广，并将"性价比"拓展为一种功能—成本的分析方法。之后，在消费者行为和企业管理领域，"性价比"被定义为性能与价格的比值，进而，"性价比"一方面能够反映消费者的偏好程度和效用水平；另一方面，"性价比"也反映了企业的竞争优势，便于企业调整其经营管理决策。在经济学领域，"性价比"进一步简洁地被定义为产品质量与价格的比值，然而目前在经济学领域的应用尚不丰富，主要包括从"性价比"的角度解释企业竞争和技术创新、分析公共服务均等化及满意度、分析生产者及消费者福利水平以及将"性价比"应用于异质性贸易理论等几个方面。而本书较为关心的是其中的第一类和第四文献。第一类文献较为新颖地从"性价比"的角度解释了企业

---

[1]　施炳展：《中国企业出口产品质量异质性：测度与事实》，载《经济学（季刊）》2013 年第 4 期。
[2]　韩会朝、徐康宁：《中国产品出口"质量门槛"假说及其检验》，载《中国工业经济》2014 年第 4 期。

竞争和技术创新，并指出企业之间的竞争在本质上是"性价比"的竞争，企业进行技术创新的目的不管是提高产品质量还是降低生产成本，最终都是为了提高产品的"性价比"竞争力，因此，提高产品的"性价比"是企业维持竞争优势的核心前提。第四类文献从目前较为前沿的质量异质性模型中提出了"性价比"的概念，并进行了简要的定性分析。这两类文献为本书的研究提供了重要的启发：企业的竞争力不仅只反映在价格优势或质量优势的某一方面，最终影响企业市场绩效的是综合价格和质量两方面因素的"性价比"竞争力。虽然已有少数学者在质量异质性模型的基础上提出"性价比"对企业出口行为具有重要作用，但尚未发现有进一步的理论分析或经验研究。

第三节　中国出口增长原因的相关研究

改革开放以来，中国出口贸易迅速扩张，出口增长速度长期高于世界平均水平，引起国内外学者广泛关注。学者们从多个方面对中国出口增长的原因进行了解释。早期的研究主要是在传统贸易理论和新贸易理论的框架下从宏观层面（国家、省域或行业层面）对中国出口增长的原因进行分析和检验。进入21世纪以后，特别是随着新新贸易理论的逐渐兴起以及大量微观贸易数据的有效获取，学者们开始将关注点转移到微观层面（企业或产品层面），更为详细地剖析出口增长的原因及其背后的作用机制。

一、宏观层面的研究

由于传统的贸易理论主要是基于国家或产业层面的宏观分析，学者们在开始探讨中国出口增长的原因时也着重分析宏观层面的因素。这些文献归纳起来，大致可以分为以下四类。

（一）基于要素禀赋理论的比较优势观点

代表性的研究是林毅夫等（1994）提出的劳动力比较优势观点，他们认为在要素禀赋结构上，中国是劳动要素相对丰裕而资本和技术要素相对稀缺的国家，因此劳动密集型产业的出口产品具有比较优势。劳动力比较优势观点在后续的经验研究中也得到了进一步的支持。范爱军（2002）、傅朝阳（2005）、刘志忠等（2007）均发现中国的出口增长主要受益于丰富的劳动力资源及其带动的劳动密集型产业的发展；徐（2007）、肖特（2008）也发现，劳动成本优势使得中国的出口产品具有价格优势，中国出口同类产品的价格与其他国家相比明显较低；张鸿（2006）、孔庆峰和陈蔚（2008）的研究结论表明中国的出口商品结构符合要素禀赋理论的比较优势观点。此外，琼斯（Jones，2000）、汉松和斯劳特（Slaughter，2005）等指出，即使在全球价值链形态下的出口和产品内贸易中，由要素禀赋带来的比较优势和要素价格差异仍然起着重要的决定作用。

而杨汝岱和朱诗娥（2008）考察了1978~2006年中国贸易结构和出口比较优势的演变情况，研究发现中国对外贸易产业结构和技术结构均逐步优化、比较优势也在不断提高，但呈现出明显的阶段性特征。因此，他们认为，以往的劳动力比较优势研究主要解释了中国在20世纪90年代中期以前的出口增长，在90年代中期以后，虽然劳动密集型等低技术含量产品仍是中国出口产品的主要部分，但其比重和相对地位在逐渐降低，对出口增长的边际贡献比较有限。进一步地，杨汝岱（2008）指出，在内部要素成本上升和外部市场竞争加剧的共同压力下，劳动力密集产业不足以维持中国出口的强劲增长；经验分析结果显示，1994年以来中国的出口增长并没有集中于劳动密集型产业，出口产业结构已经改变了以往主要依靠劳动密集型产业的模式，说明相较于传统贸易理论而言，新贸易理论更适合解释中国的出口扩张。然而，樊纲等（2006）运用显示技术附加值赋值原理识别了贸易品技术附加值的高低，进而分析了中国的对外贸易结构，研究发现中国出口商品结构由劳动密集型向资本和技术密集型转变只是一个统计现象，出口的高技术产品仅有高科技产业的形式而没有高科技的实质，高技术产品尚未构成中国出口结构的核心组成部分，也并非出口增速最快的产品。

（二）基于对外开放政策和制度层面因素的解释

改革开放以来，中国的"走出去""引进来"对外开放政策，一方面大力发展出口贸易，另一方面也鼓励招商引资。一些研究发现，外资不仅能给发展中国家带来稀缺的资本，还带来了先进的工艺技术和管理经验，在很大程度上帮助了东道国出口竞争力的提升（Gwynne et al.，1991；Liu，2002）。学者们将中国的外资与外贸的关系进行了检验，也发现了类似的结论。詹晓宁和陈建国（2002）、江小涓（2002）、谢建国（2003）、冼国明等（2003）等发现外资企业对中国的出口增长做出了重要贡献。莱莫恩（Lemoine，2000）发现中国劳动密集型产业比较优势的提升主要受益于外资企业。杨全发和陈平（2005）也得到了类似的结论，不过还发现外资企业对本土企业的技术溢出效果不明显。贺灿飞和魏后凯（2004）结合新贸易理论分析了外资企业的出口决定，研究发现空间集聚和其他区位因素对外资产业和外资企业的出口倾向具有重要的决定作用，并且外资企业比本土企业具有更高的出口倾向。招商引资政策也使得中国的出口中加工贸易比重较大。一些学者也从这一角度解释了中国的出口扩张。廖涵（2003）认为中国出口扩张的原因在于跨国公司推动的加工贸易的迅速发展。李春顶（2010）也认为加工贸易是中国出口扩张的重要推动因素。此外，谷克鉴和吴宏（2003）从外向型贸易转移的角度解释了中国外贸快速发展的动因；巫强和刘志彪（2009）认为中国沿海地区出口奇迹的发生机制在于外向型贸易政策下的"为出口而进口"机制。

另外，发展中国家内部制度层面的因素也有利于出口比较优势的提升（Levchenko，2007；Nunn，2005）。潘向东等（2004）、郭苏文和黄汉民（2011）、谢孟军和王立勇（2013）从国家层面考察了制度与对外贸易的关系，发现一国的制度越稳定，越有利于出口增长。李坤望和王永进（2010）、张杰等（2010）、孙楚仁等（2015）、芬斯特拉等（2013）从省际层面考察了制度与对外贸易的关系，发现制度越好的省份其出口表现也越好。包群和阳佳余（2008）、陈（2006）、帕金斯（Perkins，1997）、叶修群（2017）分别从汇率、金融发展、出口退税、出口加工区等制度因素分析中国出口增长的原因。进一步地，康志勇和张杰（2009）从社会信用体系、知识产权保护制度及市场分割三个方面考量了中国的制度缺失问题，并利用中国1990~2004年的省际面板数据分析了国内制度缺失对出口贸易的影响，研究发现制度缺失是中国出口迅速扩张的重要激励因素，同时也指出由制度缺失而带来的出口行为是扭曲的，这种贸易扩张模式是不可持续的，不利于中国出口的健康发展。

（三）基于技术创新和技术升级的解释

技术创新是决定一个企业或一个国家出口竞争优势的关键因素（Grossman and Helpman，1995）。而这一观点应用到中国却存在一些争论。林毅夫和张鹏飞（2006）认为，最适合一国经济发展的技术结构是由该国的要素禀赋结构内生决定的。中国的要素禀赋结构是劳动力相对丰裕型，因此，其比较优势就在于劳动力成本优势，中国应该通过技术引进的方式（如引进国外专利、模仿创新等）来实现技术进步，而非通过自主创新来提高技术水平，因为自主创新并不有助于企业发挥其比较优势。而刘志彪和张杰（2009）认为，基于长远发展的视角，当发展中国家与发达国家之间的技术差距较大时，技术引进可以在一定程度上提高发展中国家的出口竞争力，然而，这一结论的前提条件是发展中国家能够吸收引进的先进技术并将其转化为自主创新能力，否则就可能形成技术进步的路径依赖，因此，发展中国家必须依赖于自主创新能力来保持出口竞争力的持续获取。在经验研究中，罗德里克（Rodrik，2006）认为中国的出口增长主要受益于政府产业政策带来的产品技术复杂度提升。类似地，杨汝岱（2008）使用1994～2005年中国行业层面的贸易数据，考察了中国出口增长的影响因素，结果发现技术升级是中国出口增长的重要因素，一个行业的技术复杂度越高，该行业的出口增长也越快；在HS二分位行业中，技术复杂度每提高一个层次，就会带动出口增长速度提高15.25%。张秋菊（2013）利用中国1985～2010年的地区面板数据实证检验了技术进步对出口增长的影响，研究得出，不管是从短期来看还是从长期来看，技术进步均能显著促进中国整体的出口增长，而从区域上看，技术进步对出口增长的作用主要表现在东部地区。

（四）基于全球贸易一体化和国际分工专业化的解释

随着全球贸易一体化进程的加快，各国之间的贸易往来更为便利。王和魏（Wang and Wei，2008）、田巍和余淼杰（2013）认为，贸易优惠政策和全球贸易自由化有助于理解中国出口贸易的发展演化。史朝兴和顾海英（2006）实证分析了加入 WTO 对中国双边贸易增长的贡献程度，研究结论显示，加入 WTO 对中国与其他 WTO 成员之间的双边贸易增长发挥了显著作用，贡献度为 16.9%；此外，APEC 的区域贸易安排也极大地促进了中国的出口增长。而鉴于传统的关境贸易统计不能真实反映各国的实际贸易利得，王学君和潘江（2017）进一步从增加值贸易视角考察了贸易自由化（以加入 WTO 为例）对中国出口贸易的影响，研究结果表明，加入 WTO 不仅促进了中国在传统关境贸易统计下的出口增长，而且也显著促进了中国的增加值出口。

此外，中国出口贸易的迅猛扩张也离不开国际分工日趋专业化和垂直化的国际背景（北京大学中国经济研究中心课题组，2006；卢锋，2006）。吴福象和刘志彪（2009）认为，中国贸易量的快速增长与 20 世纪 80 年代以来垂直专业化分工的国际大背景有关，因此，破解中国贸易量增长之谜在于工序分工性质的新型国际分工方式，他们利用 1978～2009 年的贸易数据进行实证分析，结果表明，中国贸易量增长的原因在于贸易自由化带来的国际生产分割、加工工序和生产环节的垂直外包以及中国企业积极参与垂直型国际分工[1]。刘志彪和张杰（2009）也得到了类似的结论：依靠劳动力的成本优势参与到全球产业价值链的加工、组装等低端环节是中国制造业出口增长的主要原因。

二、微观层面的研究

以上宏观层面的研究有助于从国家或产业层面了解出口增长的主要影响因素，然而作为出口贸易微观主体的企业，其内部也存在着差异性，因此，简单加总的行业或国家层面的分析很可能掩盖了企业或产品层面的异质性，难以清晰地揭示出企业出口行为和出口强度的动力机制。以梅里兹（2003）为代表的企业异质性模型的出现，使得国际贸易理论的研究视角逐渐从宏观层面转向微观层面。中国作为全球第一出口大国，一些国内外学者利用新新贸易理论对中国的出口增长进行了微观解读。

---

[1]　吴福象、刘志彪：《中国贸易量增长之谜的微观经济分析：1978～2007》，载《中国社会科学》2009 年第 1 期。

(一) 贸易自由化、中间品进口与企业出口的相关研究

国外的经验研究表明，贸易自由化能够显著地提高企业的生产率进而有利于企业参与出口 (Schor，2004)；另一方面，中间品进口也能促进企业生产率的提高，即进口行为中存在学习效应 (Amiti and Konings，2007)，并且中间品进口还可以降低成本、提升企业的获利能力，进而能促进企业的出口行为 (Bas，2009)。因此，这些学者认为贸易自由化和中间品进口可以提升企业的生产率，进而通过对企业的"自我选择"机制的强化而提高企业的出口参与概率。一些学者针对中国企业的出口行为进行了考察。余淼杰 (2010) 基于 1998~2002 年企业层面数据的实证结果显示，贸易自由化显著地提高了中国企业的生产率，并且对出口企业的促进作用大于非出口企业。毛其淋和盛斌 (2013) 利用高度细化的关税数据和企业数据实证分析了贸易自由化 (关税减让) 对中国企业出口动态的影响，研究结果表明关税减让提高了中国企业的出口概率和出口强度，同时产出关税减让和中间品关税减让对企业出口动态的影响存在显著差异[1]。毛其淋和盛斌 (2014) 进一步的研究发现，贸易自由化主要通过竞争效应和成本效应两个不同渠道促进了企业的出口参与，并且成本效应的促进作用更大[2]。

戴翔和张二震 (2010) 建立了中间品进口影响贸易差额的理论模型，并通过实证研究发现，中间品进口通过"出口产出能力扩张效应"和"出口多样化效应"显著促进了出口。冯等 (Feng et al.，2012) 也发现中间品进口是中国企业数量扩张的重要机制，并且在中间品的进口来源地上也存在差异，来自 OCED 国家的进口中间品的促进作用明显大于非 OECD 国家。张杰等 (2014) 利用中国工业企业库和海关数据库的合并数据，检验了中间品进口影响企业出口的内在机制，即中间品进口通过提高企业的生产率，强化企业在出口决策时的"自我选择"机制，进而引致企业的出口行为；从高收入国家进口是中国出口奇迹发生的重要驱动机制。[3] 在此基础上，康志勇 (2015) 进一步研究了中间品进口

---

① 毛其淋、盛斌：《贸易自由化、企业异质性与出口动态——来自中国微观企业数据的证据》，载《管理世界》2013 年第 3 期。
② 毛其淋、盛斌：《贸易自由化与中国制造业企业出口行为："入世"是否促进了出口参与?》，载《经济学 (季刊)》2014 年第 2 期。
③ 张杰、郑文平、陈志远、王雨剑：《进口是否引致了出口：中国出口奇迹的微观解读》，载《世界经济》2014 年第 6 期。

对出口二元边际的影响，研究表明，中间品进口对出口的扩展边际和集约边际都发挥了显著促进作用，但在集约边际上的促进作用更为明显。黄亚钧和汪亚楠（2017）从关税税率下降和贸易政策不确定性下降两个角度分析了贸易自由化对企业出口行为的影响机制，并使用 2000~2006 年工业企业数据库和海关数据库的匹配数据，采用倍差法（DID）进行了实证检验，研究发现 WTO 的政策效应在 2003 年开始发挥，关税减免对于企业出口表现的作用显著，贸易政策不确定性提高了企业出口表现对于关税减免的变化弹性。

（二）制度环境、制度质量与企业出口的相关研究

除了从宏观层面分析制度因素对出口增长的影响外，也有些学者分析了制度因素对微观企业出口行为的影响。朱希伟等（2005）在梅里兹（2003）企业异质性模型的基础上进行改进，引入国内市场分割和企业的边际成本与固定成本之间的反向关系，构建开放经济模型，进而从理论上解释了中国出口贸易过度扩张的这一扭曲现象，即国内的市场分割在一定程度上造成了企业的"舍近求远"，企业无法依托国内市场而被迫出口的一种扭曲现象。[①] 随着微观数据的逐渐获取，学者们开始对制度与企业出口行为的关系进行经验研究。施炳展和冼国明（2012）利用 1999~2007 年微观企业数据，考察了要素市场扭曲对中国企业出口行为的影响，研究发现中国工业企业要素价格存在严重负向扭曲并有增加趋势，这在一定程度上促进了中国企业出口；同时也指出，要素价格扭曲下的出口，实质上是企业将国内"生产要素应得"转移给了国外消费者，即通过贸易利益的减少获得了贸易规模的扩大。孙楚仁等（2016）实证分析了制度对企业出口行为的影响，发现制度可以作为一个新的比较优势来源，制度改进对企业出口可能性和出口绩效表现出显著的积极影响。蒋为和蒋柳（2015）基于中国省际层面高度细分行业的微观企业数据，使用倍差法实证研究了法制环境对中国企业出口行为的影响，结果表明，改善法制环境有利于企业出口的扩展边际和集约边际；改善营商法治环境对企业出口的促进作用与该企业所处行业的契约依赖程度有关；经营年限、平均工资与企业规模对契约依赖度更高行业中的企业出口行为的影响更大[②]。类似地，郭平（2015）认为政治关系和制度

---

① 朱希伟、金祥荣、罗德明：《国内市场分割与中国的出口贸易扩张》，载《经济研究》2005 年第 12 期。
② 蒋为、蒋柳：《法制环境、契约执行与中国企业出口行为》，载《当代财经》2015 年第 1 期。

环境对中国企业出口的扩展边际和集约边际均存在正向影响。曹驰和黄汉民（2017）则通过理论和实证更为深入地分析了制度质量差异对企业生产率的影响，进而会改变企业出口"自我选择"的门槛；研究发现，制度质量通过影响企业的生产率成为国际贸易中比较优势的重要来源，制度质量的降低和制度扭曲作用的加强会导致内销市场和出口市场存活企业生产率门槛的提高，使得只有更高生产率的企业才能克服沉没成本而参与到市场竞争中[①]。

（三）补贴、融资等因素与企业出口的相关研究

一方面，补贴和融资约束对企业出口行为的影响，也一直是学者们讨论的焦点。在针对中国的研究中，国外学者吉尔玛等（Girma et al.，2009）分别利用省际层面数据和企业层面数据较早探讨了补贴对中国企业出口行为和出口规模的影响。国内学者施炳展（2012）利用1999～2007年的微观贸易数据，运用倍差法对补贴与企业出口行为及出口规模的关系进行了经验研究，研究结论显示，补贴对企业出口概率的提高和出口规模的扩大均发挥了显著的促进作用；同时，补贴对企业出口的促进作用也表现出了企业所有制异质性，其中，对外资企业的促进作用最大，对私营企业的促进作用次之，对国有企业的促进作用最小；此外，补贴对出口规模的影响效应主要是在中国加入WTO后才逐渐显现[②]。进一步地，康志勇（2014）将补贴对企业出口行为的影响聚焦在中国本土企业上，在格罗斯曼、赫尔普曼和塞德尔（Grossman，Helpman and Szeidl，2006）模型的基础上构建补贴影响企业出口的理论模型，分析了补贴对出口行为的影响机制，即补贴通过降低固定成本使更多的企业参与出口，还可以通过降低可变成本提高企业的出口数量；利用2001～2007年微观企业数据进行实证分析，研究得出政府补贴对中国本土企业的出口选择和出口数量都具有积极促进作用，但政府补贴更多地促进了企业选择出口从而导致低价竞争[③]。姜伟和王涛（2017）利用2004～2007年的微观企业数据考察了生产性补贴对新能源制造业企业出口行为的影响，基于倾向得分匹配法和倍差法的实证结果表明生产性补贴与新能

---

① 曹驰、黄汉民：《外部制度质量差异对企业生产率和出口选择门槛的影响——基于中国制造业行业的理论和实证研究》，载《国际贸易问题》2017年第2期。
② 施炳展：《补贴对中国企业出口行为的影响——基于配对倍差法的经验分析》，载《财经研究》2012年第5期。
③ 康志勇：《政府补贴与中国本土企业出口行为研究》，载《世界经济研究》2014年第12期。

源制造业企业的出口倾向和出口密度均存在显著的因果关系。

另一方面，一部分学者从金融发展和融资能力的角度解释了中国企业的出口行为。阳佳余（2012）为融资能力的改善有利于中国企业提高出口概率和扩大出口规模提供了初步的经验证据。徐榕和赵勇（2015）进一步分析了融资约束影响企业出口决策的机制，认为融资约束的降低不仅可以直接地提高企业参与出口的概率，还可以通过放大企业的"自我选择"机制，间接地提高生产率对进入出口市场的促进作用。邱斌等（2016）利用2001~2007年的工业企业数据进行了实证研究，结果发现金融发展规模、金融发展结构、金融深化程度和金融发展效率均显著有利于中国制造业企业出口集约边际的扩大，但不利于出口的扩展边际。刘晴等（2017）构建了一个出口企业面临融资约束的垄断竞争模型，从理论上解释了中国企业"融资约束严重"和"出口贸易发达"并存的一个特殊现象。慕绣如和孙灵燕（2017）认为生产率和融资能力对企业出口行为的影响互为条件，即生产率（融资能力）在一定条件下，融资能力（生产率）的提高才会促进企业出口。此外，陆利平和邱穆青（2016）、马述忠和张洪胜（2017）还从商业信用的角度来解释中国企业的出口扩张，他们认为商业信用可以有效地为企业提供更多的营运资本融资，缓解企业的融资约束，进而可以提高企业的出口参与概率和出口水平。

三、简要评述

国内外的大量文献对中国的出口扩张进行了多维度的解读，既从宏观层面把握了影响中国出口增长的多方面的国内外重要因素，也从微观层面解析了企业出口行为的内在和外在动因，为理解中国出口奇迹拓展了思路，并提供了深刻的洞见。从以上的文献梳理看可以看出，中国出口贸易的快速扩张离不开自身比较优势的提升和国际贸易环境的改善，出口企业竞争力的提高也是多维因素共同促成的。然而，早期的宏观层面研究大多是基于供给层面因素的分析，即中国的要素禀赋结构、贸易政策优惠、国内制度因素、技术升级、参与全球价值链分工等，这些因素给中国带来了更多参与国际贸易的机会，但并未考虑到需求因素，因此这一类文献对中国出口增长的解释可能具有一定的局限性。

微观层面的研究主要是基于梅里兹（2003）的企业异质性理论，细致考察了中国企业出口扩张背后的促进因素，包括贸易自由化、中间品进口、制度、补贴及融资等。其共同的逻辑思路是：某一因素促进了中国企业生产率的提升，增强了企业出口决策的"自我选择"机制，进而提高了企业的出口概率和出口规模。可以看出，这一类文献着重以生产率为研究切入点，认为生产率更高的企业具有更强的（价格）竞争力。显然，这一类文献隐含假设产品是同质的。然而，正是由于产品同质这一隐含假设，微观层面的相关文献并不能解释中国出口贸易的全部。根据林德（1961）的理论，一国的收入水平越高，对产品质量的要求也越高，因此，中国出口产品依靠价格竞争力是难以大规模进入发达国家市场的。而事实上，中国的主要出口市场就是欧美等发达经济体。这说明忽视产品质量的生产率异质性贸易理论并不能完全解释中国的出口扩张。

第四节　小　　结

本章着重回顾了现有的相关文献，主要包括企业异质性（生产率异质性和产品质量异质性）的相关研究、"性价比"的相关研究及中国出口增长原因的相关研究。现有文献为本书理解企业出口行为的决定和中国出口增长的原因提供了多维度的研究视角，同时也为本书的写作思路提供了借鉴和启发。

第一，企业异质性理论先后提出了生产率异质性模型和产品质量异质性模型。以梅里兹（2003）为代表的生产率异质性模型为理解微观企业的出口行为提供了较好的理论依据，并且得到了大量的经验支持。然而，该理论也受到了一些质疑：依据生产率异质性理论，生产率更高的出口企业凭借其成本优势应该以更低价格出口，而肖特（2004）、约翰逊（2012）却发现这些企业的出口单价反而更高，并且出口价格跟地理距离正相关；生产率异质性理论强调高生产率的企业具有更强的（价格）竞争力，但是林德（1961）指出，发达国家对进口产品的质量有着更高的偏好和更严格的要求，仅靠价格优势难以进入发达国家市场。显然，生产率异质性理论对这些问题难以作出较为合理的解释。此外，生产率异质性模型在中国的应用中，也发现了与梅里兹（2003）预期相反的"悖论"，即出口企业的生产率反而比不出口企业更低。以上问题说明，企业的异质性特征可能表现在多个方面，仅仅从生产率的角度去分析企业的出口行为其解释力难免受限。在生产率异质性模型的基础上，一些学者提出并构建了产品质量异质性模型，进而为解释贸易基本问题、理解贸易特征事实等方面提供了更具说服力的分析视角。近几年，围绕质量异质性开展研究已成为国际贸易领域的前沿方向。尽管已有学者开始关注产品质量、价格与生产率的关系，但是尚需进一步厘清。目前的质量异质性模型一般认为产品质量由企业的生产率内生决定，较高生产率的企业生产的产品质量也较高，同时依据生产率异质性模型，该企业的产品价格也应较低，然而，在现实中质量较高且价格较低的产品是很少见的。因此，需要进一步厘清产品质量、价格与生产率之间的内在关系，才能更好地解释企业出口行为的决定因素。

第二，"性价比"的概念由计算科学领域提出以后，在价值工程领域得了较大的推广，并将"性价比"界定为一种功能—成本的分析方法。之后，在消费者行为和企业管理领域，"性价比"被定义为性能与价格的比值，进而，"性价比"一方面能够反映消费者的偏好程度和效用水平，另一方面也反映了企业的竞争优势，便于企业调整其经营管理决策。在经济学领域，"性价比"被进一步简洁地定义为产品质量与价格的比值，然而，目前在经济学领域的应用尚不丰富，主要包括从"性价比"的角度解释企业竞争和技术创新、分析公共服务均等化及满意度、分析生产者及消费者福利水平以及将"性价比"应用于异质性贸易理论。其中，第一类和第四类文献为本书提供了重要借鉴。第一类文献较为新颖地"性价比"的角度解释了企业竞争和技术创新，并指出企业之间的竞争在本质上是"性价比"的竞争，企业进行技术创新不管是提高产品质量还是降低生产成本，最终是为了提高产品的"性价比"竞争力，因此，提高产品的"性价比"是企业维持竞争优势的核心前提。第四类文献从目前较为前沿的质量异质性模型中提出了"性价比"的概念，并进行了简要的定性分析。从这两类文献可以看出：企业的竞争力不仅仅体现在价格优势或质量水平上，最终影响企业市场绩效的是综合价格和质量两方面因素的"性价比"竞争力；虽然已有少数学者在质量异质性模型的基础上提出了"性价比"对企业出口行为的重要意义，但尚未发现有进一步的理论分析或经验研究，而这正是本书试图努力的方向。

第三，国内外的大量文献对中国的出口增长进行了多维度的解读。不管是从宏观层面看还是从微观层面看，中国出口贸易的快速扩张离不开自身比较优势的提升和国际贸易环境的改善，出口企业竞争力的提高也是多方面因素共同促成的。然而，一方面，宏观层面研究大多是基于供给层面因素的分析，并未考虑国外需求因素对中国出口增长的贡献，因此导致这一类文献可能存在一定的局限性。另一方面，微观层面的研究着重以生产率为研究切入点，并隐含假设产品是同质的，认为生产率更高的企业具有更强的（价格）竞争力。然而，这一分析思路并不能解释林德尔假说，与中国的出口市场主要为欧美等发达经济体的这一现实不相符。这说明解释中国企业的出口行为不能忽视产品质量因素。

基于以上分析，本书认为，尽管已有大量文献对中国的出口增长作出了宏观和微观的解读，但均存在一定程度的局限性。根据企业异质性理论的研究成果，一方面，企业的出口行为取决于异质性的生产率，企业生产率越高，生产成本就越低，就越具有价格优势；另一方面，企业的出口行为还取决于其产品质量的高低。因此，分析企业的出口行为需要综合考虑产品的价格和质量两种因素，而"性价比"恰好是这两种因素的综合反映，并且已在经济学领域得到了初步的应用。鉴于此，本书尝试从"性价比"的视角探寻中国出口增长的原因，并进一步考察出口增长的内在动力因素，以为出口贸易的转型升级提供合理的建议。

第二章
企业出口行为的理论分析：一个新的视角

第一节　引　　言

新新贸易理论先后提出了生产率异质性模型和产品质量异质性模型。以梅里兹（2003）为代表的生产率异质性模型为理解微观企业的出口行为提供了较好的理论依据，并且得到了大量的经验支持。然而，该理论也受到了一些质疑：依据生产率异质性理论，生产率更高的出口企业凭借其成本优势应该以更低价格出口，然而肖特（2004）、约翰逊（2012）发现这些企业的出口单价反而更高，并且出口价格跟地理距离正相关；生产率异质性理论强调高生产率的企业具有更优的（价格）竞争力，但是林德（1961）指出，发达国家对进口产品的质量有着更高的偏好和更严格的要求，仅靠价格优势难以进入发达国家市场。显然，生产率异质性理论对这些问题难以作出较为合理的解释。此外，生产率异质性模型在中国的应用中，也发现了与梅里兹（2003）预期相反的"悖论"，即出口企业的生产率反而比不出口企业更低。以上问题说明，企业的异质性特征可能表现在多个方面，仅仅从生产率的角度去分析企业的出口行为其解释力难免受限。在生产率异质性模型的基础上，一些学者提出并构建了产品质量异质性模型，进而为解释国际贸易现象、企业参与出口的动因和贸易利得等方面提供了更具说服力的分析视角。近几年，围绕质量异质性开展的研究表明产品质量是影响企业市场绩效的重要因素。

一方面，综合新新贸易理论的观点可以看出，一国出口产品的竞争力，或者说国外市场需求的影响因素，主要表现在产品的价格和质量两个方面。然而，在现有的异质性贸易模型中，鲜有文献将价格和质量同时纳入出口行为的决定模型：要么假定产品同质，仅分析生产率（价格竞争力）对企业出口行为的影响；要么构建质量内生模型，分析由生产率内生决定的产品质量对企业出口行为的影响，但是并未考虑价格因素。

另一方面，如本书导论部分所述，现有研究仅仅从价格或质量的某一方面来解释中国出口增长的原因，都可能具有一定的局限性。价格优势的观点忽视了产品质量特征，不能解释林德尔假说下中国出口市场主要为欧美等发达经济体的现实；而质量优势的观点与中国出口产品质量的现实状况不相符。因此，分析中国出口增长的原因，需要综合考虑产品的价格和质量两种因素。而"性价比"恰好是这两种因素的综合反映，并且已在经济学领域得到了初步的应用。一些学者从"性价比"的角度解释企业竞争（孟捷、冯金华，2015；寻格辉2004）、分析生产者和消费者福利（安增军、林昌辉，2010），还有少数学者从质量异质性模型中提出了"性价比"的简单思路（施炳展，2013；韩会朝、徐康宁，2014）。

　　鉴于此，本章拟在质量异质性模型的基础上引入"性价比"，分析"性价比"对消费需求的影响；同时借鉴哈拉克和西瓦达桑（2013）的双重生产率异质性模型，分析企业的生产效率与质量生产能力对产品的价格、质量和"性价比"水平的内生决定；通过局部均衡分析，构建生产率（生产效率与质量生产能力）、"性价比"与企业出口行为决定的理论分析框架；在此基础上，提出本书的研究假设。

第二节　模型假定及"性价比"的引入

一、消费者效用

　　类似于现有的质量异质性模型（约翰逊，2012；科汉德沃等，2013；哈拉克和西瓦达桑，2013），这里设定代表性消费者的 CES 效用函数如下。

$$U = \left\{ \int_{j \in \Omega} (\lambda_j q_j)^{\frac{\sigma-1}{\sigma}} dj \right\}^{\frac{\sigma}{\sigma-1}} \tag{2.1}$$

　　其中，λ_j 表示产品 j 的质量，q_j 表示消费者对产品 j 的需求量，Ω 代表消费者可能的购买产品集，$\sigma > 1$ 代表产品间的替代弹性。式（2.1）说明，在考虑产品质量异质性后，消费者效用水平将不再唯一取决于某一价格下的消费数量，而是取决于质量调整后的消费数量 $\tilde{q}_j = \lambda_j q_j$，即在预算约束下，消费者需要调整购买产品的质量和数量以达到效用最大化。

二、企业生产成本

本部分将借鉴哈拉克和西瓦达桑（2013）的理论框架来设定企业生产的边际成本和固定成本。哈拉克和西瓦达桑（2013）模型与其他质量异质性模型（约翰逊，2012；科汉德沃等，2013）不同的是，该模型引入了其他质量异质性模型均忽略的质量生产能力，从而把企业的生产率异质性的维度从一维拓展至二维，即生产效率（process productivity）和质量生产能力（product productivity）双重异质，企业的综合生产率由生产效率和质量生产能力共同决定。生产效率反映在既定产品质量水平下，企业生产单位产出需要投入的可变成本的大小；质量生产能力反映企业通过较低的固定成本生产出较高质量的产品的能力。进而，企业的边际成本和固定成本不仅受到产品质量的影响，而且还分别取决于质量生产能力和生产效率。固定成本和边际成本分别用以下两式给出。

$$F = F_0 + \frac{f}{\xi}\lambda^{\alpha} \tag{2.2}$$

$$c = \frac{\kappa}{\varphi}\lambda^{\beta} \tag{2.3}$$

其中，F、c 分别表示企业的固定成本和边际成本；ξ、φ 分别表示异质性的质量生产能力和生产效率；α（大于 0）和 β（介于 0 和 1）分别代表固定成本和边际成本的质量弹性；F_0、f、κ 均为常数。式（2.2）和式（2.3）反映出，在既定的固定成本下，企业的质量生产能力 ξ 越高，其生产的产品质量越高；在既定质量水平下，企业的生产效率 φ 越高，其可变成本越低，进而产品价格越低。

三、"性价比"的引入

在式（2.1）的 CES 效用函数假定下，消费者实现最优选择时，产品 j 的消费量满足：

$$q_j = \frac{\lambda_j^{\sigma-1}}{p_j^{\sigma}} \frac{E}{P} \qquad (2.4)$$

其中，p_j 代表产品 j 的价格，E 代表一个外生给定的总支出水平，P 为与 CES 函数对应的加总价格指数（$P = \int_j p_j^{1-\sigma} \lambda_j^{\sigma-1} dj$）。此时，反映效用水平的质量调整的需求数量为：

$$\tilde{q}_j = \left(\frac{\lambda_j}{p_j}\right)^{\sigma} \frac{E}{P} \qquad (2.5)$$

式（2.5）可以理解为：考虑质量异质性后，产品的需求取决于产品质量和产品价格的比值，即"性价比"（施炳展，2013；廖涵、谢靖，2018）；消费者对产品"性价比"进行比较后形成的"心理价格"最终决定消费者的购买行为（韩会朝、徐康宁，2014）。现有文献并没有对"性价比"作出严格的界定，孟捷、冯金华（2015）从政治经济学的角度作出解释："性价比"可以定义为产品的使用价值和个别价值的比率，产品在"性价比"上的差异影响消费者的需求。可以看出，尽管学者们各自从不同的角度解释"性价比"，但是他们反映的基本内涵是一致的，即产品质量越好，价格越低，产品的需求就越多。为便于量化研究，又不失一般意义，参照施炳展（2013）、廖涵和谢靖（2018）的理解，将"性价比"定义为产品质量与产品价格的比值，即：

$$\chi_j = \lambda_j / p_j \qquad (2.6)$$

其中，χ_j 代表产品 j 的"性价比"水平，反映质量和价格对产品需求的综合影响。这里需要说明的是，科汉德沃等（2013）、樊等（2015）等质量异质性文献均给出了"质量调整后价格"，这一指标与本书中的"性价比"互为倒数关系，但二者代表的经济含义是有一定差异的，前者反映了企业去除质量因素后的边际生产成本（樊海潮和郭光远，2015），而后者可以理解为消费者支付单位价格所获得的效用水平。此外，科汉德沃等（2013）、樊等（2015）等质量异质性文献在可观测的价格中剥离了质量后得到"质量调整后价格"，而并未进一步分析"质量调整后价格"与产品需求及企业出口行为之间的关系，本书正是在这些文献的基础上进行拓展研究。

在已有文献中，价格和质量一般是被分开研究的：在分析价格优势时未考虑质量异质性，而低价格的产品往往其质量也较低，并不一定具有较高的竞争力；同样，在分析产品质量对消费需求的影响时也未考虑价格因素，而高质量产品的竞争力可能会被其较高的价格所"稀释"。对于消费者而言，价格的高与低是相对其所获得的质量水平来判断的，由此，"低质低价"或"高质高价"本身并不直接意味着"性价比"的高或低，"性价比"衡量的是质量与价格之间的相对关系，消费者依据产品的"性价比"水平来做出购买决策[①]。这正是本书研究"性价比"的意义所在。下面，将首先在封闭经济条件下分析"性价比"对企业市场行为的决定作用，再将假设条件放松到开放经济情景，分析"性价比"对企业出口行为的影响。

第三节　"性价比"与企业市场行为的决定

本部分将分别在封闭经济和开放经济条件下，通过最优化求解来讨论"性价比"对企业市场行为选择的影响。

一、"性价比"与企业的市场行为：封闭经济情景

在封闭经济条件下，企业仅面临国内市场，并依据其在国内市场中的盈利情况而作出进入或退出的选择。

（一）企业的最优选择

封闭经济条件下，假定企业面临既定的市场需求（式（2.4）），可得到企业的总收益函数如下。

$$r_d = p_d q_d = \frac{\lambda_d^{\sigma-1}}{p_d^{\sigma-1}} \frac{E}{P} \tag{2.7}$$

---

① 廖涵、谢靖：《"性价比"与出口增长：中国出口奇迹的新解读》，载《世界经济》2018 年第 2 期。

在式（2.7）中，下标 d 表示封闭经济情景，r 为企业的总收益。

在 CES 需求函数下，企业的营业利润（总收益扣减可变成本的部分）等于 r_d/σ[①]，进而再扣减固定成本（F_d），可得到企业的净利润函数：

$$\pi_d = \frac{1}{\sigma} \frac{\lambda_d^{\sigma-1}}{p_d^{\sigma-1}} \frac{E}{P} - F_d \qquad (2.8)$$

利用企业最优化求解的一阶条件，即边际收益等于边际成本，可得到式（2.9）：

$$\frac{dr_d}{dq_d} = c \qquad (2.9)$$

在式（2.8）中，等式的左边为企业的边际收益，等式的右边为上文中设定的企业的边际成本。

根据式（2.7），求解企业的边际收益：

$$\frac{dr_d}{dq_d} = \frac{dr_d}{dp_d} \frac{dp_d}{dq_d} \qquad (2.10)$$

利用式（2.7）和式（2.4）可分别算出：$\dfrac{dr_d}{dp_d} = (1-\sigma)\lambda_d^{\sigma-1} p_d^{-\sigma} \dfrac{E}{P}$ 和 $\dfrac{dp_d}{dq_d} = -\sigma^{-1}\lambda_d^{1-\sigma} p_d^{\sigma+1} \dfrac{P}{E}$，进而得到边际收益函数为：

$$\frac{dr_d}{dq_d} = \frac{\sigma-1}{\sigma} p_d \qquad (2.11)$$

基于式（2.3）和式（2.11），企业最优化求解的一阶条件式（2.9）可转化为：

$$\frac{dr_d}{dq_d} = \frac{\sigma-1}{\sigma} p_d = c = \frac{\kappa}{\varphi}\lambda_d^\beta \qquad (2.12)$$

进而，企业的产品价格与产品质量之间满足下列关系：

$$p_d = \frac{\sigma}{\sigma-1} \frac{\kappa}{\varphi}\lambda_d^\beta \qquad (2.13)$$

结合式（2.8）和式（2.13），企业的利润函数可变为：

$$\pi_d = \frac{1}{\sigma}\left(\frac{\sigma}{\sigma-1}\right)^{1-\sigma}\left(\frac{\kappa}{\varphi}\right)^{1-\sigma}\frac{E}{P}\lambda_d^{(\sigma-1)(1-\beta)} - F_0 - \frac{f}{\xi}\lambda^\alpha \qquad (2.14)$$

进一步地，求解利润 π 对质量 λ_d 的一阶偏导，可得到：

[①]　详细证明过程可参看 Hallak 和 Sivadasan（2013）。

$$\frac{d\pi_d}{d\lambda_d} = (1-\beta)\left(\frac{\sigma-1}{\sigma}\right)^{\sigma}\left(\frac{\kappa}{\varphi}\right)^{1-\sigma}\frac{E}{P}\lambda_d^{(\sigma-1)(1-\beta)-1} - \frac{f}{\xi}\alpha\lambda_d^{\alpha-1} \qquad (2.15)$$

令 $\dfrac{d\pi_d}{d\lambda_d}=0$，即 $(1-\beta)\left(\dfrac{\sigma-1}{\sigma}\right)^{\sigma}\left(\dfrac{\kappa}{\varphi}\right)^{1-\sigma}\dfrac{E}{P}\lambda_d^{(\sigma-1)(1-\beta)-1} - \dfrac{f}{\xi}\alpha\lambda_d^{\alpha-1}=0$

因此，可得到企业的最优质量水平为：

$$\lambda_d = \left[\frac{1-\beta}{\alpha}\left(\frac{\sigma-1}{\sigma}\right)^{\sigma}\left(\frac{\varphi}{\kappa}\right)^{\sigma-1}\frac{\xi}{f}\frac{E}{P}\right]^{\frac{1}{\alpha'}} \qquad (2.16)$$

其中，$\alpha' = \alpha - (\sigma-1)(1-\beta)$。

再根据式（2.13），可得到企业的最优价格水平为：

$$p_d = \left(\frac{\sigma-1}{\sigma}\right)^{\frac{(\sigma-1)-\alpha+\beta}{\alpha'}}\left(\frac{\kappa}{\varphi}\right)^{\frac{\alpha-(\sigma-1)}{\alpha'}}\left(\frac{1-\beta}{\alpha}\frac{\xi}{f}\frac{E}{P}\right)^{\frac{\beta}{\alpha'}} \qquad (2.17)$$

进一步地，根据式（2.6），企业的最优"性价比"水平为：

$$\chi_d = \left(\frac{\sigma-1}{\sigma}\right)^{\frac{\alpha-\beta+1}{\alpha'}}\left(\frac{\varphi}{\kappa}\right)^{\frac{\alpha}{\alpha'}}\left(\frac{1-\beta}{\alpha}\frac{\xi}{f}\frac{E}{P}\right)^{\frac{1-\beta}{\alpha'}} \qquad (2.18)$$

式（2.18）说明，在企业追求利润最大化的过程中，最优的"性价比"水平由企业的生产效率 φ 和质量生产能力 ξ 共同决定。生产效率 φ 和质量生产能力 ξ 均对"性价比"产生积极作用：在生产效率 φ 相同的情况下，质量生产能力 ξ 较高的企业能够生产出质量更高的产品，因而其产品的"性价比"水平也较高；在质量生产能力 ξ 相同的情况下，生产效率 φ 较高的企业，其边际成本较低，产品价格也较低，因而其产品的"性价比"水平也较高。这也说明，φ 较高而 ξ 较低的企业和 φ 较低而 ξ 较高的企业，其产品的"性价比"可以达到相同的水平。

（二）"性价比"与企业的进入—退出

企业的市场行为取决于其获利能力的大小。如果企业能够盈利，则会选择进入市场；否则将选择退出。下面将分析企业获利能力的决定因素，进而讨论企业的进入—退出机制。

根据企业在最优选择下的产品质量和产品价格，可得到企业最大化的利润水平为[①]：

---

① 具体推导过程可参看附录 A。

$$\pi_d(\varphi, \xi) = J\left(\frac{\varphi}{\kappa}\right)^{\frac{\alpha(\sigma-1)}{\alpha'}}\left(\frac{\xi}{f}\right)^{\frac{\alpha-\alpha'}{\alpha'}}\left(\frac{E}{P}\right)^{\frac{\alpha}{\alpha'}} - F_0 \qquad (2.19)$$

其中，$J = \left(\dfrac{\sigma-1}{\sigma}\right)^{\frac{\sigma\alpha}{\alpha'}}\left(\dfrac{1-\beta}{\alpha}\right)^{\frac{\alpha}{\alpha'}}\left(\dfrac{\alpha'}{\alpha-\alpha'}\right)$。

式（2.19）反映出，异质的生产效率 φ 和质量生产能力 ξ 共同决定了企业能够实现的最大化利润水平。参照哈拉克和西瓦达桑（2013）的分析框架，可以通过一个复合生产率指标 η 来综合反映企业生产效率 φ 和质量生产能力 ξ 的大小，即可以将复合生产率设定为：

$$\eta(\varphi, \xi) = \left[\left(\frac{\varphi}{\kappa}\right)^{\frac{\alpha}{\alpha'}}\left(\frac{\xi}{f}\right)^{\frac{1-\beta}{\alpha'}}\right]^{\sigma-1} \qquad (2.20)$$

进而企业的利润可表示为 η 的函数：

$$\pi_d(\eta) = J\eta\left(\frac{E}{P}\right)^{\frac{\alpha}{\alpha'}} - F_0 \qquad (2.21)$$

从式（2.20）和式（2.21）可以看出，一个生产效率和质量生产能力的组合 (φ, ξ) 将对应一个复合生产率水平 η，进而决定了企业的盈利水平。同时，从式（2.18）可以看出，一个生产效率和质量生产能力的组合 (φ, ξ) 也对应一个"性价比"水平，进而说明，复合生产率和"性价比"是一个企业综合"能力"的不同反映。而考虑到本书的研究目的，这里将从"性价比"的角度分析企业获利能力的决定因素。

由式（2.18）和式（2.20）可以看出，"性价比"χ_d 与复合生产率 η 具有如下关系。

$$\chi_d(\eta) = \eta^{\frac{1}{\sigma-1}}\left(\frac{\sigma-1}{\sigma}\right)^{\frac{\alpha-\beta+1}{\alpha'}}\left(\frac{1-\beta}{\alpha}\frac{E}{P}\right)^{\frac{1-\beta}{\alpha'}} \qquad (2.22)$$

进一步地，结合式（2.21）和式（2.22），可以得到利润对"性价比"的函数为[①]：

$$\pi_d = \frac{1}{\sigma}\frac{\alpha'}{\alpha}\chi_d^{\sigma-1}\frac{E}{P} - F_0 \qquad (2.23)$$

式（2.23）的经济含义在于：在生产效率 φ 和质量生产能力 ξ 既定的情况下，企业可以通过对其产品"性价比"的选择而实现利润最大化；"性价比"水

---

① 具体推导过程可参看附录 B。

平越高的企业，其在市场中的获利能力也越强。因此，产品的"性价比"水平决定了其生产企业的利润空间，进而影响该企业的市场行为选择。

为了便于分析企业在市场中的进入—退出机制，这里记 $\underline{\chi}_d$ 为"性价比"水平的临界值，此时企业对应的利润为 0，即 $\pi_d = \dfrac{1}{\sigma} \dfrac{\alpha'}{\alpha} \underline{\chi}_d^{\sigma-1} \dfrac{E}{P} - F_0 = 0$。因此，在封闭经济条件下，如果企业生产产品的"性价比"水平高于 $\underline{\chi}_d$，企业就可以盈利，进而将会选择进入市场；反之，则会退出市场。可以刻画出一条企业进入—退出的临界曲线以反映企业在市场中的行为选择。由于每一个企业都具有双重异质性的生产效率 φ 和质量生产能力 ξ，进而，每一个企业均对应一个产品质量和产品价格的组合，即在图 2 - 1 中，每一个点（λ，p）均代表一个企业；同时，在每一个点上均对应一个企业的最优"性价比"水平。曲线 χ_d^0 为在封闭经济条件下企业进入—退出市场的临界曲线。如果企业的位置处于曲线 χ_d^0 的上方，说明该企业在最优选择下的"性价比"水平大于临界值 $\underline{\chi}_d$，该企业的利润为正，将选择进入国内市场；反之，如果企业的位置处于曲线 χ_d^0 的下方，说明该企业在当前情况下，其最优的"性价比"水平也低于临界值 $\underline{\chi}_d$，无法获利，因此将退出国内市场。

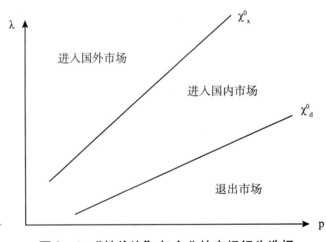

图 2 - 1　"性价比"与企业的市场行为选择

二、"性价比"与企业的市场行为：开放经济情景

以上内容在封闭经济情景下，分析了产品的"性价比"水平对企业获利能力的决定作用，进而影响其市场行为的选择。而现实中，企业将同时面临国内市场和国外市场的进入机会，并根据不同市场的盈利情况而做出选择。因此，下面放松封闭经济条件的假设，在开放经济情景中，进一步分析企业在国内和国外市场中的行为选择。

（一）企业的最优选择

开放经济条件下，企业生产的产品除了满足本国消费者的需求外，还可以出口到国外市场，因此，产品 j 的需求函数可表示为：

$$q_j = \frac{\lambda_j^{\sigma-1}}{p_j^{\sigma}} W \tag{2.24}$$

其中，$W = \dfrac{E}{P} + \tau^{-\sigma} \dfrac{E^*}{P^*}$，反映产品 j 在国内和国外市场的综合潜在需求，E 代表国内市场的总支出，P 为与 CES 函数对应的价格指数，E^* 和 P^* 分别代表国外情况；τ 代表可调节国外市场需求的冰山成本。

类似于封闭经济的分析，可得到企业在开放经济条件下的总收益函数和利润函数，分别如下。

$$r_o = p_o q_o = \frac{\lambda_o^{\sigma-1}}{p_o^{\sigma-1}} W \tag{2.25}$$

$$\pi_o = \frac{1}{\sigma} \frac{\lambda_o^{\sigma-1}}{p_o^{\sigma-1}} W - F_o - f_x \tag{2.26}$$

其中，下标 o 表示开放经济情景，f_x 表示固定贸易成本。从式（2.25）和式（2.26）可以看出，相比于封闭经济情景，在开放经济条件下，企业可以利用规模更大的国外市场，取得更多的市场收益；但同时，企业也需要为出口到国外市场支付相应的固定贸易成本和冰山成本。

类似于封闭经济情景的分析，对企业的最优化问题进行求解，通过一阶条件（边际收益等于边际成本）可得到：

$$p_o = \frac{\sigma}{\sigma - 1} \frac{\kappa}{\varphi} \lambda_o^\beta \tag{2.27}$$

进一步地，企业在最优选择下的产品质量和价格分别为：

$$\lambda_o = \left[\frac{1 - \beta}{\alpha} \left(\frac{\sigma - 1}{\sigma} \right)^\sigma \left(\frac{\varphi}{\kappa} \right)^{\sigma - 1} \frac{\xi}{f} W \right]^{\frac{1}{\alpha'}} \tag{2.28}$$

$$p_o = \left(\frac{\sigma - 1}{\sigma} \right)^{\frac{(\sigma - 1) - \alpha + \beta}{\alpha'}} \left(\frac{\kappa}{\varphi} \right)^{\frac{\alpha - (\sigma - 1)}{\alpha'}} \left(\frac{1 - \beta}{\alpha} \frac{\xi}{f} W \right)^{\frac{\beta}{\alpha'}} \tag{2.29}$$

因此，企业在既定的生产效率 φ 和质量生产能力 ξ 的情况下，其产品的最优"性价比"水平为：

$$\chi_o = \left(\frac{\sigma - 1}{\sigma} \right)^{\frac{\alpha - \beta + 1}{\alpha'}} \left(\frac{\varphi}{\kappa} \right)^{\frac{\alpha}{\alpha'}} \left(\frac{1 - \beta}{\alpha} \frac{\xi}{f} W \right)^{\frac{1 - \beta}{\alpha'}} \tag{2.30}$$

式（2.30）说明，与封闭经济情景不同的是，在开放经济条件下，出口企业最优"性价比"水平不仅由该企业的生产效率 φ 和质量生产能力 ξ 决定，还受到国外市场需求、贸易成本（包括冰山成本）的影响。

（二）"性价比"与企业的进入—退出

在开放经济条件下，企业将同时面临国内市场和国外市场，因此，企业将根据两个市场的盈利情况而作出市场行为选择，即如果在国内市场获得的利润大于国外市场利润，企业将不会进入或退出国外市场；反之，如果在国外市场获得的利润大于国内市场利润，企业将选择进入国外市场。下面将从"性价比"的视角分析企业利润的决定因素，进而考察企业在国外市场的进入—退出机制。

沿袭封闭经济情景的分析思路，在既定的生产效率 φ 和质量生产能力 ξ 的条件下，企业将依据国外市场的消费需求以及贸易成本的情况，而选择一个最优"性价比"水平，以追逐利润最大化。根据式（2.26）~ 式（2.30），企业在最优"性价比"选择下的利润为：

$$\pi_o = \frac{1}{\sigma} \frac{\alpha'}{\alpha} \chi_o^{\sigma - 1} W - F_0 - f_x \tag{2.31}$$

为便于分析企业在国内市场和国外市场之间的选择，这里记 $\underline{\chi}_o$ 为"性价比"水平的临界值，此时企业在两个市场的利润相等，即 $\pi_d = \pi_o$。因此，在开放经济条件下，如果企业生产产品的"性价比"水平高于 $\underline{\chi}_o$，企业在规模更大的国外市场能够获得比国内市场更大的利润，进而将会选择从事出口贸易；反

之，如果企业生产产品的"性价比"水平低于 $\underline{\chi}_o$，企业将会选择留在国内市场
或是退出国外市场。同样，可以刻画出一条企业在国外市场的进入—退出临界
曲线。在图 2 - 1 中，曲线 χ_o^0 为在开放经济条件下企业进入—退出国外市场的临
界曲线①。如果企业的位置处于曲线 χ_o^0 的上方，说明该企业的最优"性价比"
水平大于临界值 $\underline{\chi}_o$，该企业将选择进入国外市场；反之，如果企业的位置处于
曲线 χ_o^0 的下方，说明该企业在当前的生产效率 φ 和质量生产能力 ξ 下，其最优
的"性价比"水平也低于临界值 $\underline{\chi}_o$。因此，该企业在国内市场从事生产经营活
动是其最优选择。

从图 2 - 1 和式（2.31）可以看出，把封闭经济情景放松到开放经济情景，
仍能得到类似的结论：当产品的"性价比"提高到一定水平，使得企业在国外
市场获得的利润大于或等于其在国内市场的利润时，该企业就有机会选择从事
出口贸易。基于以上分析，提出本书的两个研究假设：

研究假设 1：产品的"性价比"水平越高，该产品在国际市场中的竞争力就
越强，进而有利于该产品生产企业出口规模的扩大。

研究假设 2：如果一个行业的"性价比"水平提高，该行业中就会有更多的
企业选择从事出口贸易，进而拉动该行业的出口增长。

第四节 小 结

一国出口产品的竞争力，或者说国外市场需求的影响因素，主要表现在出
口产品的价格和质量两个方面。然而，在现有的异质性贸易模型中，鲜有文献
将价格和质量同时纳入出口行为的决定模型。仅仅从价格或质量的某一方面来
分析企业出口行为的决定，可能都存在一定的局限性。价格优势的观点忽视了
产品质量特征，不能解释林德尔假说；质量优势的观点与中国出口产品的现实

---

① 需要说明的是，企业在国外市场的利润函数比国内市场更为复杂一些，还要受到冰山成本的影响，而冰山
成本是产品质量的减函数。因此，在价格相同的情况下，企业出口产品的质量要高于国内市场产品的质量
才能抵消冰山成本的"折扣"，即出口产品的"性价比"水平比国内市场更高，因而，χ_o^0 曲线位于 χ_d^0 曲
线的上方，且斜率更为陡峭。

状况不相符。因此，在企业出口行为分析中，需要综合考虑产品价格和产品质量两种因素。而鉴于"性价比"恰好是这两种因素的综合反映，并且已在经济学领域得到了初步的应用。本章将"性价比"引入质量异质性模型，同时借鉴哈拉克和西瓦达桑（2013）的双重生产率异质性模型，构建生产率、"性价比"与企业出口行为决定的理论分析框架。

首先，参照现有的质量异质性模型设定消费者的 CES 效用函数。再借鉴哈拉克和西瓦达桑（2013）的双重生产率异质性模型，引入企业的生产效率 φ 和质量生产能力 ξ。企业的边际成本和固定成本不仅受到产品质量的影响，而且还分别决定于质量生产能力 ξ 和生产效率 φ，进而设定企业的边际成本和固定成本。在既定的固定成本下，企业的质量生产能力 ξ 越高，其生产的产品质量越高；在既定质量水平下，企业的生产效率 φ 越高，其可变成本越低，进而产品价格越低。

其次，参照现有文献对"性价比"的理解，本书将"性价比"定义为产品质量与产品价格的比值，以反映质量和价格对产品需求的综合影响。在本书中，"性价比"衡量的是质量与价格之间的相对关系。对于消费者而言，效用水平的大小直接取决于产品的"性价比"水平，因此消费者依据产品的"性价比"水平来作出购买决策。对于企业而言，产品"性价比"水平的高低取决于企业的综合生产率（η）及其对固定成本和可变成本的投入。

最后，本部分分别在封闭经济情景和开放经济情景下讨论了"性价比"对企业市场行为的决定作用。在封闭经济情景下，企业面临既定的生产效率 φ 和质量生产能力 ξ，通过对产品"性价比"的选择来实现利润最大化。"性价比"水平越高的企业，其在市场中的获利能力也越强。因此，产品的"性价比"水平决定了企业的利润空间，进而影响该企业的市场行为选择。沿袭封闭经济情景的分析思路，在开放经济情景下，企业将依据国外市场的消费需求以及贸易成本的情况，选择一个最优"性价比"水平，以追逐利润最大化。当产品的"性价比"提高到一定水平，使得企业在国外市场获得的利润大于或等于其在国内市场的利润时，该企业就会选择从事出口贸易；否则将留在国内市场。

基于以上理论分析，提出本书的研究假设：产品的"性价比"水平越高，该产品在国际市场中的竞争力就越强，进而有利于该产品生产企业出口规模的扩大（研究假设1）；如果一个行业的"性价比"水平提高，该行业中就会有更多的企业选择从事出口贸易，进而拉动该行业的出口增长（研究假设2）。

　　本书将在第三章和第四章分别从企业—产品层面和行业层面对研究假设1和研究假设2进行实证检验。

第三章
"性价比"与出口增长：
企业—产品层面的经验证据

本章将首先借鉴科汉德沃等（2013）、樊等（2015）的方法，利用企业—产品层面的微观贸易数据，测度企业—产品—进口国—年份维度的出口质量，再估算出中国制造业出口产品的"性价比"指数。然后，基于第二章的理论分析框架构建计量模型，利用中国与 90 个贸易伙伴之间的双边贸易数据，对"性价比"与企业出口的影响关系进行经验研究。

第一节　引　　言

中国作为世界上最大的发展中国家，"中国制造"在国际市场中取得的巨大成就自然引起国内外学者的特别关注，并把这一现象称为"中国出口奇迹"（托马斯等，1999；施炳展、冼国明，2012；张杰等，2014）。早期的文献认为中国出口产品具有价格优势，即中国出口同类产品的价格与其他国家相比明显较低（徐，2007；肖特，2008）。这一类文献在产品同质性的隐含假设下，旨在说明价格优势是中国出口增长的动力源泉。而如果认为中国出口产品仅在于价格竞争，未能达到"质量门槛"（韩会朝、徐康宁，2014），这显然与中国出口市场主要为欧美等发达经济体的现实不符。之后，新新贸易理论逐渐兴起，在国际贸易领域得到广泛应用，最新的研究结论表明企业不仅在生产率上具有异质性，其产品的质量也存在异质性。一些学者开始尝试从产品质量的视角探索中国出口增长的原因。李小平等（2015）研究发现中国典型行业的出口质量呈上升趋势，出口质量的提升是中国出口增长的重要原因。然而，认为中国产品依靠质量优势实现了出口的持续扩张，又会缺乏现实说服力。目前关于中国出口产品质量的测算，尽管由于测算方法和样本选取的不同，测算结果也不尽一致，但鲜有证据表明中国出口产品质量得到了大幅度的提升进而能在国际市场中"以质取胜"（廖涵、谢靖，2018）。显然，中国出口质量的现实状况不足以支撑出口贸易的强劲增长。由此，不禁想问，随着国内要素成本的节节攀升，依靠价格竞争的粗放式出口模式已难以为继（李坤望等，2014），而出口质量仍与发达国家存在明显差距（施炳展，2013），为何中国出口贸易还能持续增长？基于上述分析，本书推测中国出口增长的动力因素可能既包括价格方面也包括质量方面，仅仅从其中的某一方面分析都可能存在一定的局限性，难以真实地揭示出中国出口奇迹的原因。因此，需要将价格和质量同时考虑以寻求一种更具解释力的研究思路，进而为出口部门的行为决策以及政府的贸易政策取向提供合理的建议。

大量国内外文献从不同视角探讨了中国出口增长的原因，这些文献可以大致归纳为两大类：第一类文献侧重分析供给层面的因素对中国出口增长的影响，其主要结论包括：外商投资企业对中国贸易量增长作出了突出贡献（莱莫恩，2000；江小涓，2002；杨全发和陈平，2005）；先进设备和中间品的大量进口推动了中国出口快速增长（冯等，2012；张杰等，2014）；贸易优惠政策和贸易自由化有助于理解中国出口贸易的发展演化（王和魏，2008；田巍和余淼杰，2013）；技术升级成就了中国出口增长（肖特，2008；杨汝岱，2008）；补贴显著提升了中国企业的出口规模（理查德（Richard），2006；吉尔玛等，2007；施炳展，2012）；加工贸易是中国出口扩张的重要推动因素（李春顶，2010）；此外，金融发展、融资约束与商业信用等因素也被纳入中国出口增长的研究之中（马努瓦等，2011；陆利平、邱穆青，2016）。显然，这一类文献为理解中国出口贸易的快速增长提供了多维度的研究视角和有益借鉴。然而，该类文献的不足之处在于未考虑国外需求因素对中国出口增长的贡献。

第二类文献结合国外需求因素，强调中国出口产品满足国外消费需求对中国出口增长的贡献。这一类的文献主要包括两方面的研究：一是从产品价格的角度分析中国出口增长的原因。中国出口产品的价格相对较低，在国际市场中更容易满足国外消费者的需求，价格优势是中国出口增长的主要原因（徐，2007；肖特，2008）。二是从产品差异（产品技术复杂度和产品质量）的角度探寻中国出口增长的原因。一方面，罗德里克（2006）认为中国的出口增长主要得益于政府产业政策带来的产品技术复杂度提升；在此基础上，施炳展和冼国明（2012）从国外消费者"技术复杂度偏好"的视角解读中国出口奇迹，利用扩展的引力模型对中国1995~2007年的双边贸易数据进行实证分析，研究发现中国出口产品技术复杂度的提高和国外"技术复杂度偏好"的提升共同促进了中国的出口扩张。另一方面，一些国外学者开始关注产品质量对一国出口贸易的影响（费尔霍根，2008；伐吉波姆等，2011）。进一步地，国内学者施炳展

（2013）分析了产品质量与中国企业的出口行为及出口持续时间的关系；李小平等（2015）从出口质量提升满足国外需求的视角，利用1999~2011年中国与139个国家或地区的出口数据对中国典型行业进行实证分析，研究得出行业出口质量的提升是中国出口增长的重要原因。相比第一类文献，第二类文献纳入了国外需求因素，进一步拓宽了研究视角，有助于更为全面地揭示中国出口增长的原因。但是，需要指出的是，第二类文献也可能存在一定的局限性：其一，价格视角的研究忽略了产品的垂直差异特征，而产品的市场需求同时取决于价格和产品差异两个方面（浩特玲，1929）；其二，出口技术复杂度提高主要反映产品间的贸易结构优化，因此，"技术复杂度偏好"更适合解释中国出口商品结构的变化（廖涵和谢靖，2018）；其三，如前所述，不管单纯地从价格因素还是质量因素来分析中国出口奇迹，都难以找到符合中国实际的强有力解释。基于以上分析，本书发现相比于供给层面因素的分析，结合国外需求因素的研究更具有解释力，但后者在考虑国外需求因素时仅分析了价格和质量的某一方面，鲜有文献把两种因素结合起来分析出口增长的原因。

另外，在出口质量的测算方法上，学者们最初通过构造代理变量来估计出口质量。使用最广泛的代理变量是出口产品价格（维尔马，2002；哈拉克，2006），其次是市场份额（贝里，1994；比尔斯，2004）。但是，汉森和尼尔森（2008）、哈拉克和肖特（2011）等研究发现出口价格和市场份额都不是出口质量的完美度量。之后的研究开始构造需求模型并同时利用出口价格和市场份额两种信息来测度出口质量。应用较多的主要有三种方法：第一种是科汉德沃（2010）采用嵌套Logit方法，在剔除市场份额中的价格因素后推算出出口质量，之后，阿米提和科汉德沃（2013）和施炳展（2013）也应用了这一方法，该方法主要适用于测算国家—产品层面的出口质量。第二种是科汉德沃等（2013）在科汉德沃（2010）的基础上使用国家—年份固定效应控制难以直接观测的宏观因素（价格指数和收入），利用微观数据进行方程估计，从残差中估算出出口目的国—企业—产品—年份层面的出口质量；樊等（2015）、樊海潮和郭光远（2015）均使用该方法测算了中国企业—产品层面的出口质量。第三种是哈拉克和肖特（2011）的直接测算方法，首先利用指数理论把可被直接观测的出口价格分解为质量部分和纯净价格部分，再使用贸易收支数据可分别计算出出口质量指数和纯净价格指数，该方法主要适用于测算国家或行业层面的出口质量，国内学者李小平等（2015）、谢靖和廖涵（2017a）应用这一方法测算了中国行业层面的出口质量。而鉴于本章的研究目的，需要测算企业—产品层面的出口质量指数和价格指数，因此，本章将主要借鉴第二种测算方法。

第二节　研究设计

一、企业—产品层面"性价比"指数的测算

由于产品的"性价比"水平不能直接观测，因此，首先借鉴科汉德沃等（2013）、樊等（2015）等的方法，测算出中国出口产品的质量指数，再进一步地估算出出口产品的"性价比"指数。

设定中国与贸易伙伴 i 开展对外贸易，根据第二章式（2.4）可知，中国的出口企业 f 将其产品 h 出口到 i 国，满足以下条件：

$$q_{fhit} = p_{fhit}^{-\sigma} \lambda_{fhit}^{\sigma-1} \frac{E_{it}}{P_{it}} \qquad (3.1)$$

其中，q_{fhit}、p_{fhit}、λ_{fhit} 分别代表在 t 年企业 f 在产品 h 上出口到 i 国的产品数量、产品价格和产品质量，代表产品 j 的价格；E_{it}、P_{it} 分别代表进口国 i 的总支出水平和总价格指数；σ 代表产品间的替代弹性。

对式（3.1）的两边同时取对数，可得到出口产品质量的估计方程：

$$\ln q_{fhit} = -\sigma \ln p_{fhit} + \varphi_h + \varphi_{it} + \varepsilon_{fhit} \qquad (3.2)$$

在式（3.2）中，产品的出口价格 p_{fhit} 用出口额除以出口数量计算；φ_h 为产品固定效应，以控制产品特征；φ_{it} 为进口国—时间固定效应，以控制无法直接观测的进口国的宏观因素（总价格指数和支出水平）；要估计的出口产品质量被包含在误差项 ε_{fhit} 中。

这里采用中国海关总署统计的 2000～2006 年 HS 八分位的微观贸易数据，来测算中国制造业企业—产品层面的出口质量指数和"性价比"指数。参照施

炳展（2013）的做法，对海关数据库的基础数据（主要包括企业—产品—进口国—年份层面的出口值和出口量）进行如下处理：（1）剔除信息不全和单笔交易规模较小（出口值低于 50 美元或出口量低于 1 单位）的样本；（2）把海关的 HS 八分位贸易数据整合到 HS02 六分位上，再将 HS02 六分位对齐到 SITC Rev. 2 四分位，仅保留 SITC Rev. 2 四分位编码介于 5 000 ~ 9 000 的样本，即仅保留制造业的样本数据；（3）剔除 HS02 六分位产品上总体样本量不足 100 的样本；（4）剔除企业名称中含有"进出口"或"贸易"等关键词的贸易中间商样本；（5）为与本书第四部分样本保持一致，仅保留 90 个进口国（地区）样本[①]。处理后的数据库中，共有 169 607 家企业在 2000 ~ 2006 年向 90 个国家（地区）出口 3 338 种产品，样本量为 8 437 404。

对式（3.2）进行 OLS 估计，通过估计残差可得到出口产品质量[②]：

$$\hat{\lambda}_{fhit} = \frac{\hat{\varepsilon}_{fhit}}{\sigma - 1} \qquad (3.3)$$

进一步地，根据第二章式（2.6）可估计出产品的"性价比"指数：

$$\hat{\chi}_{fhit} = \frac{\hat{\lambda}_{fhit}}{\hat{p}_{fhit}} \qquad (3.4)$$

二、模型设定、变量说明与数据来源

（一）模型设定与变量说明

在第二章式（2.4）和式（2.6）的基础上进行拓展，构建"性价比"变动影响中国制造业出口的计量模型：

$$import_{fhit} = \beta_1 + \beta_2 \chi_{fhit} + \beta_3 GDP_{it} + \varphi X + \varphi_f + \varphi_h + \varphi_t + \zeta_{fhit} \qquad (3.5)$$

其中，$import_{fhit}$ 代表 i 国（地区）在 t 年从中国企业 f 进口产品 h 的贸易额；χ_{fhit} 是在企业—产品—进口国—年份维度的"性价比"指数；GDP_{it} 是进口国（地区）i 在 t 年的国内生产总值，代表该进口国（地区）的市场需求规模；X

---

① 具体的进口国样本列于附录 C。
② 根据诺威（Novy，2013）的分析，σ 的取值应在 2 ~ 10；而在现有文献中，较多的做法是将 σ 取值为 5、8 或 10。因此，本部分将首先取值为 5，再分别取值为 8 和 10 进行稳健性检验。

为若干控制变量；φ_f、φ_h、φ_t 分别代表企业固定效应、产品固定效应和年份固定效应，以控制在计量模型中遗漏的企业特征、产品特征和时间趋势的影响；ζ_{it} 为随机误差项。

在控制变量的选取上，借鉴钱学锋和熊平（2010）、施炳展和冼国明（2012）、李小平等（2015）的做法，这里引入固定贸易成本、可变贸易成本、多边贸易阻力、对中国出口的比重、地理临近、区域贸易安排等变量。

固定贸易成本用经济自由度指标（free）衡量①，这里用各样本国（地区）的经济自由度指标 $free_i$ 与中国的经济自由度指标 $free_c$ 的比值衡量固定贸易成本，并取值为 $free = \ln\left(1 + \dfrac{free_i}{free_c}\right)$。经济自由度指标的数值越高，说明来自进口国（地区）的固定贸易成本越低，越有利于中国出口贸易的增长，因此预计变量 free 的符号为正。

可变贸易成本用双边贸易国之间的地理距离（dist）表示，地理距离越远意味着可变贸易成本越高，其预期符号为负。

多边贸易阻力用双边贸易自由度的加权平均数计算，将各样本国（地区）的多边贸易阻力与中国相比得到相对多边贸易阻力（MERS）。根据钱学锋和熊平（2010）的定义，双边贸易自由度可用 $\phi_{ij} = \sqrt{\dfrac{E_{ij}E_{ji}}{E_{ii}E_{jj}}}$ 计算，其中 E_{ij} 和 E_{ji} 是两国的双边贸易量，E_{ii} 和 E_{jj} 是两国（地区）的国内贸易量，用总产出减总出口得到；一国（地区）的多边贸易阻力为其与所有贸易伙伴的双边贸易自由度的加权平均数，用 $mers_i = \sum_{n=1}^{N}\left(\dfrac{Y_j}{Y}\phi_{in}\right)$ 计算，其中 $\dfrac{Y_n}{Y}$ 为贸易伙伴 n 的国内生产总值占所有贸易伙伴国（地区）内生产总值之和的比重；将 i 国（地区）的多边贸易阻力 $mers_i$ 与中国（c）的多边贸易阻力 $mers_c$ 相比，得到相对多边贸易阻力，并取值为 $MERS = \ln(1 + mers_i/mers_c)$。MERS 越大说明中国出口贸易成本相对越低，越有利于出口贸易的增长，因此，预期其符号为正。

一国对中国的出口比重用该国对中国的出口额除以其出口总额计算，记为 export，预期其对被解释变量的影响方向为正。

---

① 经济自由度指标综合计算了商务自由、贸易自由、财政自由、政府规模、货币自由、投资自由、金融自由、知识产权及腐败 9 个方面的总体得分，能够全面地反映各国的固定贸易成本。

地理临近（cont）为虚拟变量，表示各样本国（地区）与中国是否同属一个大洲，如果是，取值为1，否则为0，一般认为存在地理临近的双边贸易更有优势，预计变量 cont 的符号为正。

此外，选取自由贸易协定（FTA）和亚太经合组织（APEC）两个虚拟变量来考察区域贸易安排对中国出口增长的影响，变量 FTA 反映样本国（地区）与中国在样本期间是否签订了自由贸易协定，如果是，取值为1，否则为0；变量 APEC 反映样本国（地区）与中国是否同属亚太经合组织成员，如果是，取值为1，否则为0；一般认为区域内贸易比区域外贸易具有更高的自由度，会促进区域内双边贸易的增长，因此两变量的符号均预期为正。

（二）数据来源及统计指标

为与本书第四部分的进口国样本保持一致，本部分的样本数据主要选取2000～2006年期间中国与90个国家（地区）在制造业上的双边贸易数据。其中，各国（地区）进出口贸易数据来自 OECD STAN 数据库；各国（地区）GDP 数据来自世界银行 WDI 数据库；经济自由度指标来源于美国传统基金会（The Heritage Foundation）发布的经济自由度指数（Index of Economic Freedom）；地理距离数据来自 CEPII 的 Gravity 数据库；计算相对多边阻力所需的各国（地区）总产出数据来自 UN NAOCD（National Accounts Official Country Data）数据库，部分缺失数据由 WIOD 社会经济表补充；最终得到8437404个观测值。表3－1报告了各主要变量的统计指标。

表3－1　　　　　　　　　　主要变量及其统计指标

变量	含义	观测值	均值	标准差	预期符号
import	一国（地区）从企业 f 进口产品 h 的贸易额	8 437 404	10.270	2.210	无
χ	企业 f 向一国（地区）出口产品 h 的"性价比"指数	8 437 404	2.344	37.87	+
GDP	一国（地区）的国内生产总值（市场规模）	8 437 404	8.604	1.776	+
export	一国（地区）对中国的出口占其出口总额的比重	8 437 404	0.103	0.139	+
free	一国（地区）相对中国的经济自由度（固定贸易成本）	8 437 404	0.847	0.090	+
dist	一国（地区）与中国的地理距离（可变贸易成本）	8 437 404	8.585	0.769	－

变量	含义	观测值	均值	标准差	预期符号
MERS	一国（地区）相对中国的多边贸易阻力	8 437 404	0.996	0.735	+
cont	一国（地区）与中国是否存在地理临近	8 437 404	0.409	0.492	+
FTA	一国（地区）与中国是否签订自由贸易协定	8 437 404	0.259	0.438	+
APEC	一国（地区）是否为 APEC 成员	8 437 404	0.572	0.495	+

第三节　计量估计及结果分析

一、全样本估计

为避免多重共线性的干扰，本部分采用逐步回归的方式进行全样本估计，估计结果列于表 3 - 2。表 3 - 2 第（1）列为不包含任何控制变量的 OLS（最小二乘法）估计结果，结果显示，变量 χ 和 GDP 的回归系数均在 1% 的水平上显著为正，与预期相符，说明产品"性价比"的提高和进口国（地区）市场需求的增强均在一定程度上促进了中国制造业企业的出口增长。而考虑到企业特征、产品差异以及时间趋势的影响，从第（2）列开始控制企业固定效应、产品固定效应和年份固定效应。相比于第（1）列的估计结果，在控制企业固定效应、产品固定效应和年份固定效应后，变量 χ 和变量 GDP 的方向及显著性均未发生改变。从第（3）列至第（6）列逐步引入其他控制变量，估计结果显示，变量 χ 的系数显著稳健为正，且系数的波动幅度较小，维持在 0.0022 水平，说明"性价比"提高对制造业企业出口增长的拉动作用具有一定的稳定性。

表 3 - 2　　　　　　　　　　　　全样本估计结果

变量	(1)	(2)	(3)	(4)	(5)	(6)
χ	0.0017 ***	0.0020 ***	0.0020 ***	0.0020 ***	0.0020 ***	0.0020 ***
	(5.932)	(6.685)	(6.675)	(6.676)	(6.676)	(7.336)
GDP	0.1834 ***	0.2134 ***	0.2333 ***	0.2318 ***	0.2368 ***	0.2528 ***
	(252.024)	(315.027)	(344.539)	(332.362)	(284.735)	(366.429)
export			1.4619 ***	1.4991 ***	1.5087 ***	1.3752 ***
			(162.979)	(113.672)	(114.215)	(142.498)
free				0.1507 ***	0.2412 ***	0.1739 ***
				(10.956)	(15.979)	(15.466)
dist				- 0.0250 ***	- 0.0179 ***	- 0.0054 **
				(- 12.237)	(- 8.414)	(- 2.529)
MERS					0.0277 ***	0.0523 ***
					(14.520)	(36.381)
cont						- 0.0253 ***
						(- 7.946)
FTA						0.1317 ***
						(42.210)
APEC						0.0401 **
						(2.429)
企业固定效应	否	是	是	是	是	是
产品固定效应	否	是	是	是	是	是
年份固定效应	否	是	是	是	是	是
观测值	8 437 404	8 417 930	8 417 930	8 417 930	8 417 930	8 417 930
R^2	0.0225	0.3058	0.3109	0.3110	0.3110	0.3112

注：（1）以上回归中均包含常数项；在固定效应模型中均剔除了 singleton observations；（2）*、**和***分别表示 10%、5% 和 1% 的显著性水平；（3）（）内数值为采用聚类稳健标准差得到的 t 值或 z 值，均聚类在企业—产品—进口国—年份维度。下表同。

　　相比以往文献认为中国出口增长的原因在于价格优势或是质量提升，本书的结论更具有一般性。如前所述，中国出口产品仅仅依靠低廉的价格是难以被国外消费者广泛认可的，因为消费者一般青睐的是"价廉"且"物美"的产品[①]，产

---

① 绝对"物美价廉"的商品在市场中是很少见的，这里所指的"物美价廉"是与"性价比"含义类似的一个相对水平。

品质量也是影响出口的重要因素（李小平等，2015）。而中国出口产品质量仍与发达国家存在一定的差距（施炳展，2013），尚未形成出口的质量比较优势。因此，中国制造业的出口增长中可能既有价格因素的贡献也有质量因素的贡献，表 3 - 2 的估计结果初步验证了这一思路，即由价格和质量共同决定的"性价比"水平的提高显著促进了中国制造业企业的出口增长。本书将在后文的结构性分析中进一步考察制造业"性价比"提高的主要动力来源及其动态变化。

此外，从控制变量的估计结果看（见表 3 - 2），变量 export、free、dist、MERS、FTA 及 APEC 的系数均至少通过了 10% 水平上的显著性检验，且变量符号也均与理论预期一致。而变量 cont 的估计系数显著为负，与预期较不相符，说明地理临近并不是影响中国制造业企业出口的主要因素。这可能的原因在于，中国与一些亚洲国家（或地区）之间，特别是与东盟成员之间，在要素禀赋和产业结构上具有很大的相似性，导致中国出口企业与这些国家（地区）之间的贸易关系更多地表现为竞争性，因而，地理临近对中国制造业的出口增长并未发挥出预期的积极作用。

二、分企业类型估计

为考察"性价比"的出口拉动作用在不同类型企业上的差异性，这里将出口企业按照所有制类型分为国有企业、集体企业、私营企业、中外合资企业及外商独资企业[①]，进行分组估计，五个类型企业的估计结果报告于表 3 - 3。

表 3 - 3　　　　　　　　　　分企业类型估计结果

变量	(1)	(2)	(3)	(4)	(5)
χ	0.0025 *** (7.580)	0.0058 *** (7.188)	0.0081 *** (7.000)	0.0017 *** (3.120)	0.0012 *** (4.357)
GDP	0.3488 *** (211.126)	0.1483 *** (132.071)	0.2345 *** (89.318)	0.3066 *** (168.030)	0.2471 *** (183.843)

[①] 在海关数据库中，企业代码为十分位，第六位代表企业的所有制类型，其中，"1"代表国有企业，"3"代表中外合资企业，"4"代表外商投资企业，"5"代表集体企业，"6"代表私营企业。

变量	（1）	（2）	（3）	（4）	（5）
export	1.4412 ***	0.9524 ***	1.4118 ***	1.3640 ***	1.8218 ***
	(59.979)	(65.360)	(35.155)	(48.506)	(93.404)
free	1.4976 ***	0.8122 ***	0.5664 ***	0.4347 ***	0.2179 ***
	(54.209)	(45.726)	(13.090)	(14.387)	(9.823)
dist	−0.0437 ***	−0.0231 ***	−0.0285 ***	−0.0170 ***	−0.0590 ***
	(−8.483)	(−6.557)	(−3.565)	(−3.013)	(−13.901)
MERS	0.0404 ***	−0.0024	0.0326 ***	0.0263 ***	0.0347 ***
	(10.674)	(−1.106)	(6.009)	(6.551)	(11.926)
cont	−0.0574 ***	−0.1171 ***	−0.0122	−0.0018	−0.0695 ***
	(−7.219)	(−22.740)	(−1.038)	(−0.215)	(−11.116)
FTA	0.2081 ***	0.1456 ***	0.1655 ***	0.0891 ***	0.0816 ***
	(28.259)	(27.902)	(14.016)	(10.842)	(13.456)
APEC	0.0180 ***	0.0257 ***	0.0306 ***	0.0074	0.0079 *
	(3.745)	(7.112)	(3.713)	(1.342)	(1.919)
企业固定效应	是	是	是	是	是
产品固定效应	是	是	是	是	是
年份固定效应	是	是	是	是	是
观测值	2 037 227	1 386 324	2 024 875	515 557	2 134 835
R^2	0.2424	0.3061	0.3154	0.2568	0.3419
样本类型	国有企业	中外合资企业	外商独资企业	集体企业	私营企业

从表 3－3 可以看出，在五个类型企业样本的估计结果中，核心变量 χ 的估计系数均显著为正，与全样本估计结果基本一致，进一步说明“性价比”对制造业企业的出口拉动作用具有稳健性。然而，对比不同类型企业样本的估计系数，可以发现：第一，变量 χ 在第（2）列和第（3）列的估计系数明显大于第（1）列、第（4）列和第（5）列，说明“性价比”对外资企业的出口拉动作用要强于本土企业。这一结果反映出外资企业进入中国，一方面能够发挥其自身的技术优势和先进的管理经验，另一方面还可以充分利用中国较为廉价的劳动力等生产要素，进而外资企业生产的产品具有更高的“性价比”水平，对出口增长的促进作用也更为明显。第二，变量 χ 在第（3）列的估计系数大于第（2）列，说明在外资企业中，“性价比”对外商独资企业的出口拉动作用要强于中外

合资企业。这可能是因为，一般以合资方式进入的外资企业并不具有领先的技术水平，或是并未把领先的生产技术带入中国，其主要目的是利用中国低成本的要素资源和大规模的消费市场，甚至可能是为了转移国外的落后产业；而那些在关键领域掌握核心技术的优秀外资企业为了规避技术暴露的风险，通常会选择独资的方式进入中国，该类企业利用其先进的技术和管理经验能够生产出质量更高的产品，具有更强的出口竞争力（谢靖、廖涵，2017b）。第三，变量 χ 在第（1）列的估计系数大于第（4）列和第（5）列，且第（5）列最小，说明"性价比"对国有企业的出口拉动作用要强于集体企业和私营企业，并且最弱的是私营企业。这一结果与李春顶（2010）的研究结论相一致，与国有企业和集体企业相比，私营企业大多是从事加工贸易的小规模企业，生产率相对较低，低廉的出口价格被较低的产品质量"稀释"后，并不具有较高的"性价比"水平。这也反映出，私营企业的出口贸易亟待需要转型升级，通过提高产品质量来提升"性价比"水平，拉动出口增长，进而摆脱以往的"低质低价"竞争模式和产业价值链的低端锁定状态。其他变量的估计结果与全样本估计大体一致，可参照前文分析。

三、分产品类型估计

为考察"性价比"的出口拉动作用在不同类型产品上的差异性，这里将出口产品按照要素密集度分为劳动密集型产品、资本密集型产品和技术密集产品①，进行分组估计，估计结果分别报告于表3-4。

表3-4 分产品类型估计结果

变量	（1）	（2）	（3）
χ	0.0041 *** (12.682)	0.0007 *** (4.378)	0.0024 *** (4.459)

---

① 根据芬斯特拉和魏（2010）在 HS 二分位上的分类方法，将所有 HS 六分位产品分别归类到劳动密集型产品、资本密集型产品和技术密集型产品。具体来说，在 HS 二分位编码上，劳动密集型产品包括11、13、15、17、22、41~67、92、94~97；资本密集型产品包括25~27、39~40、68~83；技术密集型产品包括28~38、84~91、93。

续表

变量	（1）	（2）	（3）
GDP	0.2858 ***	0.2413 ***	0.2602 ***
	(208.005)	(182.182)	(261.128)
export	1.5738 ***	1.2581 ***	1.6178 ***
	(82.702)	(67.350)	(114.446)
free	0.2855 ***	0.2233 ***	0.1052 ***
	(13.236)	(10.404)	(6.330)
dist	−0.0054	−0.0172 ***	−0.0435 ***
	(−1.311)	(−4.013)	(−13.834)
MERS	0.0339 ***	0.0460 ***	0.1249 ***
	(11.848)	(17.456)	(58.360)
cont	−0.0429 ***	−0.0644 ***	−0.0109 **
	(−7.125)	(−10.607)	(−2.292)
FTA	0.1440 ***	0.1084 ***	0.1224 ***
	(23.554)	(17.777)	(27.004)
APEC	0.0318 ***	0.0488 ***	0.0149 ***
	(7.403)	(11.614)	(4.992)
企业固定效应	是	是	是
产品固定效应	是	是	是
年份固定效应	是	是	是
观测值	4 203 932	1 836 750	2 354 617
R^2	0.2802	0.3630	0.3557
样本类型	劳动密集型产品	资本密集型产品	技术密集型产品

　　表 3-4 的估计结果显示，在三个类型的产品样本中，核心变量 χ 的估计系数均显著为正，说明"性价比"对制造业出口增长的促进作用较为稳健，适用于不同类型的产品。而将三类产品样本的估计结果对比来看，劳动密集型产业的估计系数相对较高，为 0.0041；而资本密集型产品和技术密集型产品的估计系数相对较低。这一结果反映出，"性价比"的出口拉动作用在劳动密集型产品表现较为突出，而在资本密集型产品和技术密集型产品的表现则相对较弱。本书认为这一结果的可能原因在于，不同类型的出口产品往往具有不同的产品属性，进而进口国（地区）消费者对不同类型产品"性价比"变动的敏感程度也

存在差异，因此，在三类产品的"性价比"水平同时提高相同比例的情况下，进口国（地区）对这三类产品的需求增加幅度也不一样。以上估计结果揭示出，国外消费者可能对劳动密集型产品的"性价比"变动更为敏感。其他变量的估计结果除个别变量的显著性降低外，与全样本估计基本相符，不再赘述。

四、分进口国类型估计

根据世界银行 2009 年发布的收入分组标准，这里按人均国民收入水平将 90 个样本国家（或地区）分为高收入国家和中低收入国家[①]，以检验"性价比"对制造业的出口增长拉动作用是否会因进口国经济发展水平的不同而产生差异。表 3-5 分别报告了对中低收入进口国样本和高收入进口国样本的回归结果。

表 3-5　　　　　　　　　　分进口国类型估计结果

变量	(1)	(2)
χ	0.0040 *** (4.342)	0.0017 *** (6.744)
GDP	0.1600 *** (101.724)	0.3096 *** (345.366)
export	1.0123 *** (63.550)	1.4353 *** (96.385)
free	-0.1287 *** (-4.925)	0.8257 *** (37.619)
dist	-0.0597 *** (-13.876)	-0.0353 *** (-11.222)
MERS	0.0178 *** (8.050)	0.0006 (0.261)
cont	-0.0031 (-0.502)	0.1054 *** (24.139)

---

① 依据世界银行 2009 年发布的数据，人均国民收入高于 12 195 美元的列为高收入国家，低于则为中等偏上收入国家、中等偏下收入国家及低收入国家，考虑到样本量的均衡性，这里将后三组合并为中低收入国家。

续表

变量	（1）	（2）
FTA	0. 1973 ***	0. 2444 ***
	（27. 053）	（50. 725）
APEC	0. 0025 ***	0. 0814 ***
	（36. 586）	（46. 030）
企业固定效应	是	是
产品固定效应	是	是
年份固定效应	是	是
观测值	1 983 505	6 416 527
R^2	0. 3759	0. 3206
样本类型	中低收入进口国	高收入进口国

回归结果显示，核心变量 χ 的估计系数在中低收入进口国和高收入进口国（地区）中均在1%的水平上显著为正，反映出"性价比"的出口拉动作用对于不同经济发展水平的进口国（地区）具有普适性。而从估计系数的大小看，也存在一定的差异性，中低收入进口国（地区）的"性价比"系数（0.0040）大于高收入进口国（地区）的估计系数（0.0017）。这说明相较于高收入进口国而言，"性价比"对中国制造业企业的出口拉动作用在中低收入进口国（地区）的表现更为明显。这一结果与需求相似理论（林德，1961）一致。按照世界银行的人均国民收入分组标准，中国在样本期间属于中低收入国家行列，因此，中国出口产品的属性（包括产品质量和价格）更容易满足中低收入进口国消费者的需求偏好；同时，也反映出高收入进口国（地区）受到来自中国出口产品的影响相对更小。此外，在其他变量的估计结果中，变量 free 的系数在中低收入进口国（地区）样本中显著为负，与预期较不相符。这可能是因为在2000年以后中国通过加入 WTO 以及双边自由贸易谈判，使得非关税壁垒和国内行政干预措施得到较大幅度地削减，中国的经济自由度指标相对中低收入国家（特别是中等偏下收入国家和低收入国家）提高更快，进而在中低收入国家的样本中变量 free（相对经济自由度指标）呈现下降趋势，与被解释变量表现为负相关关系。[①] 而实

---

① 这里进一步把中低收入国家样本分为中等偏上收入国家和中等偏下及低收入国家，发现仅在中等偏下及低收入国家中变量 free 的系数为负。

际上，出口固定成本的下降对中国出口增长有着积极有效的贡献（钱学锋和熊平，2010）。其余变量与前文分析基本一致。

第四节　稳健性检验

以上分析从不同的估计样本检验了"性价比"对制造业出口增长的促进作用，初步证实了本书的研究假设 1，即产品的"性价比"水平越高，该产品在国外市场的竞争力就越大，进而将有利于该产品生产企业的出口贸易扩张。然而，以上回归分析中，可能存在一些因素会影响回归结果的可靠性。其一，尽管本部分在回归模型中控制了企业和产品层面的特征因素，能够在一定程度上避免因遗漏变量带来的影响，但是被解释变量与解释变量之间的反向因果关系仍会导致内生性的存在。其二，在利用微观贸易数据测算出口产品质量指数和"性价比"指数时，产品间替代弹性 σ 的取值具有一定的主观性，并且，在现有文献中，σ 的取值尚未有统一的标准，进而可能会造成一定程度的估计偏误。其三，初级品、资源品的产品质量更多地取决于该产品的自然禀赋条件，类似地，同质性产品之间并不具有明显的垂直型差异，进而，对这一类产品测算出来的产品质量指数可能并不能反映出该类产品的真实质量水平，由此估算出的"性价比"指数可能也是有偏的，因此，可能会怀疑用包含初级品、资源品及同质性产品的样本得出的回归结果不一定可靠。基于以上分析，本部分将进行三种稳健性检验：利用工具变量控制内生性；以 σ 不同取值测算的"性价比"指数进行回归，考察回归结果是否发生实质性改变；剔除初级品、资源品和同质性产品样本，以异质性产品样本进行检验。

一、内生性分析

以上回归模型中考虑了企业层面和产品层面的特征因素以及时间趋势的影

响，能够在一定程度上控制遗漏变量对回归结果的干扰，但是，被解释变量与核心解释变量之间的反向因果关系仍可能会产生内生性问题。为控制这种内生性，参照一般做法，以核心解释变量 χ 的一阶滞后项作为工具变量，进行 TSLS（两阶段最小二乘）回归。首先用变量 χ 对工具变量及其他解释变量进行第一阶段回归，得到拟合值，再将该拟合值代入到计量模型（3.5）进行第二阶段回归，第二阶段回归结果报告于表 3 - 6[①]。在表 3 - 6 中，第（1）列为全样本回归结果，第（2）~第（6）列为分企业类型样本的回归结果，第（7）~第（9）列为分产品类型样本的回归结果，第（10）和（11）列为分进口国类型样本的回归结果。

在分析 TSLS 回归结果之前，首先根据第一阶段回归的 4 个统计量来检验本部分所选工具变量的有效性，即用 Kleibergen-Paap rk LM 统计量检验工具变量是否识别不足，用 Kleibergen-Paap Wald rk F 统计量、Minimum eigenvalue 统计量和 Shea's 偏 R^2 统计量检验是否存在弱工具变量。从表 3 - 6 的检验结果可以看出，Kleibergen-Paap rk LM statistic 均在 1% 的显著性水平上拒绝"工具变量识别不足"的原假设；Kleibergen-Paap Wald rk F 统计量、Minimum eigenvalue 统计量（大于10）和 Shea's 偏 R^2 统计量也均拒绝"存在弱工具变量"的原假设。因此，可以认为表 3 - 6 中各列模型所选取的工具变量均是有效的。

表 3 - 6 的 TSLS 回归结果显示：核心解释变量 χ 的回归系数在不同类型的样本中均在 1% 的水平上显著为正，这说明在控制内生性后，"性价比"提高对制造业出口增长的促进作用依然是显著且稳健的。此外，从分组回归结果的比较看，表 3 - 6 中变量 χ 在第（3）列和第（4）列（外资企业）的回归系数大于第（2）列、第（5）列和第（6）列（本土企业），同时，第（4）列（外商独资企业）的回归系数大于第（3）列（中外合资企业），第（2）列（国有企业）的回归系数大于第（5）列（集体企业）和第（6）列（私营企业）；变量 χ 在第（7）列（劳动密集型产品）的回归系数大于第（8）列（资本密集型产品）和第（9）列（技术密集型产品），在第（10）列（中低收入进口国）的回归系数大于第（11）列（高收入进口国）。以上结果表明"性价比"的出口促进作用在不同类型企业、不同类型产品和不同类型进口国中的差异性是较为稳健的。

---

① 第一阶段的回归结果可参看附录 D。

表 3-6 **TSLS 回归结果**

变量	(1)	(2)	(3)	(4)	(5)	(6)	(7)	(8)	(9)	(10)	(11)
X	0.0017*** (9.244)	0.0017*** (4.826)	0.0034*** (7.319)	0.0035*** (6.646)	0.0015*** (6.141)	0.0014*** (4.116)	0.0022*** (12.119)	0.0010*** (4.004)	0.0011*** (4.061)	0.0017*** (8.850)	0.0015*** (2.619)
GDP	0.2639*** (196.393)	0.2585*** (81.817)	0.1736*** (61.536)	0.2378*** (48.635)	0.3090*** (113.282)	0.2434*** (92.707)	0.2751*** (111.801)	0.2846*** (144.279)	0.2391*** (89.701)	0.3081*** (187.994)	0.1747*** (49.540)
控制变量	是	是	是	是	是	是	是	是	是	是	是
企业固定效应	是	是	是	是	是	是	是	是	是	是	是
产品固定效应	是	是	是	是	是	是	是	是	是	是	是
年份固定效应	是	是	是	是	是	是	是	是	是	是	是
Kleibergen-Paap rk LM	83.97***	23.18***	40.33***	21.39***	39.01***	16.50***	141.86***	16.26***	14.13***	74.63***	9.49***
Kleibergen-Paap Wald rk F	291.95***	258.70***	90.73***	371.38***	105.85***	61.44***	534.19***	61.07***	54.82***	236.62***	249.87***
Minimum eigenvalue	6 567 721	2 635 965	504 443	790 553	2 442 334	951 617	4 076 527	2 904 128	779 016	5 129 468	1 927 856
Shea's 偏 R^2	0.6799	0.8156	0.4917	0.8028	0.7284	0.5611	0.8067	0.6653	0.5436	0.6733	0.7618
观测值	3 091 913	744 491	595 875	910 611	194 246	521 580	1 461 084	654 025	976 804	602 742	2 489 171
R^2	0.0645	0.0600	0.0612	0.0785	0.0469	0.0589	0.0693	0.0630	0.0765	0.0364	0.0693
样本类型	全样本	国有企业	中外合资企业	外商独资企业	集体企业	私营企业	劳动密集型产品	资本密集型产品	技术密集型产品	中低收入进口国	高收入进口国

二、基于参数不同取值的稳健性检验

以上回归中，"性价比"指数是基于产品间替代弹性 σ 取值为 5 测算得到的，然而，这种带有主观性的参数取值可能会影响估计结果的可靠性。基于此，再分别把参数 σ 取值为 8 和 10，以此来测算出口质量指数和"性价比"指数，进而再分别进行回归，以考察 σ 的不同取值是否使回归结果发生实质性变化。表 3 - 7 中的 Panel A 部分和 Panel B 部分分别报告了 σ 取值为 8 和取值为 10 的回归结果。

表 3 - 7 的回归结果显示，不管是 Panel A 部分（σ 取值为 8）还是 Panel B 部分（σ 取值为 10），变量 χ 的回归系数在不同类型的样本中均在 1% 的水平上显著为正，即"性价比"对制造业出口增长的促进作用并未因为 σ 取值的变化而发生实质性改变；同时，在不同类型企业、不同类型产品、不同类型进口国的分组回归结果比较上，也均与前文分析结论保持一致。这一结果说明，产品间替代弹性 σ 的不同取值并未影响本部分结论的稳健性。

三、基于异质性产品的稳健性检验

如前所述，初级品、资源品及同质性产品不具有明显的垂直型差异，对这一类产品测算出来的产品质量指数可能并不能反映出该类产品的真实质量水平，进而，由此估算出的"性价比"指数可能也是有偏的，可能会影响到回归结果的可靠性。因此，借鉴施炳展（2013）的做法，这里将以上样本数据进行如下处理：首先，把 HS02 六分位对齐到 SITC Rev. 2 三分位，依据拉奥（Lall，2000）在 SITC Rev. 2 三分位上的产品分类方法[①]，剔除初级品和资源品样本；其次，根据劳克（Rauch，1999）的分析方法，剔除 SITC Rev. 2 四分位水平上的同质产品样本，最终得到 5 126 728 个观测值。利用以上处理过程得到的异质性产品样本重新进行回归。全样本和不同类型分组样本的回归结果列于表 3 - 8。

---

① 在 SITC Rev. 2 三分位上，将产品分为初级品、资源品、低技术产品、中技术产品和高技术产品。

表3-7 稳健性检验：改变σ的取值

变量	(1)	(2)	(3)	(4)	(5)	(6)	(7)	(8)	(9)	(10)	(11)
					Panel A（σ取值为8）						
X	0.0014***	0.0022***	0.0032***	0.0075***	0.0012**	0.0008***	0.0041***	0.0005***	0.0017***	0.0024***	0.0012***
	(5.677)	(6.792)	(5.663)	(6.538)	(2.147)	(4.035)	(12.682)	(3.834)	(2.866)	(4.234)	(5.365)
GDP	0.2528***	0.3489***	0.1481***	0.2345***	0.3067***	0.2470***	0.2858***	0.2413***	0.2602***	0.1602***	0.3096***
	(246.375)	(211.036)	(131.767)	(89.101)	(167.956)	(183.761)	(208.005)	(182.137)	(260.959)	(101.891)	(345.268)
控制变量	是	是	是	是	是	是	是	是	是	是	是
企业固定效应	是	是	是	是	是	是	是	是	是	是	是
产品固定效应	是	是	是	是	是	是	是	是	是	是	是
年份固定效应	是	是	是	是	是	是	是	是	是	是	是
					Panel B（σ取值为10）						
X	0.0010***	0.0017***	0.0023***	0.0063***	0.0009*	0.0006***	0.0027***	0.0004***	0.0013**	0.0018***	0.0009***
	(5.549)	(6.360)	(5.343)	(5.826)	(1.939)	(3.811)	(7.403)	(3.463)	(2.535)	(4.263)	(4.960)
GDP	0.2528***	0.3489***	0.1480***	0.2344***	0.3067***	0.2470***	0.2858***	0.2412***	0.2602***	0.1603***	0.3096***
	(366.186)	(211.020)	(131.701)	(89.027)	(167.943)	(183.739)	(207.727)	(182.123)	(260.946)	(101.916)	(345.247)
控制变量	是	是	是	是	是	是	是	是	是	是	是
企业固定效应	是	是	是	是	是	是	是	是	是	是	是
产品固定效应	是	是	是	是	是	是	是	是	是	是	是
年份固定效应	是	是	是	是	是	是	是	是	是	是	是
观测值	8 417 930	2 037 227	1 386 324	2 024 875	515 557	2 134 835	4 203 932	1 836 750	2 354 617	1 983 505	6 416 527
样本类型	全样本	国有企业	中外合资企业	外商独资企业	集体企业	私营企业	劳动密集型产品	资本密集型产品	技术密集型产品	中低收入进口国	高收入进口国

注：以上各回归结果中，拟合优度指标R^2均介于0.2~0.4。

表3-8 稳健性检验：异质性产品

变量	(1)	(2)	(3)	(4)	(5)	(6)	(7)	(8)	(9)	(10)	(11)
X	0.0031***	0.0028***	0.0061***	0.0068***	0.0026***	0.0026**	0.0070***	0.0018***	0.0041***	0.0036***	0.0029***
	(7.135)	(5.601)	(5.277)	(6.972)	(7.663)	(2.052)	(12.400)	(3.527)	(12.682)	(4.022)	(6.103)
GDP	0.2756***	0.2754***	0.1731***	0.2733***	0.3548***	0.3174***	0.2463***	0.3301***	0.2858***	0.2089***	0.3140***
	(315.549)	(162.854)	(122.168)	(81.730)	(173.942)	(135.748)	(163.638)	(194.925)	(208.005)	(109.236)	(267.855)
控制变量	是	是	是	是	是	是	是	是	是	是	是
企业固定效应	是	是	是	是	是	是	是	是	是	是	是
产品固定效应	是	是	是	是	是	是	是	是	是	是	是
年份固定效应	是	是	是	是	是	是	是	是	是	是	是
观测值	5 107 732	1 248 948	788 051	1 288 153	300 697	1 298 728	1 298 793	1 435 205	2 354 617	1 348 912	3 744 713
R^2	0.3437	0.2720	0.3446	0.3385	0.2986	0.3600	0.3370	0.3778	0.3557	0.3914	0.3544
样本类型	全样本	国有企业	中外合资企业	外商独资企业	集体企业	私营企业	劳动密集型产品	资本密集型产品	技术密集型产品	中低收入进口国	高收入进口国

表 3 - 8 的回归结果显示，在剔除初级品、资源品和同质性产品后，变量 χ 在不同类型样本中的回归系数依然显著为正，这反映出初级品、资源品和同质性产品对本部分结论并未产生实质性影响，即"性价比"对制造业企业的出口拉动作用是较为稳健的。同时也看到，变量 χ 在表 3 - 8 第（1）列的回归系数为 0.0031，大于其在表 3 - 2 中的回归系数 0.0020，说明在制造业产品样本中，由于初级品、资源品和同质性产品的存在，低估了产品"性价比"提升对企业出口增长的促进作用。此外，在不同类型分组回归结果的比较上，结论也均与前文分析相符。

第五节 小 结

在第三部分理论分析框架的基础上，本部分利用海关数据库提供的企业—产品层面的微观贸易数据，参照科汉德沃等（2013）、樊等（2015）的方法，测度出中国制造业在企业—产品—进口国—年份维度的出口质量指数，并进一步估算出出口产品的"性价比"指数，再利用中国与 90 个贸易伙伴之间的双边贸易数据，实证检验了"性价比"变动对制造业企业出口增长的影响。实证结果显示，"性价比"提高对制造业企业的出口增长具有显著的拉动作用；而从分组回归结果来看，"性价比"的出口拉动作用在不同类型企业、不同类型产品和不同类型进口国（地区）中均呈现出一定的差异性。具体来说：（1）"性价比"对外资企业的出口拉动作用要强于本土企业。在外资企业中，"性价比"对外商独资企业的出口拉动作用要强于中外合资企业；在本土企业中，"性价比"对国有企业的出口拉动作用要强于集体企业和私营企业，其中表现最弱的是私营企业。（2）"性价比"的出口拉动作用在劳动密集型产品的表现较为突出，而在资本密集型产品和技术密集型产品的表现则相对较弱。（3）相较于高收入进口国（地区）而言，"性价比"对制造业企业的出口拉动作用在中低收入进口国的表现更为明显。以上结论在控制内生性、改变产品替代弹性参数 σ 的取值和剔除初级品、资源品及同质性产品后，依然具有良好的稳健性。

　　以上研究结论具有重要的启示意义：（1）"性价比"水平是影响制造业企业出口贸易的重要因素，出口企业应该根据自身优势条件针对不同的出口市场而选择合理的出口质量及相应的出口价格，以提高出口产品的"性价比"水平，进一步扩大出口规模。（2）制造业出口贸易转型的"优质优价"出口战略并不意味着绝对的"高质高价"，而应该是在保持"性价比"优势的前提下合理地提升出口质量和出口价格，进而才能实现出口规模和出口效益的双赢。

第四章
"性价比"与出口增长：
行业层面的经验证据

本章主要是对"性价比"与出口增长的影响关系在行业层面进行实证研究，以为本书的研究假设 2 提供经验证据。首先，借鉴哈拉克和肖特（2011）的指数分解方法，将可被直接观测的非纯净价格指数分解为出口质量指数和纯净价格指数，并予以估算，进一步测度出中国制造业行业层面的"性价比"指数；在此基础上，进行特征事实分析，考察"性价比"与制造业出口的演进规律，为研究假设 2 提供初步的事实依据；进而，再利用中国与贸易伙伴之间的双边贸易数据对"性价比"与出口增长的影响关系进行经验研究，同时考察在不同类型行业和不同类型进口国中的差异性。为保证分析结果的可靠性，本章还使用了分阶段回归和工具变量回归，进行稳健性检验。

第一节　行业"性价比"指数的测度

考虑到产品间的差异性，采用科汉德沃等（2013）、樊等（2015）方法间接测算的企业—产品层面"性价比"指数，并不能直接加总得到行业层面的"性价比"指数。因此，本部分将借鉴哈拉克和肖特（2011）的方法，利用指数理论把可被直接观测的出口价格分解为质量部分和纯净价格（经质量调整的价格）部分，再使用贸易收支数据直接计算出行业层面的出口质量指数和价格指数，进而得到中国制造业的行业"性价比"指数。

一、行业"性价比"指数的测度模型

借鉴哈拉克和肖特（2011）的思路，非纯净价格指数（Impure Price Index，IPI）可被分解为出口质量指数和纯净价格指数（Pure Price Index，PPI）。而考虑到哈拉克和肖特（2011）的质量估计模型可能存在因基准国选择而导致的估计偏误问题，本部分在其基础上进行改进。

设定中国（c）与 K 个贸易伙伴开展对外贸易，相应地，中国相对于 K 个贸易伙伴在 s 行业上的非纯净价格指数、纯净价格指数和出口质量指数分别标记为 P_s^{cK}、$\widetilde{P}_s^{cK}$、λ_s^{cK}[①]，三者之间的关系满足：

$$P_s^{cK} = \lambda_s^{cK} \widetilde{P}_s^{cK} \tag{4.1}$$

再结合式（3.6），构建行业"性价比"指数如下：

$$\chi_s^{cK} = \frac{\lambda_s^{cK}}{P_s^{cK}} \tag{4.2}$$

下面，将参照哈拉克和肖特（2011）的方法来估计中国制造业的行业出口质量指数，以进一步计算出行业"性价比"指数。根据哈拉克和肖特（2011）的论证，一国某一行业的净贸易额（超过该国总净贸易额中该行业净支出比例的部分）占总净支出的比重，可以近似地表示为该行业纯净价格指数的对数线性函数，即：

$$\frac{T_{st}^{cK} - b_s T_t^c}{E_t^c} = \beta_0 + \gamma_s \ln \widetilde{P}_{st}^{cK} + b_s \tau_{st}^{cK} + \iota_{st} \tag{4.3}$$

其中，T_{st}^{cK}、T_t^c 分别是指中国对 K 个贸易伙伴在时间 t 上的 s 行业净贸易额和总净贸易额；b_s 是指 s 行业的净支出比例；E_t^c 是指中国在时间 t 的总净支出；τ_{st}^{cK} 表示中国与 K 个贸易伙伴之间的贸易成本；ι_{st} 代表误差项。进一步地，根据式（4.1），$P_s^{cK} = \lambda_s^{cK} \widetilde{P}_s^{cK}$，可以得到质量估计方程如下：

$$\widetilde{T}_{st}^{cK} = \beta_0 + \gamma_s \ln \hat{P}_{st}^{cK} - \gamma_s \ln \lambda_{st}^{cK} + u_{st} \tag{4.4}$$

其中，$\widetilde{T}_{st}^{cK} = (T_{st}^{cK} - b_s T_t^c)/E_t^c - b_s \tau_{st}^{cK}$，$\hat{P}_{st}^{cK}$ 为非纯净价值指数的估计值[②]。需要注意的是，式（4.4）中可能存在来源于两个方面的内生性问题：其一，难以确定 λ_{st}^{cK} 与残差项 u_{st}（其中包含了 P_{st}^{cK} 的估计误差）是否相关；其二，出口质量往往与出口价格相关，即 $\hat{P}_{st}^{cK}$ 与 λ_{st}^{cK} 之间可能存在相关性。这里借鉴哈拉克和肖特（2011）的线性趋势方法来控制以上内生性问题。按照该方法，出口质量指数可表示为：

$$\ln \lambda_{st}^{cK} = \alpha_{0s}^{cK} + \alpha_{1s}^{cK} t + \varepsilon_{st} \tag{4.5}$$

式（4.5）说明出口质量可被分为截距项、时间趋势项和误差项三部分，其中，α_{0s}^{cK}、$\alpha_{1s}^{cK} t$ 分别表示行业固定效应和时间趋势，ε_{st} 代表偏离时间趋势的随机

---

① 相较于哈拉克和肖特（2011）选取某一基准国设定指数测算出口质量，本部分选择多个贸易伙伴作为参照国设定指数，能够更为精确地估计中国制造业行业的出口质量指数。
② 变量上方的"^"符号表示该变量为估计值，下同。

误差。将式（4.5）代入式（4.4），得到最终的质量估计方程[①]：

$$\tilde{T}_{st}^{cK} = \beta_0 + \gamma_s \ln \hat{P}_{st}^{cK} - \xi_{0s}^{cK} - \xi_{1s}^{cK} t + \upsilon_{st} \qquad (4.6)$$

其中，$\xi_{0s}^{cK} = \gamma_s \alpha_{0s}^{cK}$，$\xi_{1s}^{cK} = \gamma_s \alpha_{1s}^{cK}$，$\upsilon_{st} = u_{st} - \gamma_s \varepsilon_{st}$。然而，出口质量受到的冲击往往会伴随 IPI 的变动，也就是说，在式（4.6）中 $\hat{P}_{st}^{cK}$ 与误差项 υ_{st}（其中包含的 ε_{st}）之间可能还存在着相关性。为控制这种内生性，以往文献以真实有效汇率作为 $\hat{P}_{st}^{cK}$ 的工具变量（哈拉克和肖特，2011；李小平等，2015）。这些文献选取的真实有效汇率是由 Economist Intelligence Unit（EIU）、世界银行及国际货币基金组织等机构提供的基于国家层面加总的真实有效汇率。而一些研究发现，用基于国家层面加总的真实有效汇率分析行业或企业层面数据时，通常会产生加总谬误问题（高德伯格，2004；徐建炜和田丰，2013）。因此，借鉴谢靖和廖涵（2017a）的做法，选取行业层面的真实有效汇率作为 $\hat{P}_{st}^{cK}$ 的工具变量，对式（4.6）进行两阶段最小二乘估计，再根据式（4.5）可得到 s 行业出口质量指数的估计值：

$$\ln \hat{\lambda}_{st}^{cK} = \frac{-(\hat{\xi}_{0s}^{cK} + \hat{\xi}_{1s}^{cK} t)}{\hat{\gamma}_s} \qquad (4.7)$$

进一步地，可测算出 s 行业的"性价比"指数：

$$\hat{\chi}_{st}^{cK} = \frac{\hat{\lambda}_{st}^{cK}}{\hat{P}_{st}^{cK}} \qquad (4.8)$$

二、指标、数据与测算结果

（一）测算样本、指标设定与数据说明

本部分选取中国制造业在 1996～2009 年与 28 个 OECD 国家[②]（以下简称

[①] 这里需要说明的是，由于行业间存在着明显的可贸易性差异，并且难以控制，可能会导致估计偏误；但考虑到估计方程（4.6）的被解释变量是关于贸易收支的数据，而行业本身的可贸易性会同时影响该行业的进口和出口，对该行业的贸易收支影响较小，进而不会带来较大的估计偏误。

[②] 考虑到数据的可获得性，本部分选取 28 个 OECD 国家作为参照国样本，包括：奥地利、比利时、加拿大、捷克、丹麦、爱沙尼亚、芬兰、法国、德国、希腊、匈牙利、冰岛、以色列、意大利、日本、韩国、卢森堡、墨西哥、荷兰、挪威、葡萄牙、斯洛伐克、斯洛文尼亚、西班牙、瑞典、瑞士、英国和美国。在 1996～2009 年期间，这 28 个国家占中国制造业的出口比重为 61%，因此，这 28 个样本国具有一定的代表性。

"OECD"）的贸易数据，作为估计行业"性价比"指数的样本数据。参照行业分类的一般做法，并进一步整合中国《国民经济行业分类》（2002）和联合国《国际标准产业分类》（ISIC Rev. 3），把制造业细分为 15 个行业，在 ISIC Rev. 3 四分位水平上确定每个行业的产品种类数量，构建年度—国家—行业—产品 4 维度的样本空间。制造业行业分类说明见表 4 - 1。

表 4 - 1　　　　　　　　　　制造业行业分类说明

制造业行业	产品种类数量	ISIC Rev. 3	《国民经济行业分类》（2002）
食品、饮料、烟草制造业	18	15 ~ 16	13 ~ 16
纺织、服装、皮革及鞋类制造业	12	17 ~ 19	17 ~ 19
木材加工制造业	5	20	20
造纸、印刷、出版业	10	21 ~ 22	22 ~ 23
焦炭、炼油、核燃料制造业	3	23	25
化学品及化学制品业	9	24	26 ~ 28
橡胶、塑料制品业	3	25	29 ~ 30
非金属矿物制品业	8	26	31
基础金属制造业	4	27	32 ~ 33
压延金属制品业	7	28	34
其他机械及设备制造业	15	29	35、36（368 除外）、395、396
电气、光学设备制造业	15	30 ~ 33	368、39（395、396 除外）、40、41
汽车、挂车及半挂车制造业	3	34	372
其他运输设备制造业	7	35	37（372 除外）
其他制造业	8	36 ~ 37	21、24、42、43

在被解释变量（$\tilde{T}_{st}^{cK}$）中，T_{st}^{cK} 用中国 s 行业对 OECD 的总出口减去总进口得到；T_t^c 用中国对世界总出口减总进口得到；E_t^c 用中国 GDP 减去总净贸易额得到；E_{st}^c 用中国行业增加值减去该行业净贸易额得到。考虑到 b_s 在时间上的稳定性，取其在样本期间的平均值。关于贸易成本 τ_{st}^{cK} 的计算，这里借鉴诺威（Novy，2013）改进的引力模型，利用中国与 OECD 的双边贸易数据估计中国与 OECD 在行业层面的贸易成本。τ_{st}^{cK} 的计算公式为：

$$\tau_{st}^{cK} = \sum_{k=1}^{K} \theta_{st}^{ck}\tau_{st}^{ck} = \sum_{k=1}^{K} \theta_{st}^{ck}\left[\left(\frac{x_{st}^c x_{st}^k}{x_{st}^{ck} x_{st}^{kc}}\right)^{\frac{1}{2(\sigma-1)}} - 1\right] \tag{4.9}$$

其中，k 为 OECD 的代表性国家；θ_{st}^{ck} 代表 t 年 s 行业的加权系数，用中国对 k 国的进出口贸易额占中国对 OECD 的进出口贸易额总和的比重衡量；σ 代表产品间的替代弹性[①]；x_{st}^c、x_{st}^{ck} 分别代表中国在 t 年 s 行业上的国内贸易额和对 k 国的出口额；x_{st}^k、x_{st}^{kc} 分别代表 k 国在 t 年 s 行业上的国内贸易额和对中国的出口额。由于尚未有可直接获取的国内贸易统计数据，本部分采用惯常做法，用行业总产出减去行业出口额计算行业国内贸易额。

根据哈拉克和肖特（2011）的论证，IPI 介于 Paasche 指数和 Laspeyres 指数之间[②]。而费雪指数（Fisher Index）正是这两种指数的几何平均，可以调和 Paasche 指数和 Laspeyres 指数之间的矛盾（Weisstein，2011），因此本部分使用费雪指数来估计 IPI，具体计算公式为：

$$\hat{P}_{st}^{cK} = \sqrt{\frac{\sum_z p_z^c q_z^c}{\sum_z p_z^K q_z^c} \times \frac{\sum_z p_z^c q_z^K}{\sum_z p_z^K q_z^K}} \tag{4.10}$$

其中，z 为 s 行业代表性产品，p_z^c 和 q_z^c 分别表示中国 z 产品的出口价格和数量，p_z^K 和 q_z^K 分别表示 OECD 加权平均的 z 产品出口价格和数量，出口价格用出口值除以出口数量得到。

工具变量（行业真实有效汇率）采用徐建炜和田丰（2013）的方法进行测算，中国 s 行业的真实有效汇率为：

$$REER_{st}^c = \prod_{k=1}^K \left(\frac{ER_t^{ck}}{ER_0^{ck}} \times \frac{PI_{st}^c}{PI_{st}^k}\right)^{\frac{X_{s,t-1}^{ck}}{\sum_k X_{s,t-1}^{ck}}} \tag{4.11}$$

其中，ER_0^{ck}、ER_t^{ck} 分别表示中国与 k 国在基年和 t 年的双边名义汇率；PI_{st}^c、PI_{st}^k 分别表示中国与 k 国 s 行业的价格水平；$X_{s,t-1}^{ck}$ 表示中国 s 行业在 t-1 年对 k 国的出口额，$\frac{X_{s,t-1}^{ck}}{\sum_k X_{s,t-1}^{ck}}$ 为计算行业真实有效汇率的权重系数[③]。

以上变量主要涉及三类数据：第一类是贸易数据。中国和 OECD 产品层面

[①] 参照诺威（2013）的做法，这里 σ 取值为 8；经反复验证，σ 在 [2，10] 区间上的不同取值，贸易成本的趋势均未发生实质性变化。

[②] 具体证明过程可参看哈拉克和肖特（2011）。

[③] 如果使用以当期出口权重计算的行业真实有效汇率作为行业 IPI 的工具变量，则估计方程（4.6）会由于逆向因果关系产生新的内生性问题。因此，这里采用徐建炜和田丰（2013）的建议，使用滞后 1 期的出口额为权重测算行业真实有效汇率。

的出口数据使用联合国 COMTRADE 数据库提供的 HS96 六分位水平上的贸易数据;行业层面的进出口数据来自 OECD STAN 数据库提供的按照 ISIC Rev. 3 标准分类的贸易数据。第二类是 GDP、行业增加值和行业总产出数据。中国 GDP 数据来自《中国统计年鉴》;中国行业增加值、行业总产出和 OECD 的行业总产出数据均来自 OECD 投入产出表。第三类是汇率和行业价格指数数据。中国和 OECD 的双边名义汇率来自 OECD NATIONAL ACCOUNTS 数据库;中国与 OECD 的行业价格水平分别用行业生产者价格指数和行业增加值平减指数衡量,数据分别来源于《中国城市(镇)生活与价格年鉴》和 OECD STAN 数据库;真实有效汇率和行业价格指数均选择 2000 年为基期。由于以上三类数据来自不同分类标准的数据库,需要调整和匹配后才能使用。因此,借鉴廖涵和谢靖(2018)的做法,做如下处理:首先,利用联合国统计署网站公布的 HS96 与 ISIC Rev. 3 之间的转换标准①,把 HS 六分位编码对齐到 ISIC 二分位和四分位编码上,进而利用细分产品的出口价格和出口数量数据,可计算出各行业的费雪指数,以此估计行业非纯净价格指数 IPI。其次,按照表 4 – 1 中行业分类标准的对应方法,把《中国城市(镇)生活与价格年鉴》提供的中国行业价格指数从《国民经济行业分类》(2002)标准匹配到与 OECD 行业价格指数一致的 ISIC Rev. 3 标准,以便于测算各行业的真实有效汇率。

(二)行业"性价比"指数的测算结果

对式(4.6)进行计量估计,根据式(4.7)可得到各行业出口质量指数的估计值,进一步地,再根据式(4.8)可测算出各行业的"性价比"指数。表 4 – 2 分别报告了对方程式(4.6)使用普通最小二乘法(OLS)和两阶段最小二乘法(TSLS)的估计结果。

表 4 – 2   行业出口质量指数的估计结果

变量	(1)	(2)
$\ln\hat{P}_{st}^{cK_s}$	– 0.0014	– 0.0294 *
	(– 0.26)	(– 2.30)

---

① 详见 http://unstats. un. org/unsd/cr/registry/regot. asp?Lg = 1。

续表

变量	(1)	(2)
行业固定效应	是	是
年份固定效应	是	是
第一阶段 F		742.96
R^2	0.9913	0.9854
观测值	210	210
估计方法	OLS	TSLS

注：（）内数值为 t 值或 z 值；*、** 和 *** 分别表示 10%、5% 和 1% 的显著性水平。

表 4-2 的估计结果显示，以上两种方法得到的 $\ln\hat{P}_{st}^{cK}$ 估计系数的方向均符合预期，但只有两阶段最小二乘法（TSLS）的估计系数通过了 10% 水平上的显著性检验。此外，TSLS 估计的第一阶段 F 值为 742.96（大于 10），说明模型中所选的工具变量是有效的。

基于表 4-2 的 TSLS 估计结果，把固定效应和时间趋势的估计值代入式（4.7），可计算出中国制造业的行业出口质量指数。在此基础上，利用式（4.8）可测算出 1996~2009 年中国制造业的行业"性价比"指数，测算结果报告于表 4-3。

第二节　特征事实分析

一、中国制造业"性价比"水平的变化趋势

从表 4-3 的测算结果可以看出，中国制造业的"性价比"水平总体上呈现上升趋势，而各细分行业的增长速度则有快有慢。其中，电气、光学设备制造业提升最快，增长率为 221%，这与该行业占制造业出口总额的比重也相对最高

表 4-3   1996~2009 年中国制造业行业的"性价比"指数

制造业行业	1996 年	1997 年	1999 年	2001 年	2003 年	2005 年	2007 年	2009 年	增长率
食品、饮料、烟草制造业	0.316	0.288	0.332	0.330	0.361	0.341	0.347	0.313	0.072
纺织、服装、皮革及鞋类制造业	1.321	1.321	1.498	1.374	1.730	1.771	1.665	1.668	0.243
木材加工制造业	0.709	0.748	0.810	0.865	0.820	0.872	0.877	0.873	0.033
造纸、印刷、出版业	0.538	0.500	0.541	0.550	0.605	0.625	0.677	0.584	0.189
焦炭、炼油、核燃料制造业	0.659	0.674	0.731	0.821	0.681	0.855	0.796	0.566	0.053
化学品及化学制品业	0.338	0.317	0.299	0.330	0.379	0.371	0.391	0.402	0.203
橡胶、塑料制品业	0.755	0.683	0.671	0.711	0.877	0.816	0.828	0.780	0.124
非金属矿物制品业	0.652	0.623	0.569	0.589	0.694	0.695	0.733	0.528	0.078
基础金属制造业	0.367	0.379	0.357	0.391	0.421	0.447	0.530	0.457	0.365
压延金属制品业	0.820	0.797	0.767	0.760	0.934	0.905	0.944	0.926	0.164
其他机械及设备制造业	0.369	0.376	0.390	0.368	0.463	0.501	0.613	0.590	0.632
电气、光学设备制造业	0.362	0.513	0.656	0.704	1.069	1.192	1.690	1.827	2.210
汽车、挂车及半挂车制造业	0.645	0.625	0.623	0.529	0.556	0.622	0.725	0.662	0.133
其他运输设备制造业	1.019	0.875	0.759	0.841	1.056	0.857	1.044	0.945	0.041
其他制造业	0.946	0.867	0.975	1.143	1.111	1.255	1.592	0.947	0.243

注：限于篇幅，这里仅报告了部分年份的测算结果；增长率是由 2006~2009 年的均值相对 1996~1999 年的均值计算得到。

的现实相符①；其次为其他机械及设备制造业和基础金属制造业，也增长较快，增长率分别为 63.2% 和 36.5%；而食品、饮料、烟草制造业、木材加工制造业、焦炭、炼油、核燃料制造业、非金属矿物制品业及其他运输设备制造业的"性价比"水平提高较慢，增长率均低于 10%。上述事实反映了中国制造业的"性价比"水平在总体上稳步提升，但在行业结构上发展不均衡。

二、"性价比"与制造业出口的演进规律

需要注意的是，1996~2009 年中国制造业的出口贸易也发生了很大变化。在此期间，中国制造业出口贸易占全球份额呈现显著的上升趋势，从 1996 年的 5.4% 上升至 2009 年的 13.8%，年均增长率达到 7.5%②。结合以上分析，可以初步得出，在制造业"性价比"水平提高的背景下，中国制造业的出口贸易得到了快速增长。为了更清晰地反映"性价比"水平变化与出口增长之间的关系，这里绘制了制造业的行业"性价比"指数与该行业出口占全球份额之间的散点图和拟合线。

图 4-1 为制造业全样本的"性价比"指数与该行业出口占全球份额之间的

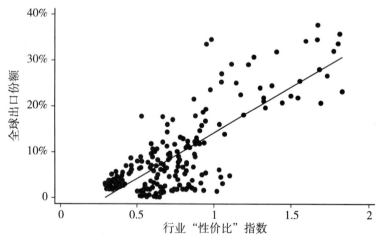

图 4-1　制造业"性价比"指数与全球出口份额的散点图

---

① 根据 OECD STAN 数据库提供的贸易数据，电气、光学设备制造业在样本期间占制造业总出口的比重最高，达 31.9%。
② 根据 OECD STAN 数据库提供的数据计算得到。

散点图，该散点图刻画出的拟合线向右上方倾斜，说明制造业的行业"性价比"指数与其全球出口份额之间存在着明显的正相关关系，这在一定程度上反映出"性价比"水平的提高有利于促进制造业的出口增长。

为考察"性价比"水平与出口贸易的变化趋势在不同制造业行业上的差异性，本部分把制造业按照要素密集度划分为劳动密集型行业、资本密集型行业和技术密集型行业①，进行对比分析。

图4-2为劳动密集型行业的"性价比"指数与该行业出口占全球份额之间的散点图，图4-3为资本密集型行业的"性价比"指数与该行业出口占全球份额之间的散点图，图4-4为技术密集型行业的"性价比"指数与该行业出口占全球份额之间的散点图。从这三类行业的散点图可以看出，三类行业的拟合线均与制造业全样本一致，向右上方倾斜，说明三类行业的"性价比"水平均与该行业的出口贸易同方向变动。同时，对比这三类行业的拟合线斜率可以发现，与资本密集型行业和技术密集行业相比，劳动密集型行业的拟合线斜率更为陡峭，这可以粗略地反映出，"性价比"提高对劳动密集型行业出口增长的促进作用更为明显。

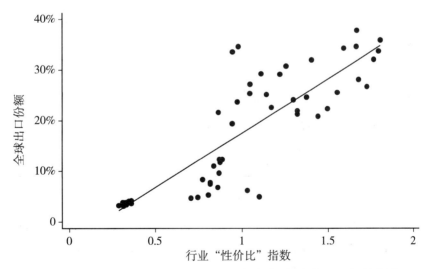

图4-2 劳动密集型行业"性价比"指数与全球出口份额的散点图

---

① 劳动密集型行业包括食品、饮料、烟草制造业，纺织、服装、皮革及鞋类制造业，木材加工制造业，其他制造业；资本密集型行业包括造纸、印刷、出版业，焦炭、炼油、核燃料制造业，橡胶、塑料制品业，非金属矿物制品业，基础金属制造业，压延金属制品业；技术密集型行业包括化学品及化学制品业，其他机械及设备制造业，电气、光学设备制造业，汽车、挂车及半挂车制造业，其他运输设备制造业。

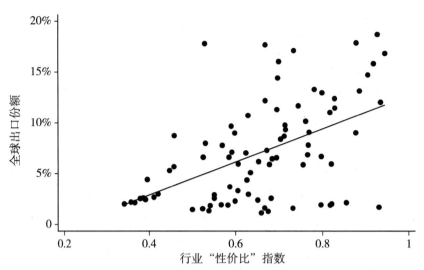

图4-3 资本密集型行业"性价比"指数与全球出口份额的散点图

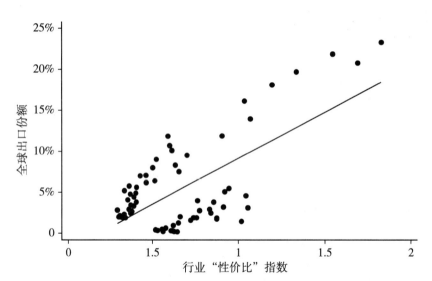

图4-4 技术密集型行业"性价比"指数与全球出口份额的散点图

注:各行业的全球出口份额根据 OECD STAN 数据库提供的数据计算得到。

以上分析为本书的研究假设2提供了初步的事实依据。下面,将通过计量分析作进一步检验。

第三节 计量估计与结果分析

一、模型与数据

将前文企业—产品层面的计量模型调整到行业层面，具体如下：

$$\text{import}_{it,s} = \beta_1 + \beta_2 \chi_{t,s} + \beta_3 \text{GDP}_{it} + \phi X + \rho_s + \nu_t + \mu_{it,s} \qquad (4.12)$$

其中，$\text{import}_{it,s}$代表 i 国（地区）在 t 年 s 行业上从中国的进口额占该行业总进口额的比重[①]；$\chi_{t,s}$是利用哈拉克和肖特（2011）方法测算得到的中国 s 行业在 t 年的"性价比"指数；GDP_{it}是进口国 i 在 t 年的国内生产总值，代表该国的市场需求规模；X 为若干控制变量，包括定贸易成本、可变贸易成本、多边贸易阻力、对中国出口的比重、地理临近、区域贸易安排等变量，这些变量与第三章计量模型（3.5）的变量设定一致；ρ_i代表行业固定效应，ν_t代表年份固定效应，分别反映行业间的差异和时间趋势的影响；μ_{it}为随机误差项。

为规避零贸易现象的影响，并考虑到数据的可获得性，本部分将选取 1996~2009 年与中国在制造业上持续存在双边贸易的 90 个国家（地区）作为进口国样本。各国的进出口贸易数据来自 OECD STAN 数据库；各国 GDP 数据来自世界银行 WDI 数据库；经济自由度指标来源于 The Heritage Foundation 出版的 *Index of Economic Freedom*；地理距离数据来自 CEPII 的 Gravity 数据库；计算相对多边阻力所需的各国总产出数据来自 United Nations National Accounts Official Country Data（UN NAOCD）数据库，部分缺失数据由 WIOD 社会经济表补充，并使用历年汇率把数据从本国货币转换到美元单位。在行业—进口国—年份维度，共有 4 个观测值缺失，最终得到 18 896 个观测值。表 4-4 报告了各主要变量的统计指标。

[①] 考虑到本部分主要是在行业—进口国—年份维度进行分析，相比使用进口国从中国的绝对进口额，采用进口国从中国进口的相对指标能更真实地反映中国制造业的出口变动情况。

表 4 – 4 主要变量及其统计指标

变量	含义	观测值	均值	标准差	预期符号
import	一国制造业行业从中国进口占该行业总进口的比重	18 896	0.073	0.107	无
χ	中国制造业行业的"性价比"指数	18 896	0.742	0.350	+
GDP	一国的国内生产总值（市场规模）	18 896	6.350	2.076	+
export	一国对中国的出口占其出口总额的比重	18 896	0.034	0.078	+
free	一国的经济自由度（固定贸易成本）	18 896	0.783	0.082	+
dist	一国与中国的地理距离（可变贸易成本）	18 896	9.003	0.519	−
MERS	相对多边贸易阻力	18 896	1.973	1.295	+
cont	一国与中国是否存在地理临近	18 896	0.189	0.391	+
FTA	一国与中国是否签订自由贸易协定	18 896	0.111	0.314	+
APEC	一国是否为 APEC 成员	18 896	0.178	0.382	+

二、制造业全样本估计

这里采用逐步回归的方式对制造业全样本进行估计，以规避多重共线性的影响。估计结果报告于表 4 – 5，其中，第（1）列为不包含任何控制变量的 OLS 估计结果，结果显示，变量 χ 和变量 GDP 的回归系数均显著为正，与预期相符，说明行业"性价比"的提高和进口国市场需求的增强均在一定程度上促进了中国制造业的出口增长。而考虑到行业间的差异以及时间趋势的影响，从第（2）列开始控制年份效应和行业效应。相比于第（1）列的估计结果，在控制年份效应和行业效应后，变量 χ 和变量 GDP 的显著性均未发生改变，而变量 χ 的估计系数明显变小，这表明忽略行业间差异和时间趋势会高估"性价比"对出口增长的影响。从第（3）列至第（6）列逐步引入其他控制变量，估计结果显示，变量 χ 的系数依然高度显著为正，且系数的波动幅度较小，基本维持在 0.0799 左右，这说明制造业全样本的估计结果为本书的研究假设 2 提供了较为稳健的经验支持。

表4-5 制造业全样本回归结果

变量	（1）	（2）	（3）	（4）	（5）	（6）
χ	0.15202 ***	0.07993 ***	0.07994 ***	0.07994 ***	0.07991 ***	0.07990 ***
	（9.143）	（3.946）	（3.946）	（3.946）	（3.946）	（3.946）
GDP	0.0057 **	0.0040 **	0.0023	0.0008	0.0057 **	0.0061 ***
	（2.921）	（2.187）	（1.366）	（0.449）	（2.250）	（3.068）
export			0.4118 ***	0.3751 ***	0.3492 ***	0.2851 ***
			（7.563）	（6.664）	（6.996）	（6.750）
free				0.0613 **	0.1110 ***	0.0609 **
				（2.716）	（3.764）	（2.446）
dist				−0.0152 *	−0.0187 **	−0.0140 *
				（−1.890）	（−2.432）	（−2.017）
MERS					0.0117 ***	0.0146 ***
					（3.744）	（4.614）
cont						−0.0045
						（−1.051）
FTA						0.0374 ***
						（5.245）
APEC						0.0233 *
						（1.928）
常数项	−0.0760 ***	−0.0611 ***	−0.0582 ***	0.0403	−0.0170	−0.0339
	（−3.803）	（−3.828）	（−3.715）	（0.549）	（−0.203）	（−0.467）
行业固定效应	否	是	是	是	是	是
年份固定效应	否	是	是	是	是	是
观测值	18 896	18 896	18 896	18 896	18 896	18 896
R²	0.2654	0.3819	0.4693	0.4759	0.4821	0.5035

注：（1）#、*、** 和 *** 分别表示15%、10%、5%和1%的显著性水平；（2）（）内数值为采用聚类稳健标准差得到的 t 值或 z 值。[①]

此外，从控制变量的估计结果看，变量 export 的系数显著为正，说明一国对中国的出口贸易越多，其对中国的进口贸易也越多。变量 free 的系数也显著为

[①] 考虑到回归模型中的被解释变量为国家—行业—年份维度，而核心解释变量为行业—年份维度，因此标准差均聚类在行业—年份维度。

正，表明一国相对中国的经济自由度指标越高，中国出口到该国的固定贸易成本越低，越有利于中国与该国开展对外贸易。变量 dist 的系数显著为负，说明一国与中国的地理距离越远，中国出口到该国的可变贸易成本越高，越不利于中国出口贸易的增长。变量 MERS 的系数显著为正，符合预期，表明 MERS 指标越大，中国出口贸易成本相对越低，越有利于中国的出口扩张。变量 FTA 和变量 APEC 的系数均显著为正，说明区域贸易安排在一定程度上促进中国的出口增长；同时，变量 APEC 仅通过了 10% 水平上的显著性检验，这也反映出，与自由贸易协定相比，亚太经济合作组织尚未发挥出非常显著的区域贸易协调功能，其可能的原因在于亚太经济合作组织成员之间的经济发展水平差异较大，分歧较多，成员之间贸易贸易自由化程度还有待提高。而变量 cont 的估计系数为负数且不显著，与预期不相符，但这一结果与前文企业—产品层面的分析结论较为一致，再次说明地理临近并不是影响中国制造业出口的主要因素。

三、分行业类型估计

在上文图 4-1 中，劳动密集型行业的拟合线斜率比资本密集型行业和技术密集行业更为陡峭，这反映出"性价比"提高对制造业的出口拉动作用可能存在行业异质性。基于此，对劳动密集型行业、资本密集型行业和技术密集行业进行分组估计，这三类行业的估计结果分别报告于表 4-6 第（1）~ 第（3）列。

表 4-6　不同类型样本的回归结果

变量	（1）	（2）	（3）	（4）	（5）
χ	0.1590*** (17.353)	0.0858# (1.864)	0.0853*** (5.584)	0.0878*** (3.376)	0.0691*** (5.027)
GDP	0.0110 (1.794)	0.0059** (2.669)	0.0025 (1.268)	0.0096*** (3.528)	0.0118*** (4.768)
export	0.3700** (3.527)	0.2863** (3.987)	0.2156*** (5.131)	0.0891*** (4.429)	0.4327*** (5.207)
free	0.1120 (1.620)	0.0814* (2.552)	-0.0048 (-0.242)	-0.0538** (-2.818)	0.0339** (2.187)

变量	（1）	（2）	（3）	（4）	（5）
dist	−0.0070 （−0.405）	−0.0302 *** （−6.978）	−0.0003 （−0.021）	0.0130 （1.430）	−0.0354 *** （−5.476）
MERS	0.0201 # （2.165）	0.0148 ** （3.264）	0.0098 ** （3.101）	0.0127 *** （4.469）	0.0228 *** （4.544）
cont	−0.0114 （−1.099）	−0.0001 （−0.014）	−0.0044 （−0.644）	−0.0096 ** （−2.461）	−0.0136 * （−1.863）
FTA	0.0260 ** （3.235）	0.0611 *** （6.184）	0.0181 * （2.307）	0.0475 *** （4.507）	0.0726 *** （5.673）
APEC	0.0647 （1.883）	0.0020 （0.149）	0.0157 # （2.019）	−0.0042 （−1.146）	0.0237 （1.440）
常数项	−0.2179 （−1.047）	0.0795 （1.635）	−0.0594 （−0.564）	−0.2135 ** （−2.231）	0.1363 * （2.020）
行业固定效应	是	是	是	是	是
年份固定效应	是	是	是	是	是
观测值	5 040	7 557	6 299	10 916	7 980
R^2	0.5027	0.4692	0.4364	0.5057	0.6292
样本类型	劳动密集 型行业	资本密集 型行业	技术密集 型行业	中低收入 进口国	高收入 进口国

注：#、*、** 和 *** 分别表示 15%、10%、5% 和 1% 的显著性水平；（）内数值为采用聚类稳健标准差得到的 t 值或 z 值。

从表 4-6 第（1）~ 第（3）列的估计结果可以看出，在劳动密集型行业、资本密集型行业和技术密集行业中，核心变量 χ 的估计系数均显著为正，与制造业全样本的估计结果一致，说明"性价比"的提高能够显著促进不同类型制造业行业的出口增长，为研究假设 2 提供了进一步的经验证据。另外，对比变量 χ 在这三类行业的系数大小可以看出，劳动密集型行业的估计系数相对较高，为 0.1590；而资本密集型行业和技术密集型行业的估计系数相对较低，均在 0.085 ~ 0.086。这一结果与图 4-1 反映的情况恰好吻合，说明"性价比"对制造业的出口拉动作用存在着行业差异性，即在劳动密集型行业表现较强于资本密集型行业和技术密集型行业。可以分别从需求层面和供给层面给予可能的解释。一方面，从需求层面看，类似于不同类型产品的分析，国外消费者对不同类型行业"性价比"变动的敏感程度也存在差异，因而，当"性价比"水平提高时，国外消费者对这三类行业的反应程度也不一样，相较而言，国外消费者可能对劳动密集型行业的"性价比"水平更为关注。另一方面，从供给层面看，三类行业出口产品的相对优势可能存在差别，进而导致"性价比"提高对这三类行业出口增长的促进作用也存在差异。在中国的制造业行业中，行业的资本密集度和技术密集度越高，该行业的出口质量阶梯就越长，进而与发达国家产品质量的差距就越大，该行业的相对质量水平就越低（施炳展等，2013；陈丰龙和徐康宁，2016）；而中国目前的要素禀赋结构仍然是劳动要素相对充裕、资本和技术要素相对缺乏（施炳展等，2013）。因此，对比这三类行业的相对出口质量和要素成本，可以得出，中国劳动密集型行业的"性价比"相对优势较强，而资本密集型行业和技术密集型行业的"性价比"相对优势较弱，进而"性价比"的出口拉动作用在这三类行业中的表现也存在差异。

此外，其他变量的估计结果除部分变量的显著性降低外，与制造业全样本估计大体一致，可参照前文分析。

四、分进口国类型估计

本书第三章企业—产品层面的经验分析得出，相较于高收入进口国而言，"性价比"对中国制造业企业的出口拉动作用在中低收入进口国的表现更为明显。那么，这一结论在行业层面是否仍然成立？下面，依据世界银行 2009 年发布的收入分组标准，将 90 个样本国家（或地区）分为高收入国家和中低收入国家[①]，进行分组估计，以检验行业层面"性价比"的提高对制造业出口增长的拉动作用在不同类型的进口国样本中是否具有差异性。表 4 - 6 第（4）列和第（5）列分别报告了中低收入进口国样本和高收入进口国样本的回归结果。

一方面，分组回归结果显示，核心变量 χ 在第（4）列（中低收入进口国样本）和第（5）列（高收入进口国样本）的估计系数均为正号，且通过了 1% 水平上的显著性检验，反映出制造业"性价比"提高不仅促进了中国对中低收入

---

① 进口国分组方法与第三章保持一致。

国家的出口，也有利于对高收入国家的出口，即"性价比"的出口增长拉动作用并未因进口国经济发展水平的不同而发生实质性改变，这也再次表明本书研究假设2的结论是较为稳健的。另一方面，从分组估计系数的大小看，两类样本也存在一定的差异性。中低收入进口国样本的"性价比"系数（0.0878）大于高收入进口国样本的估计系数（0.0691），这一结果与本书第三章企业—产品层面的分析结论基本一致，说明中国制造业的出口产品更容易满足中低收入进口国消费者的需求偏好，或者说中低收入进口国消费者对中国产品"性价比"变化的反应更为敏感。此外，其他变量的估计结果中，变量 free 的系数在中低收入进口国中显著为负，与预期较不相符，这可能是因为在 2000 年以后中国通过加入 WTO 以及双边自由贸易谈判，使得非关税壁垒和国内行政干预措施得到较大幅度的削减，中国的经济自由度指标相对中低收入国家（特别是中等偏下收入国家和低收入国家）提高更快，进而在中低收入国家的样本中变量 free（相对经济自由度指标）呈现下降趋势，与被解释变量表现为负相关关系①。而实际上，出口固定成本的下降对中国出口增长有着积极有效的贡献（钱学锋、熊平，2010）。其余变量与前文分析基本一致，不再赘述。

第四节　稳健性检验

以上计量估计结果初步验证了本书的研究假设2。然而，尽管模型中引入的年份固定效应可以在一定程度上控制时间趋势的影响，但是考虑到 2001 年的"入世"对中国的对外贸易产生了较大影响，样本数据在 2001 年前后可能存在着明显的差异，进而可能会影响估计结果的稳定性；同时，模型中存在的内生性问题也可能会带来估计偏误。因此，这里主要进行两种稳健性检验：分阶段回归和工具变量回归。

---

① 这里进一步把中低收入国家样本分为中等偏上收入国家和中等偏下及低收入国家，结果发现仅在中等偏下及低收入国家中变量 free 的系数为负。

一、基于分阶段回归的稳健性检验

中国在 2001 年 11 月加入世界贸易组织，可能会导致模型中的被解释变量和核心解释变量在 2001 年前后呈现出不同的趋势特征，进而影响回归结果的稳健性。基于此，将本部分的样本期间分为 1996～2001 年和 2002～2009 年两个阶段，进行分组回归，以考察核心解释变量的系数符号和显著性是否会发生改变。回归结果报告于表 4-7，其中 Panel A 部分为 1996～2001 年阶段的回归结果，Panel B 部分为 2002～2009 年阶段的回归结果。

表 4-7　　　　　　　　　稳健性检验：分阶段回归

变量	(1)	(2)	(3)	(4)	(5)	(6)
Panel A（1996～2001 年）						
χ	0.0064 *	0.0088 *	0.0027 ***	0.0043 *	0.0092 ***	0.0043 **
	(1.782)	(2.504)	(9.418)	(2.441)	(3.274)	(2.454)
GDP	0.0061 ***	0.0101 ***	0.0054 **	0.0037 **	0.0080 ***	0.0095 ***
	(3.647)	(3.779)	(3.265)	(3.609)	(3.873)	(4.211)
export	0.3947 ***	0.5292 **	0.3931 **	0.2890 **	0.0637 ***	0.5559 ***
	(5.569)	(3.455)	(2.967)	(3.721)	(2.997)	(4.367)
free	0.1064 ***	0.1654 *	0.1123 **	0.0521 *	- 0.0353	0.0534 **
	(4.612)	(2.550)	(3.985)	(2.480)	(- 1.502)	(2.372)
dist	- 0.0224 ***	- 0.0261 *	- 0.0305 ***	- 0.0096	- 0.0006	- 0.0268 ***
	(- 5.292)	(- 2.449)	(- 9.290)	(- 1.518)	(- 0.102)	(- 3.852)
MERS	0.0145 ***	0.0180	0.0143 **	0.0119 *	0.0123 ***	0.0208 ***
	(4.511)	(2.045)	(2.879)	(2.599)	(4.321)	(3.905)
cont	- 0.0136 ***	- 0.0208	- 0.0125	- 0.0092 *	- 0.0141 ***	- 0.0143 **
	(- 3.341)	(- 1.855)	(- 1.865)	(- 2.308)	(- 3.086)	(- 2.664)
FTA	0.0346 ***	0.0300	0.0501 ***	0.0198 **	0.0427 ***	0.0585 ***
	(5.183)	(1.991)	(4.878)	(2.973)	(4.546)	(5.693)
APEC	0.0054	0.0341	- 0.0079	- 0.0017	- 0.0060 *	0.0089
	(0.662)	(1.456)	(- 0.963)	(- 0.305)	(- 1.774)	(0.751)

续表

变量	(1)	(2)	(3)	(4)	(5)	(6)
	Panel A（1996～2001 年）					
常数项	0.0546	0.0032	0.1662 ***	-0.0012	-0.0487	0.0995
	(1.203)	(0.023)	(5.052)	(-0.020)	(-0.806)	(1.470)
行业固定效应	是	是	是	是	是	是
年份固定效应	是	是	是	是	是	是
观测值	8 099	2 160	3 239	2 700	4 679	3 420
R^2	0.4611	0.4998	0.4096	0.3851	0.3716	0.6159
	Panel B（2002～2009 年）					
χ	0.0370 *	0.0730 **	0.0126 **	0.0228 ***	0.0427 *	0.0290 *
	(2.085)	(3.379)	(3.729)	(5.572)	(2.141)	(1.830)
GDP	0.0062 **	0.0120 **	0.0065 *	0.0013 *	0.0119 ***	0.0142 ***
	(2.502)	(3.498)	(2.222)	(2.448)	(3.072)	(5.011)
export	0.2512 ***	0.3254 **	0.2471 ***	0.1969 ***	0.0871 ***	0.3392 ***
	(7.005)	(3.501)	(4.189)	(5.479)	(4.018)	(4.921)
free	0.0331	0.0822	0.0647 *	-0.0440	-0.0347	0.0423 ***
	(1.019)	(0.942)	(2.238)	(-1.572)	(-1.156)	(3.250)
dist	-0.0078	0.0080	-0.0299 ***	-0.0061	-0.0202	-0.0444 ***
	(-0.804)	(0.333)	(-4.414)	(-0.333)	(-1.743)	(-6.122)
MERS	0.0151 ***	0.0225 *	0.0159 **	0.0081 **	0.0148 ***	0.0254 ***
	(4.459)	(2.472)	(3.688)	(3.243)	(3.768)	(4.693)
cont	0.0015	-0.0050	0.0088	-0.0021	-0.0072	-0.0109
	(0.281)	(-0.459)	(1.020)	(-0.216)	(-1.707)	(-1.161)
FTA	0.0372 ***	0.0200	0.0679 ***	0.0143	0.0509 ***	0.0815 ***
	(3.998)	(1.352)	(5.629)	(1.518)	(4.082)	(4.796)
APEC	0.0367 **	0.0871	0.0097	0.0288 *	0.0039	0.0361
	(2.367)	(1.967)	(0.546)	(2.440)	(0.732)	(1.732)
常数项	-0.0604	-0.3101	0.1305	-0.0632	-0.2987 **	0.1983 **
	(-0.655)	(-1.133)	(1.822)	(-0.503)	(-2.371)	(2.796)
行业固定效应	是	是	是	是	是	是
年份固定效应	是	是	是	是	是	是
观测值	10 797	2 880	4 318	3 599	6 237	4 560

续表

变量	(1)	(2)	(3)	(4)	(5)	(6)
Panel B（2002~2009 年）						
R^2	0.5081	0.5404	0.4816	0.3928	0.5224	0.6398
样本类型	制造业全样本	劳动密集型行业	资本密集型行业	技术密集型行业	中低收入进口国	高收入进口国

注：#、＊、＊＊和＊＊＊分别表示15％、10％、5％和1％的显著性水平；（）内数值为采用聚类稳健标准差得到的 t 值或 z 值。

表4-7 的回归结果显示，核心变量 χ 的系数符号和显著性在前后两阶段中并未发生实质性改变，均至少在 10% 的水平上显著为正；其他变量的估计结果（除部分变量的显著性有所下降外）也基本与前文分析一致。这一结果说明，在考虑不同时间阶段的趋势特征后，本书结论依然具有较好的稳健性。此外，也可以看出，在同一样本类型下，变量 χ 在 Panel B 部分的估计系数均明显大于在 Panel A 部分的估计系数，这反映出，加入世界贸易组织以后，"性价比"对中国制造业的出口拉动作用更加明显。

二、基于工具变量的稳健性检验

本部分计量模型的核心解释变量与被解释变量之间可能存在着明显的反向因果关系：一个行业的出口贸易发展速度越快，该行业出口企业间的竞争程度也就越大，进而有利于该行业生产率的提高和"性价比"水平的提升。在前文企业—产品层面的分析中，主要以内生变量（核心解释变量）的一阶滞后项作为工具变量，来控制这种因反向因果关系而产生的内生性；然而，本部分是基于行业层面的加总数据，其自身存在着明显的内生性问题，如果以内生变量的一阶滞后项作为工具变量，并不能有效缓解行业数据自身的内生性问题。因此，需要寻找一个合适的工具变量来控制模型中可能存在的较为严重的内生性。借鉴哈拉克和肖特（2011）的思路，这里以行业层面的真实有效汇率作为行业"性价比"指数的工具变量。这样选取主要基于两点考虑：其一，真实有效汇率的波动会影响纯净价格指数（哈拉克和肖特，2011），而纯净价格指数与本书的

"性价比"指数互为倒数关系，因此真实有效汇率与"性价比"指数存在相关性；其二，在理论上，真实有效汇率是一国与所有贸易伙伴双边汇率的加权平均值，对某一贸易伙伴从该国的进口比重没有显著的直接影响[①]，因此可认为真实有效汇率满足工具变量的外生性要求。

基于上述分析，以真实有效汇率作为工具变量进行两阶段最小二乘（TSLS）回归，回归结果列于表 4 - 8[②]。在分析回归结果之前，首先根据第一阶段回归的 3 个统计量来检验本部分所选工具变量的可靠性，即用 Kleibergen-Paap rk LM 统计量检验工具变量是否识别不足、用 Kleibergen-Paap Wald rk F 统计量和 Minimum eigenvalue 统计量检验是否存在弱工具变量。检验结果显示，Kleibergen-Paap rk LM statistic 均在 1% 的显著性水平上拒绝"工具变量识别不足"的原假设；Kleibergen-Paap Wald rk F 统计量和 Minimum eigenvalue 统计量（大于 10）也均拒绝"存在弱工具变量"的原假设。因此，可以认为表 4 - 8 中各列模型所选取的工具变量均是可靠的。从 TSLS 回归结果可以看出，变量 χ 的回归系数在第（1）～第（6）列中均在 1% 的水平上显著为正，说明在控制内生性后，"性价比"提高对制造业出口增长的促进作用依然是显著且稳健的。此外，在分组回归结果的比较上，也均与前文分析结论保持一致。

表 4 - 8　　　　　　　稳健性检验：TSLS 回归

变量	（1）	（2）	（3）	（4）	（5）	（6）
χ	0.0607 ***	0.1672 ***	0.1046 ***	0.0928 ***	0.1761 ***	0.1134 ***
	(6.162)	(39.653)	(13.967)	(14.797)	(42.060)	(8.530)
GDP	0.0062 ***	0.0106 ***	0.0058 ***	0.0024 ***	0.0105 ***	0.0110 ***
	(11.224)	(6.933)	(6.692)	(3.529)	(9.557)	(13.048)
export	0.2849 ***	0.3399 ***	0.2658 ***	0.2163 ***	0.0878 ***	0.4266 ***
	(15.521)	(9.112)	(9.930)	(9.553)	(5.410)	(12.937)

[①] 为进一步降低工具变量与被解释变量之间的相关性，这里将真实有效汇率从行业—年份维度（$REER_{st}$）拓展至国家—行业—年份维度（$REER_{it,s}$），$REER_{it,s}$ 是指使用中国与除 i 国以外的其余样本国之间的双边汇率加权计算的行业真实有效汇率，进而，每一个被解释变量 $import_{it,s}$ 均对应一个与其无直接关系的工具变量 $REER_{it,s}$。

[②] 第一阶段的回归结果，可参看附录 E。

续表

变量	（1）	（2）	（3）	（4）	（5）	（6）
free	0.0582 ***	0.0863 ***	0.0694 ***	− 0.0083	− 0.0615 ***	0.0237 *
	（6.241）	（3.557）	（4.738）	（− 0.745）	（− 3.318）	（1.936）
dist	− 0.0139 ***	− 0.0012	− 0.0299 ***	− 0.0002	0.0187 ***	− 0.0353 ***
	（− 6.420）	（− 0.231）	（− 9.015）	（− 0.066）	（5.956）	（− 9.143）
MERS	0.0144 ***	0.0190 ***	0.0140 ***	0.0095 ***	0.0128 ***	0.0202 ***
	（13.812）	（6.521）	（8.885）	（7.258）	（8.317）	（8.459）
cont	− 0.0045 **	− 0.0085	0.0036	− 0.0044 *	− 0.0083 **	− 0.0128 ***
	（− 2.169）	（− 1.391）	（1.115）	（− 1.669）	（− 2.247）	（− 3.944）
FTA	0.0378 ***	0.0234 **	0.0629 ***	0.0183 ***	0.0500 ***	0.0725 ***
	（8.361）	（2.132）	（8.237）	（4.189）	（8.376）	（11.336）
APEC	0.0229 ***	0.0762 ***	0.0065	0.0156 ***	− 0.0041	0.0247 ***
	（6.695）	（9.178）	（1.156）	（4.960）	（− 0.829）	（6.183）
常数项	− 9.9121 ***	− 14.1076 ***	− 9.5990 ***	− 6.2964 ***	− 13.0726 ***	− 2.4266 ***
	（− 20.553）	（− 11.718）	（− 13.657）	（− 9.853）	（− 17.188）	（− 3.725）
行业固定效应	控制	控制	控制	控制	控制	控制
年份固定效应	控制	控制	控制	控制	控制	控制
Kleibergen-Paap rk LM	352.823 ***	526.698 ***	431.941 ***	628.612 ***	203.720 ***	149.670 ***
Kleibergen-Paap Wald rk F	444.859 ***	623.527 ***	856.392 ***	3 757.979 ***	256.674 ***	188.831 ***
Minimum eigenvalue	703.540	465.824	324.808	6 490.96	405.868	298.289
观测值	18 896	5 040	7 557	6 299	10 916	7 980
R²	0.3628	0.4745	0.2819	0.3709	0.2642	0.5374
样本类型	全样本	劳动密集型行业	资本密集型行业	技术密集型行业	中低收入进口国	高收入进口国

注：（1）#、 * 、 ** 和 *** 分别表示15%、10%、5%和1%的显著性水平；（2）（）内数值为采用聚类稳健标准差得到的 t 值或 z 值。

第五节 小 结

本章借鉴哈拉克和肖特（2011）的方法，测度了 1996～2009 年中国制造业的行业"性价比"指数，测算结果显示，中国制造业的"性价比"水平在总体上稳步提升，但在行业结构上发展不均衡；此外，从演进趋势上看，制造业的行业"性价比"指数与行业出口占全球份额之间存在着明显的正相关关系。进一步地，本部分利用中国与 90 个国家（地区）在行业层面的双边贸易数据，实证检验了"性价比"变动对制造业出口增长的影响。研究发现，行业"性价比"的提高和进口国市场需求的增强均在一定程度上促进了中国制造业的出口增长。同时，"性价比"提高的出口拉动作用在不同类型行业和不同类型进口国中也表现出了差异性，这一结果与企业—产品层面的分析结论相符，即"性价比"提高对劳动密集型行业的出口促进作用比资本密集型行业和技术密集型行业更为突出，在中低收入进口国的表现也较强于高收入进口国。此外，从控制变量上看，进口国对中国的出口比重、相对中国的经济自由度、与中国的地理距离、相对中国的多边贸易阻力以及区域贸易安排对中国制造业出口贸易的影响均基本符合预期，而地理邻近却并未发挥出显著的预期作用。以上结论在分阶段回归和工具变量回归中也较为稳健。

以上研究结论说明，中国制造业的出口增长中可能既有价格因素的贡献也有质量因素的贡献，即由价格和质量共同决定的"性价比"水平的提高是中国制造业出口增长的重要原因。虽然"中国制造"凭借成本优势和政策优惠在国际市场中具有价格竞争力，但如果没有产品质量的稳步提高，进而带来"性价比"的提升，难以保持出口持续快速增长，同时也难以解释为什么中国的出口市场主要为欧美等发达经济体。特别是近些年随着中国生产要素成本的不断提高，成本优势逐渐减弱，而中国出口增长并未出现大幅下降，这恰恰说明"中国制造"的国际竞争力来自"性价比"优势。但是，也应该正视到，中国出口产品质量仍有较大的提升空间，"以质取胜"获取更大的贸易利益、推进中国对外贸易转型升级是必然选择。因此，中国出口部门在保持产品"性价比"优势同时，一方面要提高生产效率、降低成本，另一方面需要提高自主创新能力、提升产品质量，不断提高"性价比"水平，增强"中国制造"的国际竞争力。

第五章
"性价比"变动影响制造业出口增长的结构性分解

以上第三章和第四章分别利用企业—产品层面的微观贸易数据和行业层面的双边贸易数据，为本书的研究假设1和研究假设2提供了较为稳健的经验证据，说明不论是在企业—产品层面还是在行业层面，"性价比"提高均是中国制造业出口增长的重要原因。为进一步分析"性价比"及其他因素的变化对制造业出口增长的动态影响、考察各因素对制造业出口增长的贡献程度，同时，为分析制造业"性价比"提高的主要驱动因素及其在结构上的动态变化，本章将对中国制造业的出口增长和"性价比"变动进行结构性分解分析。

第一节　制造业出口及其主要影响因素演进趋势分析

为进一步分析"性价比"及其他因素的变化对制造业出口增长的动态影响、考察制造业的出口贸易及其主要影响因素的演进趋势，这里分别绘制了制造业出口、行业"性价比"指数及进口国市场规模的变化趋势图。

一、制造业出口的演进趋势

对各行业在所有样本国中的进口比重进行加权平均，绘制出1996～2009年的出口变化趋势图，来反映中国制造业各行业的出口变动情况，如图5-1、图5-2和图5-3所示。总体来看，1996～2009年制造业各行业占样本国的进口比重基本呈现逐年递增趋势，反映出中国制造业出口产品的相对竞争力在逐步增强。一方面，从各行业在样本国的进口比重的演进趋势来看，增长速度较快的行业分别是：汽车、挂车及半挂车制造业年均增长26.27%，其他机械及设备制造业年均增长13.02%，造纸、印刷、出版业年均增长12.97%，其他机械及设备制造业年均增长12.49%，木材加工制造业年均增长11.07%。而在样本期初，汽车、挂车及半挂车制造业、其他机械及设备制造业、造纸、印刷、出版业、其他机械及设备制造业和木材加工制造业等5个行业在样本国的进口比

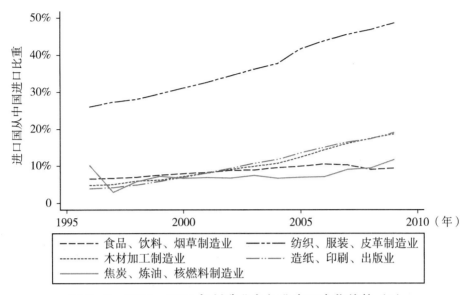

图 5 - 1　1996～2009 年制造业各行业出口变化趋势（1）

注：作者根据 OECD STAN 数据库提供的数据绘制得到。

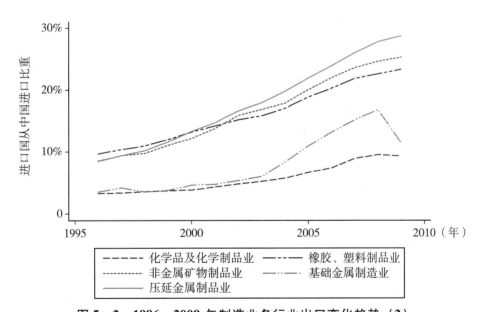

图 5 - 2　1996～2009 年制造业各行业出口变化趋势（2）

注：作者根据 OECD STAN 数据库提供的数据绘制得到。

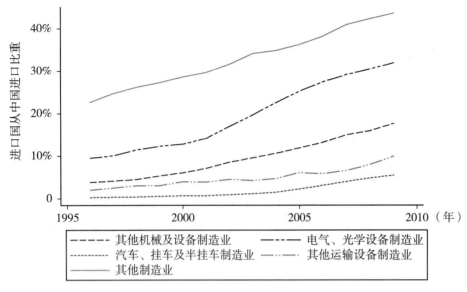

图 5-3　1996～2009 年制造业各行业出口变化趋势（3）

注：作者根据 OECD STAN 数据库提供的数据绘制得到。

重均不到 5%，说明这 5 个行业的出口竞争力在 1996～2009 年得到了较大幅度的提升。另一方面，还有一些行业的出口增长速度相对较慢：纺织、服装、皮革及鞋类制造业年均增长 4.93%，食品、饮料、烟草制造业年均增长 2.83%，焦炭、炼油、核燃料制造业年均增长 1.15%。以上分析说明制造业各行业出口的演进趋势存在着较大的区别，各行业出口增长速度的不同可能与该行业出口竞争力及进口国的市场规模有关。

二、制造业"性价比"水平的演进趋势

根据本书第四章测算的行业"性价比"指数，这里绘制了 1996～2009 年制造业各行业"性价比"水平的变化趋势图。如图 5-4～图 5-6 所示，总体来说，制造业各行业的"性价比"水平呈现上升趋势，但部分行业在样本期间的波动较大。鉴于此，用各行业的"性价比"指数在 1996～1999 年的均值对比其在 2006～2009 年的均值来考察各行业"性价比"水平变化趋势。在 15 个行业中，"性价比"水平提高最快的是电气、光学设备制造业，增长率为 220.96%；其

次为其他机械及设备制造业（63.24%）、基础金属制造业（36.49%）、纺织、服装、皮革及鞋类制造业（24.31%）和其他制造业（24.28%）；而食品、饮料、烟草制造业、木材加工制造业、焦炭、炼油、核燃料制造业、非金属矿物制品业和其他运输设备制造业等 5 个行业的"性价比"水平提高较慢，增长率均在 5% 以下。

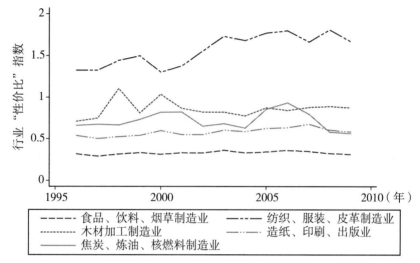

图 5 - 4　1996～2009 年制造业各行业"性价比"水平变化趋势（1）

注：作者根据本书第四章的测算结果绘制得到。

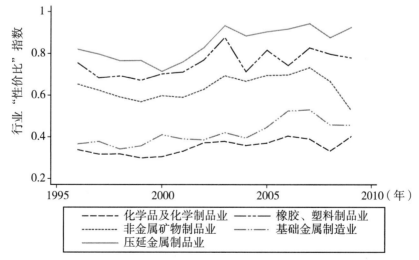

图 5 - 5　1996～2009 年制造业各行业"性价比"水平变化趋势（2）

注：作者根据本书第四章的测算结果绘制得到。

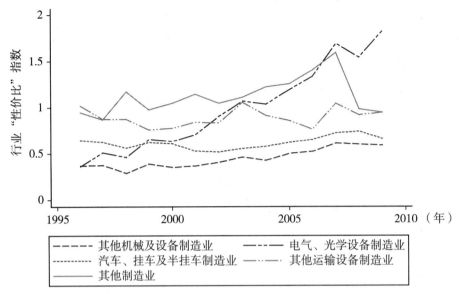

图 5 - 6　1996 ~ 2009 年制造业各行业"性价比"水平变化趋势（3）

注：作者根据本书第四章的测算结果绘制得到。

三、进口国市场规模的演进趋势

这里用各样本国的 GDP（对数值）来反映各国的市场规模，并用各国在中国制造业行业的出口比重进行加权平均，以得到制造业各行业在进口国的平均市场规模，进而绘制出 1996 ~ 2009 年各行业面临的进口国市场规模的变化趋势图。如图 5 - 7 ~ 图 5 - 9 所示，制造业各行业面临的进口国市场规模均呈现明显的上升趋势，但各行业在需求规模水平及其增长速度上存在较大差异。从进口国市场规模水平上看，最低的是焦炭、炼油、核燃料制造业，其次为基础金属制造业、化学品及化学制品业及其他运输设备制造业。从进口国市场规模的增加速度来看，基础金属制造业、化学品及化学制品业、焦炭、炼油、核燃料制造业、汽车、挂车及半挂车制造业和其他机械及设备制造业等 5 个行业增加较快，而食品、饮料、烟草制造业、纺织、服装、皮革及鞋类制造业、木材加工制造业等 3 个行业的增长速度相对较慢。

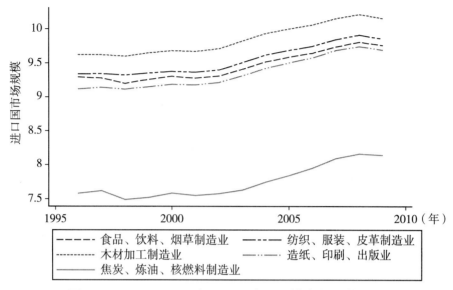

图 5 – 7　1996 ~ 2009 年进口国市场规模变化趋势（1）

注：作者根据 OECD STAN 数据库提供的数据绘制得到。

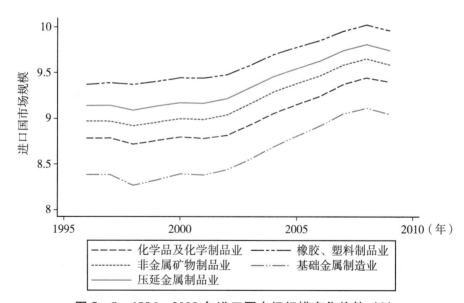

图 5 – 8　1996 ~ 2009 年进口国市场规模变化趋势（2）

注：作者根据 OECD STAN 数据库提供的数据绘制得到。

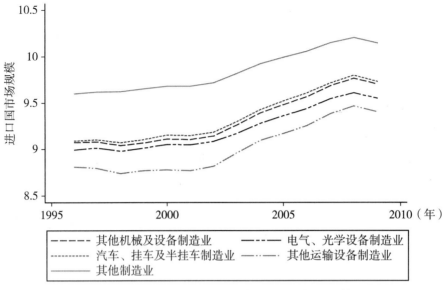

图 5 - 9 1996 ~ 2009 年进口国市场规模变化趋势（3）

注：作者根据 OECD STAN 数据库提供的数据绘制得到。

第二节 制造业出口增长的结构性分解

本部分利用结构分解方法，首先对 1996 ~ 2009 年所有样本国从中国进口比重的动态变化进行分解，以分析"性价比"及其他因素的变化对中国制造业出口增长的贡献情况；其次，将进口国样本分为中低收入进口国和高收入进口国，再分样本对制造业的出口增长进行结构性分解，以考察"性价比"及其他因素的变化对中国制造业出口增长的贡献程度在不同类型进口国中的差异。

一、出口增长的结构性分解：不考虑进口国差异

借鉴鲍晓华和朱达明（2015）的贸易流量结构分解方法，对进口国从中国

进口的比重、中国制造业"性价比"指数以及进口国 GDP 取对数并进行差分[①]，构建如下分解方程。

$$\sum_i w_{is}\Delta lnimport_{is} = \Delta ln\chi_s + \sum_i w_{is}\Delta lnGDP_{is} + \Delta others \qquad (5.1)$$

其中，w_{is} 为权重，用样本期间 i 国在 s 行业上从中国的进口额占所有样本国在 s 行业上从中国的进口总额的平均比重衡量。在式（5.1）中，等号的左边（$\sum_i w_{is}\Delta lnimport_{is}$）代表所有样本国从中国进口的比重的平均变化（反映中国制造业出口增长的动态情况），等号右边第一项（$\Delta ln\chi_s$）反映中国制造业"性价比"指数的变化情况，右边第二项（$\sum_i w_{is}\Delta lnGDP_{is}$）为所有样本国 GDP 的平均变化（反映进口国市场需求规模的变动情况），右边第三项（$\Delta others$）为其他因素的变化。对 1996～2009 年所有样本国从中国进口的比重按照式（5.1）进行结构性分解，分解结果列于表 5－1。

从表 5－1 的结构性分解结果可以看出，"性价比"和进口国市场规模的变动对制造业各行业的出口增长均做出了积极贡献，这反映出正是由于中国出口产品的"性价比"提高恰好满足了不断扩大的国外市场需求，成就了中国制造业的出口奇迹。对比不同行业的分解结果，可以发现"性价比"对出口增长的贡献程度在各行业中则有大有小。其中，在纺织、服装、皮革及鞋类制造业、其他机械及设备制造业、电气、光学设备制造业和其他制造业等 4 个行业，"性价比"提高对出口增长的贡献较为突出，均在 20% 以上，特别是电气、光学设备制造业，贡献程度达到了 82.45%；而在木材加工制造业、造纸、印刷、出版业、非金属矿物制品业、汽车、挂车及半挂车制造业及其他运输设备制造业等 5 个行业，"性价比"提高对出口增长的贡献程度较小，均低于 10%，这些行业的出口增长主要依赖于进口国市场规模的扩大及其他因素的贡献。此外，"性价比"贡献程度的大小也反映了不同行业相对竞争力的强弱[②]。"性价比"贡献较大的 4 个行业占制造业总出口的比重相对较高[③]，而"性价比"贡献较小的 5 个

---

① 为避免经济波动的影响，差分的基期值选取为各变量在 1996～1999 年的均值，终期值选取为各变量在 2006～2009 年的均值。

② 这里用各行业出口占制造业总出口的比重近似表示各行业的相对竞争力，并未考虑行业间的可贸易性差异。

③ 根据 OECD STAN 数据库提供的贸易数据，1996～2009 年，纺织、服装、皮革及鞋类制造业、其他机械及设备制造业、电气、光学设备制造业及其他制造业占制造业总出口的比重分别为 25.4%、6.6%、31.9% 和 7.2%，在 15 个制造业行业中居于前列。

行业占制造业总出口的比重相对较低①。因此，应该着重提高这 5 个行业的"性价比"水平，充分发挥"性价比"对出口增长的促进作用，进而有利于该类行业出口规模的进一步扩大。

表 5 - 1   制造业出口增长的结构性分解（进口国全样本）   单位：%

制造业行业	（1）出口增长	（2）"性价比"变化	（3）进口国市场规模变化	（4）其他因素变化	（5）"性价比"变化的比重	（6）进口国市场规模变化的比重
食品、饮料、烟草制造业	52.96	6.94	48.16	-2.13	13.10	90.93
纺织、服装、皮革及鞋类制造业	74.33	21.76	50.38	2.19	29.28	67.78
木材加工制造业	132.15	3.28	52.29	76.59	2.48	39.57
造纸、印刷、出版业	174.26	17.30	54.50	102.47	9.93	31.27
焦炭、炼油、核燃料制造业	43.06	5.15	53.38	-15.47	11.96	123.98
化学品及化学制品业	97.32	18.45	60.42	18.44	18.96	62.09
橡胶、塑料制品业	101.91	11.67	56.45	33.80	11.45	55.39
非金属矿物制品业	123.75	7.54	61.84	54.37	6.09	49.97
基础金属制造业	161.73	31.11	68.83	61.79	19.23	42.56
压延金属制品业	124.75	15.20	60.42	49.13	12.18	48.43
其他机械及设备制造业	164.11	49.01	61.28	53.82	29.86	37.34
电气、光学设备制造业	141.44	116.62	53.47	-28.65	82.45	37.80
汽车、挂车及半挂车制造业	282.28	12.45	61.95	207.89	4.41	21.95
其他运输设备制造业	137.39	4.02	59.78	73.59	2.93	43.51
其他制造业	63.04	21.74	51.45	-10.14	34.48	81.61

注："性价比"变化的比重等于第（2）列的"性价比"变化比第（1）列的出口增长，反映"性价比"的变动对出口增长的贡献情况；进口国市场规模变化的比重等于第（3）列的进口国市场规模变化比第（1）列的出口增长，反映进口国市场规模的变动对出口增长的贡献情况。

---

① 根据 OECD STAN 数据库提供的贸易数据，1996~2009 年，木材加工制造业、造纸、印刷、出版业、非金属矿物制品业、汽车、挂车及半挂车制造业及其他运输设备制造业占制造业总出口的比重分别为 1.1%、0.8%、1.9%、1.8% 和 2.0%，在制造业中排名居后。

二、出口增长的结构性分解：考虑进口国差异

依据前文的国家分类标准，将进口国样本分为中低收入进口国和高收入进口国，再分样本对制造业的出口增长按照式（5.1）进行结构性分解，以考察"性价比"及其他因素的变化对中国制造业出口增长的贡献程度在不同类型进口国中的差异。中低收入进口国样本的分解结果列于表5-2，高收入进口国样本的分解结果列于表5-3。

表5-2　制造业出口增长的结构性分解（中低收入进口国样本）　单位：%

制造业行业	(1) 出口增长	(2) "性价比" 变化	(3) 进口国市 场规模 变化	(4) 其他因素 变化	(5) "性价比" 变化的 比重	(6) 进口国市 场规模变 化的比重
食品、饮料、烟草制造业	71.46	6.94	92.05	-27.53	9.71	128.82
纺织、服装、皮革及鞋类制造业	147.33	21.76	92.65	32.92	14.77	62.88
木材加工制造业	239.54	3.28	96.06	140.21	1.37	40.10
造纸、印刷、出版业	249.05	17.30	88.72	143.04	6.94	35.62
焦炭、炼油、核燃料制造业	22.52	5.15	84.75	-67.38	22.86	376.37
化学品及化学制品业	132.05	18.45	86.09	27.50	13.97	65.20
橡胶、塑料制品业	199.30	11.67	89.08	98.54	5.86	44.70
非金属矿物制品业	187.99	7.54	93.94	86.51	4.01	49.97
基础金属制造业	201.06	31.11	97.24	72.71	15.47	48.36
压延金属制品业	189.99	15.20	93.30	81.49	8.00	49.11
其他机械及设备制造业	232.90	49.01	93.40	90.49	21.04	40.10
电气、光学设备制造业	233.73	116.62	84.90	32.21	49.89	36.33
汽车、挂车及半挂车制造业	346.07	12.45	92.68	240.94	3.60	26.78
其他运输设备制造业	174.77	4.02	86.60	84.15	2.30	49.55
其他制造业	127.99	21.74	89.72	16.53	16.98	70.10

注："性价比"变化的比重等于第（2）列的"性价比"变化比第（1）列的出口增长，反映"性价比"的变动对出口增长的贡献情况；进口国市场规模变化的比重等于第（3）列的进口国市场规模变化比第（1）列的出口增长，反映进口国市场规模的变动对出口增长的贡献情况。

　　表5-2的结构性分解结果显示，在中国制造业对中低收入国家的出口增长中，"性价比"和进口国市场规模的变动均产生了正向贡献，但是二者的贡献程度却存在较大的差别。具体来看，在15个制造业行业中，焦炭、炼油、核燃料制造业、其他机械及设备制造业和电气、光学设备制造业等3个行业的"性价比"变动对中国在中低收入国家的出口增长贡献较大，贡献程度均在20%以上，其中，在光学设备制造业的贡献程度接近50%；食品、饮料、烟草制造业、木材加工制造业、造纸、印刷、出版业、橡胶、塑料制品业、非金属矿物制品业、压延金属制品业、汽车、挂车及半挂车制造业和其他运输设备制造业等8个行业的"性价比"变动对中国在中低收入国家的出口增长贡献较小，贡献程度均低于10%，其中，在木材加工制造业的贡献程度仅为1.37%；另外，仅有电气、光学设备制造业1个行业是"性价比"变动的贡献程度大于进口国市场规模变动的贡献程度，而其余14个制造业行业均是进口国市场规模变动的贡献程度大于"性价比"变动的贡献程度，其中，在食品、饮料、烟草制造业和焦炭、炼油、核燃料制造业，进口国市场规模变动的贡献程度均超过了100%。从以上分析可以看出，"性价比"提高对制造业各行业在中低收入国家的出口增长均发挥了正向贡献，但比较而言，中低收入进口国市场规模的扩大对制造业大多数行业的出口增长贡献更大。

表5-3　　　制造业出口增长的结构性分解（高收入进口国样本）　　　单位：%

制造业行业	(1)出口增长	(2)"性价比"变化	(3)进口国市场规模变化	(4)其他因素变化	(5)"性价比"变化的比重	(6)进口国市场规模变化的比重
食品、饮料、烟草制造业	49.97	6.94	41.05	1.98	13.89	82.15
纺织、服装、皮革及鞋类制造业	65.45	21.76	45.24	-1.55	33.25	69.12
木材加工制造业	120.36	3.28	47.58	69.50	2.72	39.53
造纸、印刷、出版业	157.28	17.30	46.73	93.26	11.00	29.71
焦炭、炼油、核燃料制造业	47.05	5.15	47.30	-5.39	10.94	100.52
化学品及化学制品业	80.49	18.45	47.98	14.05	22.93	59.62
橡胶、塑料制品业	80.19	11.67	49.17	19.36	14.56	61.31

制造业行业	（1）出口增长	（2）"性价比"变化	（3）进口国市场规模变化	（4）其他因素变化	（5）"性价比"变化的比重	（6）进口国市场规模变化的比重
非金属矿物制品业	104.69	7.54	52.31	44.84	7.20	49.96
基础金属制造业	140.87	31.11	53.81	55.95	22.08	38.20
压延金属制品业	107.38	15.20	51.67	40.51	14.16	48.12
其他机械及设备制造业	139.56	49.01	49.82	40.74	35.11	35.69
电气、光学设备制造业	121.35	116.62	46.63	−41.89	96.10	38.42
汽车、挂车及半挂车制造业	255.62	12.45	49.13	194.05	4.87	19.22
其他运输设备制造业	129.12	4.02	53.85	71.25	3.11	41.70
其他制造业	57.10	21.74	47.95	−12.58	38.06	83.98

注："性价比"变化的比重等于第（2）列的"性价比"变化比第（1）列的出口增长，反映"性价比"的变动对出口增长的贡献情况；进口国市场规模变化的比重等于第（3）列的进口国市场规模变化比第（1）列的出口增长，反映进口国市场规模的变动对出口增长的贡献情况。

表 5-3 报告了制造业对高收入国家出口增长的结构性分解结果，结果显示，与中低收入进口国样本相一致，"性价比"的提高和高收入进口国市场规模的扩大均对中国制造业的出口增长作出了不同程度的贡献，这一结果再次说明，在国外市场需求不断增强的同时，中国出口产品竞争力（"性价比"优势）逐步提升，进而供求双方共同作用促进了中国出口贸易的快速扩张。一方面，从 15 个细分行业来看，纺织、服装、皮革及鞋类制造业、化学品及化学制品业、基础金属制造业、其他机械及设备制造业、电气、光学设备制造业和其他制造业等 6 个行业的"性价比"变动对中国在高收入国家的出口增长贡献较大，贡献程度均在 20% 以上，其中，在光学设备制造业的贡献程度达到 96.10%；木材加工制造业、非金属矿物制品业、汽车、挂车及半挂车制造业和其他运输设备制造业等 4 个行业的"性价比"变动对中国在高收入国家的出口增长贡献较小，贡献程度均低于 10%。另一方面，从进口国市场规模变动对出口增长的贡献来看，高收入进口国市场规模的扩大对食品、饮料、烟草制造业、纺织、服装、皮革及鞋类制造业、焦炭、炼油、核燃料制造业、化学品及化学制品业、橡胶、塑料制品业和其他制造业等 6 个行业出口增长的贡献较为突出，贡献程度均在

50%以上。

对比表 5 - 2 和表 5 - 3，可以看出，"性价比"的提高和进口国市场规模的扩大对中国制造业出口增长的贡献程度，在中低收入进口国和高收入进口国具有明显的差异：（1）除焦炭、炼油、核燃料制造业外，在其余 14 个行业中，"性价比"提高对中国在高收入进口国的出口增长贡献程度均大于在中低收入进口国的贡献程度；（2）除纺织、服装、皮革及鞋类制造业、橡胶、塑料制品业、电气、光学设备制造业和其他制造业外，在其余 11 个行业中，高收入进口国市场规模的扩大对中国出口增长的贡献程度均大于中低收入进口国市场规模扩大对中国出口增长的贡献程度。以上差异说明，相对来说，"性价比"提高对中国在高收入进口国的出口增长贡献程度更大，而进口国市场规模扩大对中国在中低收入进口国的出口增长贡献程度更大。这一结果反映出，发达经济国家的经济增长速度整体放缓，市场需求规模难以大幅提升，因此，中国主要通过提升产品竞争力来实现对发达经济国家的出口扩张；尽管中低收入国家的经济体量相对较小，但其经济增长速度较快，特别是一些新兴经济体，市场需求的潜力不断被发掘，在很大程度上刺激了中国出口贸易的快速扩张。

第三节　制造业"性价比"变动的结构性分解

通过第三章和第四章的回归分析以及上一节的出口增长分解，可以发现，中国制造业出口增长的一个重要因素就是出口"性价比"水平的提高，而"性价比"水平同时取决于质量和价格两个方面，进一步地，需要了解的是中国制造业"性价比"提高的驱动因素主要来源于质量的提升还是价格的下降？为了回答这一问题，将对制造业"性价比"的变动从质量和价格两个方面进行分解，进而剖析"性价比"变动的驱动因素及其在结构上的动态变化。

按照式（5.1）的结构分解方法对"性价比"的变动从质量和价格两个方面进行分解，分解结果列于表 5 - 4。在表 5 - 4 中，"质量变化的比重"一列反映各行业出口质量的变化对"性价比"提高的贡献情况，数值为正表示该行业出口质量的变化呈上升趋势，对"性价比"提高的贡献为正；反之，数值为负表示该行业出口质量的变化呈下降趋势，不利于该行业"性价比"的提高。"价格变化的比重"一列反映各行业出口价格的变化对"性价比"提高的贡献情况，为使该列数值的经济含义更为直观，对该列数值均乘以 −1。进而，调整后的数值为正表示该行业出口价格的变化呈下降趋势，有利于该行业"性价比"水平的提高；为负则表示该行业出口价格的变化呈上升趋势，对"性价比"提高的贡献为负。

表5 −4　　　　　　制造业"性价比"变动的结构性分解　　　　　单位：%

行业	"性价比"变化	质量变化	价格变化	质量变化的比重	价格变化的比重
食品、饮料、烟草制造业	6.94	− 0.27	− 7.15	− 3.89	103.09
纺织、服装、皮革及鞋类制造业	21.76	38.44	16.82	176.62	− 77.29
木材加工制造业	3.28	66.67	61.05	2 034.63	− 1 863.23
造纸、印刷、出版业	17.30	13.78	− 3.24	79.65	18.75
焦炭、炼油、核燃料制造业	5.15	15.61	15.09	303.24	− 293.19
化学品及化学制品业	18.45	− 23.71	− 41.65	− 128.48	225.71
橡胶、塑料制品业	11.67	13.27	1.47	113.65	− 12.56
非金属矿物制品业	7.54	22.21	16.12	294.46	− 213.67
基础金属制造业	31.11	58.50	28.03	188.08	− 90.11
压延金属制品业	15.20	26.87	11.60	176.79	− 76.29
其他机械及设备制造业	49.01	88.44	37.96	180.46	− 77.45
电气、光学设备制造业	116.62	168.37	50.28	144.38	− 43.12
汽车、挂车及半挂车制造业	12.45	13.10	0.63	105.21	− 5.10
其他运输设备制造业	4.02	3.16	− 0.73	78.66	18.18
其他制造业	21.74	51.36	34.71	236.30	− 159.67

注：为使"价格变化的比重"一列数值的经济含义更为直观，对该列数值均乘以 −1，进而调整后数值的符号能直观反映价格变化对"性价比"提高的贡献方向。

比较表5 −4 中不同行业的分解结果可以看出，质量因素和价格因素对"性价比"提高的贡献情况在不同行业中存在较大区别。在15 个行业中，除食品、饮料、烟草制造业和化学品及化学制品业2 个行业外，其余13 个行业的质量因素均对"性价比"的提高表现为正贡献；而价格因素表现为正贡献的行业较少，仅有食品、饮料、烟草制造业、造纸、印刷、出版业、化学品及化学制品业和其他运输设备制造业等 4 个行业，其余 11 个行业的价格变化不利于该行业"性价比"的提高。以上结果粗略地反映出，中国制造业大多数行业"性价比"的提高主要依赖于行业出口质量的提升。

为便于更清晰地梳理各行业"性价比"提高的主要驱动因素，将"性价比"提高分为两种类型：价格型"性价比"提高和质量型"性价比"提高。价格型"性价比"提高是指"性价比"的提高主要通过降低出口价格实现，包括两种情况：出口价格和出口质量同时降低，且出口价格降低的幅度更大；出口价格降低而出口质量提升，且出口价格降低的幅度大于出口质量提升的幅度。质量型"性价比"提高是指"性价比"的提高主要通过提升出口质量实现，也包括两种情况：出口质量和出口价格同时提升，且出口质量提升的幅度更大；出口质量提升而出口价格降低，且出口质量提升的幅度大于出口价格降低的幅度①。

对照表 5 - 4 中质量因素和价格因素对"性价比"提高的贡献程度，可以发现，符合价格型"性价比"提高的行业仅有食品、饮料、烟草制造业和化学品及化学制品业 2 个行业，并且都是该类型的第一种情况（价格和质量同时降低）；其余 13 个行业均符合质量型"性价比"提高，其中，有 11 个行业为该类型的第一种情况（质量和价格同时提升），有 2 个行业为该类型的第二种情况（质量提升、价格下降）。因此，一方面，综合来看，中国制造业出口产品"性价比"的提高主要来源于出口质量的提升，仅有少数行业依赖于价格竞争。另一方面，从质量因素和价格因素的变化趋势上看，中国制造业大多数行业的出口质量和出口价格在同时提升，而"性价比"水平依然保持上升趋势，这反映出制造业"性价比"在结构上正在从价格竞争型向质量竞争型演进。以上结论揭示出，"性价比"水平在结构上是动态调整的，虽然在样本期间制造业出口产品仍具有价格优势（IPI 指数小于 1），但出口价格的上升趋势使得价格优势逐渐被削弱，而不断提升的出口质量恰好起到了弥补作用，并带动"性价比"水平进一步提高，这就解释了在价格优势渐进弱化而出口质量与发达国家尚存在差距（施炳展，2013）的情况下制造业出口仍能持续增长的原因。这是以往文献

---

① 严格来说，价格型"性价比"提高还包括价格降低而质量不变的情况，质量型"性价比"提高还包括质量提升而价格变的情况。而实际中价格与质量是同时变动的，故这里并未考虑这两种情况。

从单一的价格或质量方面分析难以捕捉到的。

第四节 小 结

本章考察了制造业的出口贸易及其主要影响因素的演进趋势，并利用结构分解方法，对中国制造业的出口增长和"性价比"变动进行了结构性分解。研究发现，（1）制造业各行业占样本国的进口比重基本呈现逐年递增趋势，但行业间存在较大的区别；各行业的"性价比"水平总体上在逐步提高，但部分行业在样本期间的波动幅度较大；各行业面临的进口国市场规模均呈现明显的上升趋势，但各行业在需求规模水平及其增长速度上存在较大差异。（2）"性价比"和进口国市场规模的变动对制造业各行业的出口增长均做出了积极贡献，这反映出正是由于中国出口产品的"性价比"提高恰好满足了不断扩大的国外市场需求，成就了中国制造业的出口奇迹。具体来看，"性价比"对出口增长的贡献程度在各行业中则有大有小。其中，在纺织、服装、皮革及鞋类制造业、其他机械及设备制造业、电气、光学设备制造业和其他制造业等4个行业，"性价比"提高对出口增长的贡献较为突出，均在20%以上，特别是电气、光学设备制造业，贡献程度达到了82.45%；而在木材加工制造业、造纸、印刷、出版业、非金属矿物制品业、汽车、挂车及半挂车制造业及其他运输设备制造业等5个行业，"性价比"提高对出口增长的贡献程度较小，均低于10%，这些行业的出口增长主要依赖于进口国市场规模的扩大及其他因素的贡献。（3）相对来说，"性价比"提高对中国在高收入进口国的出口增长贡献程度更大，而进口国市场规模扩大对中国在中低收入进口国的出口增长贡献程度更大。这一结果反映出，由于发达经济国家的经济增长速度整体放缓，市场需求规模难以大幅提升，因此，中国主要通过提升产品竞争力来实现对发达经济国家的出口扩张。（4）中国制造业出口产品"性价比"的提高主要来源于出口质量的提升，仅有少数行业依赖于价格竞争。从质量因素和价格因素的变化趋势上看，中国制造业大多数行业的出口质量和出口价格在同时提升，而"性价比"水平依然保持上升趋势，这反映出制造业"性价比"在结构上正在从价格竞争型向质量竞争型演进。"性价比"水平在结构上的动态调整，揭示了在价格优势渐进弱化而出口质量与发达国家尚存在差距的情况下，制造业出口仍能持续增长的原因。

本章的研究结论也暗含了一些政策启示：（1）"性价比"提高对制造业的出口增长做出了显著贡献，但在木材加工制造业、造纸、印刷、出版业、非金属矿物制品业、汽车、挂车及半挂车制造业及其他运输设备制造业等部分行业的贡献程度还相对较低，仍有较大的上升空间，因此这类行业应该着力于提高出口产品的"性价比"水平。（2）制造业"性价比"在结构上正在从依靠价格竞争向依靠质量提升转变，这一演进趋势符合中国出口贸易转型的"优质优价"战略。因此，伴随资源与环境约束不断增强、"要素红利"逐渐衰减，出口部门应更多关注技术创新，政府也应为其提供必要的技术创新条件（李春顶，2010），利用"创新红利"，推动出口产品"性价比"的提高进一步向质量型发展。（3）此外，还应该注意到，"优质优价"的出口战略并不意味着绝对的"高质高价"，而应该是在保持"性价比"水平的前提下合理地提升出口质量和出口价格，进而才能实现出口规模和出口效益的双赢。

第六章
制造业出口升级的路径
分析：出口质量路径

本书以上部分的分析为理解中国出口奇迹提供了一个新的视角，即"性价比"的提高是制造业出口增长的重要原因；进一步地，本书还发现，出口质量的提升是制造业"性价比"逐步提高的主要动力因素，并且"性价比"在演进趋势上正在从依靠价格竞争型向依靠质量提升型转变，这一转变趋势符合中国出口贸易转型升级的"优质优价"战略。然而，伴随国内要素成本节节攀升，"要素红利"逐渐衰减，中国出口价格呈现出较难逆转的上升趋势。因此，进一步提高制造业"性价比"优势、推动出口贸易向"优质优价"转型升级的关键路径，就在于出口质量的不断升级。而当前，中国制造业的产品质量升级主要面临着技术创新的内在约束和资源与环境的外在约束。基于此，本章将着重从出口质量升级的角度分析中国制造业在技术创新和资源与环境约束下的出口升级路径，以为中国制造业的产业政策和贸易政策取向提供合理的建议。

第一节　引　　言

改革开放以来，中国制造业的国际地位大幅提升，中国已成为世界制造业第一大国、出口贸易第一大国。2016 年货物贸易出口额达到 2.1 万亿美元，占全球份额 13.5%，连续 8 年居世界第一（谢靖、廖涵，2017b）。"中国制造"已成为国际市场上认知度最高的标签之一。但是，与此同时，长期依赖于"高消耗、高排放"的经济增长方式使得中国也成为全球碳排放第一大国。从近几年中国多个地区频频出现 PM2.5 指数"爆表"和水污染事件的现象可以看出，中国经济高速增长背后的环境代价已十分沉重。此外，在"低质低价"的贸易发展模式下，"中国制造"在全球生产价值链中呈现出低端锁定态势（陈爱贞、刘志彪，2011；祝树金、张鹏辉，2013），贸易条件持续恶化（钱学锋、熊平，2010）。近年来，随着中国经济发展步入新常态，要素成本不断攀升，资源与生态环境约束逐渐增强，这些经济、社会、生态环境的变化对中国制造业的转型升级产生了巨大的挑战。一方面，国家对环境保护的重视程度不断提高，从"十一五"规划到"十三五"规划逐渐提高对环境治理、环境规制的力度，并在

《"十三五"生态环境保护规划》中提出，通过实施最严格的环境保护制度，总体改善生态环境质量。另一方面，国家在《中国制造2025》规划和"十三五"规划中，明确提出中国制造业转型升级必须实施创新驱动发展战略，推动外贸向优质优价转变，建设贸易强国。然而，环境规制是一把"双刃剑"，节能减排的约束是否会影响制造业企业的技术创新，环境治理成本是否会制约企业的出口质量升级，严格的环境规制政策能否实现生态环境保护和贸易强国建设的"双赢"？因此，在当前经济转型的关键期，对以上问题的研究关系到生态文明建设和贸易强国建设的协调发展，具有重要的现实意义。

在理论研究方面，关于环境规制与贸易比较优势的研究主要得出两种不同的观点。第一种观点认为环境规制会通过增加生产成本、抑制技术创新而削弱一国的贸易比较优势，即"污染避难所假说"。由于发展中国家的环境规制强度较低，导致其在污染密集型行业上具有比较优势，在全球经济一体化的作用下，发展中国家最终会成为"污染天堂"。第二种观点认为一国加强环境规制并不会降低其比较优势，反而会倒逼企业进行技术创新，长期来看有利于提升该国的比较优势，即"波特假说"。现有文献分别对以上两种观点进行了实证检验，但研究结论也不统一。爱德林顿等（Ederington，2005）、玛尼和慧勒（Mani and Wheeler，1998）研究发现高标准的环境规制会削弱一国相关产业的比较优势，并对该的贸易模式产生一定的影响；菲克和罗兰（Feiock and Rowland，1990）通过经验分析得出一国环境规制强度与其出口贸易呈显著的负相关关系；而杰夫和帕尔梅（Jaffe and Palmer，1997）、康斯坦提尼和马赞蒂（Costantini and Mazzanti，2012）通过经验分析验证了"波特假说"。近些年，随着中国环境问题的日趋严重和环境规制政策的逐步推出，国内学者也开始考察中国的环境规制政策与贸易比较优势的关系。李小平等（2012）利用1998~2008年中国工业行业面板数据，实证检验了环境规制与比较优势的关系，研究得出环境规制有利于工业行业比较优势的提高，但提高有"度"的限制。董敏杰等（2011）认为环境规制对中国产品国际竞争力（价格水平）的影响有限。任力和黄崇杰（2015）利用中国与37个贸易伙伴的双边贸易数据，考察环境规制对中国出口贸易的影响，研究表明中国的环境规制强度与出口贸易的关系显著为负，环境规制是影响贸易比较优势的重要因素。张雨微等（2015）从创新补偿差异的视角分析了环境规制对基于拉斐（Lafay）指数衡量的出口优势的影响，结果表明环境规制是否能通过创新补偿提高中国制造业的出口优势，主要跟行业的技术能力有关。

　　上述文献为理解环境规制与贸易比较优势的关系提供了有益借鉴，但是，需要指出的是，他们对于环境规制与贸易比较优势的研究主要是基于传统的比较优势指标，比如显性比较优势指数、净出口指数、出口比重等，这些指标本质上反映的是一国出口贸易在"量"上的比较优势，而随着全球垂直专业化分工的逐渐深入，一国在贸易量上取得比较优势，并不意味着其国际分工地位的提高或贸易条件的改善，因此传统的比较优势指标已不能真实地反映出一国的出口竞争力水平。黄永明和何剑峰从技术复杂度的角度分析了环境规制对中国制造业出口升级的影响，然而，行业技术复杂度的提高主要反映了行业间出口结构的优化，即出口结构从低技术含量行业转移到高技术含量行业，而并不能说明行业内贸易比较优势的变化。以质量异质性为代表的新新贸易理论指出，产品质量已成为一国重要的出口竞争新优势（科汉德沃，2010；哈拉克和肖特，2011）。彭冬冬等（2016）基于出口产品质量的视角重新考察了环境规制与贸易比较优势之间的关系，研究发现环境规制会对中国出口质量升级产生"U"影响。

　　基于以上分析，本章将剖析环境约束、技术创新与出口质量升级之间的内在关系，并利用1996~2009年中国制造业行业的动态面板数据，运用SYS-GMM方法实证检验环境规制和技术创新对出口质量的影响，以为环境保护与贸易升级的协同发展提供政策依据。

第二节　出口质量升级的机理分析

一、"抵消效应"和"约束效应"

　　基于传统学派的观点，环境规制会通过增加生产成本、抑制技术创新而阻碍一国的出口质量升级，即环境规制的"成本效应"会不利于出口产品质量的提高。面对政府的环境规制政策，企业为使其生产活动达到环保要求，不论是通过控制污染排放还是通过提高污染治理技术水平，都必然会增加企业的生产成本，在其他条件不变的情况下，生产成本的增加会让企业重新考虑资源配置、减少或控制技术创新支出，从而对出口质量升级产生"抵消效应"。此外，企业在环境规制约束下安排生产经营活动，实际上就是对其生产决策增添了一个新的约束条件，比如企业在机器设备更新、建厂选址等决策上都会将环境标准加入约束条件内，使得企业的生产决策集变小，企业在生产、管理等环节的难度增大，不利于企业有效地利用现有资源，从而对出口质量升级产生"约束效应"。一些文献的研究成果支持了传统学派的观点。例如，玛尼和慧勒（1998）、爱德林顿等（2005）研究发现高标准的环境规制会削弱一国相关产业的比较优势，并对该国的贸易模式产生一定的影响；菲克和罗兰（1990）通过经验分析得出一国环境规制强度与其出口贸易呈显著的负相关关系；任力和黄崇杰（2015）使用扩展的引力模型研究发现，中国的环境规制强度在一定程度上阻碍了出口贸易的发展。因此，从静态上看，环境规制通过"抵消效应"和"约束效应"对出口质量升级产生抑制作用（见图6-1）。

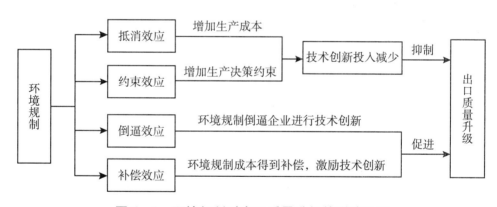

图6-1　环境规制对出口质量升级的影响机制

二、"倒逼效应"和"补偿效应"

静态来看，在环境规制成本较低时，环境规制不利于出口质量升级。然而，"波特假说"认为加强环境规制并一定不会阻碍一国的出口质量升级，反而会激励企业加大技术创新投入，进而有利于提升一国出口产品的质量水平。一方面，随着政府实施更为严格的环境规制标准，企业的污染治理成本也将明显增加，环境规制会成为一种外在压力倒逼企业在出口前进行技术引进或自主创新，改良生产工艺，提高企业的绿色生产率和产品质量水平，即环境规制的"倒逼效应"。另一方面，国际环境规制标准的日趋提高也会倒逼企业在出口前进行技术创新和出口产品质量升级，以适应国外市场越来越高的"质量门槛"（韩会朝、徐康宁，2014）。最终，在企业进行技术创新和生产工艺改进后，出口产品在国际市场中将更具有竞争优势，企业会获得更多的出口利润，能够部分或全部抵消污染治理成本，从而激励企业继续加大对技术创新的投入，持续提高出口产品质量，即环境规制的"补偿效应"（程中华等，2017）。杰夫和帕尔梅（1997）、康斯坦提尼和马赞蒂（2012）、李小平等（2012）通过经验分析验证了"波特假说"。因此，从动态上看，环境规制能够通过"倒逼效应"和"补偿效应"促进出口产品质量的提升（见图 6 - 1）。

三、行业异质性效应

以上分析说明，环境规制会通过"抵消效应"和"补偿效应"对出口质量产生综合影响，影响方向是不确定的，取决于"抵消效应"与"补偿效应"之和。然而，在相同的环境规制强度下，不同的行业（企业）会选择不同的应对措施，这主要取决于行业（企业）间的要素投入结构差异。一个行业的要素投入结构中固定资产投资的比重反映了该行业进行技术改进成本的大小和对环境规制"忍耐水平"的高低（童健等，2016）。因此，行业的固定资产比重决定了该行业在面临环境规制约束时所选择的应对策略。

对于固定资产投资比重较大的行业，由于重置成本的制约，其进行技术改进的成本较大，因此，在环境规制政策的实施初期，环境规制成本的上升会使该行业中的企业减少产出量[①]，并重新进行资源配置，进而对企业的研发投入产

---

① 参照童健等（2016）的分析，环境规制政策对企业产出量的影响方向取决于环境规制的"资源配置扭曲效应"和"技术效应"的大小。在短期内，环境规制的"资源配置扭曲效应"大于"技术效应"，将导致企业的产出量下降。

生"挤出效应"，不利于全要素生产率的提高，对出口产品的质量升级产生"抵消效应"。然而，随着环境规制强度的逐步提高，当环境规制的"技术效应"大于"资源配置扭曲效应"时，该行业就会改变应对策略，即增加研发投入改进技术，通过提高产品质量水平进而获取更多的市场利润，以应对较高强度的环境规制政策（童健等，2016）。在这种策略选择下，环境规制通过"补偿效应"促进该行业的出口质量升级。因此，环境规制对固定资产投资比重较大行业的出口质量会产生先抑制后促进的"U"型影响，如图6-2（A）所示，在"U"型曲线拐点（即"最低点"）的左侧，环境规制的"抵消效应"大于"补偿效应"，进而对出口质量升级产生抑制作用；而在"U"型曲线拐点的右侧，环境规制的"补偿效应"大于"抵消效应"，环境规制则有利于出口质量升级。

固定资产投资比重较小的行业同样会受到环境规制的"抵消效应"与"补偿效应"的共同影响。与固定资产投资比重较大行业不同的是，固定资产投资比重较小行业的技术改进成本较小，因而在环境规制强度处于较低水平时，该行业中的企业就会选择增加研发投入、进行技术创新策略，通过产品质量升级提高出口价格水平，同时通过降低单位产出的污染排放以应对不断提高的环境规制成本。因此，环境规制对固定资产投资比重较小行业的出口质量升级会产生"J"型特征的影响，如图6-2（B）所示。对比图6-2（A）与图6-2（B）可以看出：（1）环境规制的"抵消效应"在固定资产投资比重较大行业的作用区间更长，即只有当环境规制强度达到一定水平时，环境规制的"抵消效应"才会被"补偿效应"取代。（2）固定资产投资比重较小行业的"J"型曲线拐点会比固定资产投资比重较大行业的"U"型曲线拐点提前到达。

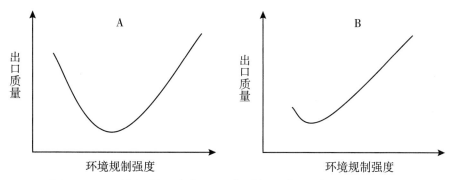

图6-2　环境规制强度与不同类型行业出口质量之间的关系

第三节 模型、变量与数据

一、模型设定

基于已有研究，环境规制对出口竞争力的影响可能是不确定的，且二者之间可能存在非线性的关系（李小平等，2012），因此，本部分在模型中引入环境规制的二次项；同时，依据技术创新方式的不同，把技术创新分为自主研发和技术引进（支燕、白雪洁，2012）。考虑到出口质量的调整是一个渐进、累积的过程，这里引入出口质量的一阶滞后项，构建如下动态面板模型：

$$\lambda_{it} = \beta_0 + \beta_1 \lambda_{i,t-1} + \beta_2 ER_{it} + \beta_3 ER_{it}^2 + \beta_4 ERD_{it} + \beta_5 ETI_{it} + \psi X + \delta_i + \varepsilon_{it}$$

其中，i 代表制造业行业；t 代表年份；λ 代表出口质量水平；ER 代表环境规制强度；ERD 是自主研发（RD）与环境规制（ER）的交互项，反映在环境规制约束下自主研发对出口质量的影响；ETI 是技术引进（TI）与环境规制（ER）的交互项，反映在环境规制约束下技术引进对出口质量的影响；X 代表其他控制变量；δ_i 为行业固定效应，反映行业间的个体差异；ε 为随机误差项。

在控制变量的选取上，借鉴任力和黄崇杰（2015）、王树柏和李小平（2015）等的做法，在模型中引入资本密集度（K）、人力资本（Human）、企业规模（Size）及外资参与度（FDI）等变量。

二、变量与数据说明

（一）被解释变量

出口质量（λ）使用哈拉克和肖特（2011）方法估计出的行业出口质量指数

衡量。[1] 各样本国的贸易数据来自 UN COMTRADE 数据库，行业总产出数据来自 UN NAOCD 数据库；中国的 GDP、行业增加值[2]和行业总产出数据来自《中国统计年鉴》和《中国工业经济统计年鉴》；中国和样本国的双边名义汇率来自 OECD NATIONAL ACCOUNTS 数据库；中国的行业价格指数用该行业的生产者价格指数衡量，数据来自《中国城市（镇）生活与价格年鉴》，样本国的行业价格指数用该行业的增加值平减指数衡量，数据来自 OECD STAN 数据库。

（二）核心解释变量

目前，环境规制强度（ER）的衡量指标并不统一，并且不同的指标得出的结果也不尽一致。鉴于此，这里参考崔立志和许玲（2016）、任力和黄崇杰（2015）的做法，分别选择污染治理程度和能源消费强度两种不同的衡量指标来反映环境规制强度。污染治理程度用各行业的工业废水、废气治理设施的运行费用占该行业的工业增加值的比重（%）衡量。能源消费强度用各行业的能源消费量与该行业的工业增加值的比值（吨标准煤/千元）衡量，即单位工业增加值的能源消费量。各行业的工业废水、废气治理设施运行费用来自《中国环境统计年鉴》和《中国环境年鉴》，工业增加值来自《中国工业经济统计年鉴》，能源消费量来自《中国能源统计年鉴》。为保证估计结果的可靠性，本部分用污染治理程度衡量的环境规制进行基本回归，用能源消费强度衡量的环境规制做稳健性检验。

由于《中国环境统计年鉴》在 2001 年前后的统计口径不一致，这里假定食品加工和制造业、饮料制造业和烟草制造业在 2000 年的环境规制相同；服装及其他纤维制品制造业、木材加工及竹藤棕草制品业、家具制造业、文教体育用品制造业在 2000 年的环境规制与 2001 年相同；普通机械制造业、专用设备制造业、交通运输设备制造业、电气机械及器材制造业、电子及通信设备制造业、仪器仪表及文化办公用机械制造业在 2000 年的环境规制相同。

自主研发（RD）用各行业的科技活动经费内部支出占该行业工业总产值的比重衡量；技术引进（TI）用各行业的引进技术经费支出占该行业工业总产值的比

---

[1] 详细的出口质量测算方法可参照本书第四章。

[2] 由于数据缺失，各行业 2004 年的增加值用相邻两年的增加值占行业总产值的平均比重乘以该行业 2004 年总产值来估算；各行业 2008 年和 2009 年的增加值根据国家统计局公布的行业增加值的增长率推算而来。

重衡量。数据主要来自《中国科技统计年鉴》和《中国工业经济统计年鉴》。

(三) 其他控制变量

资本密集度（K）是影响制造业出口质量的重要因素。本部分采用各行业的固定资产净值年平均余额与该行业职工人数的比值（万元/人）衡量资本密集度。

人力资本（Human）可以提升劳动工人的技能和提高对外资"技术溢出"的吸收能力，进而促进出口质量升级（施炳展等，2013）。目前，人力资本的衡量指标较多且不统一，如工资水平（费尔霍根，2008）、教育年限（王洪庆，2016）、科技人员比重（李小平等，2012）等。结合本部分的研究，这里参考李小平等（2012）的做法，用各行业科技活动人员数与该行业职工人数的比值衡量人力资本。

企业规模（Size）扩大可以带来规模经济、范围经济（蒋伏心等，2013），有利于提高生产率水平、促进产品质量升级。本部分使用各行业的不变价工业总产值与该行业内的企业个数的比值（亿元/企业）衡量各行业内企业规模。

外资可以通过溢出效应促进企业技术进步，改进生产工艺，提高产品质量，这里用各行业的"三资企业"工业总产值占该行业工业总产值的比重衡量外资参与度（FDI）。以上所有控制变量的数据主要来自《中国科技统计年鉴》和《中国工业经济统计年鉴》。

本部分以1996～2009年中国制造业行业作为研究样本。鉴于国内外的行业分类标准和数据统计口径并不统一，UN NAOCD数据库和OECD STAN数据库主要是以ISIC标准进行分类，而本部分从UN COMTRADE数据库获取的贸易数据是SITC标准，国内行业数据则是按《国民经济行业分类》标准分类，因此，将数据作如下调整：首先，根据联合国统计署提供的ISIC（Rev. 3）和SITC（Rev. 3）的转换标准进行数据转换；其次，参考盛斌（2002）的方法把SITC（Rev. 3）标准的数据和《国民经济行业分类》（2002）标准的数据进行归并处理，并最终选取27个制造业行业作为本部分的研究对象。同时，对受价格波动影响的变量均以2000年为基期进行平减处理；并取环境规制、自主研究、技术引进、资本密集度、人力资本、企业规模和外资参与度等变量的自然对数。此外，这里采用winsorize方法，对样本数据进行上下1%的缩尾处理。各主要变量的描述性统计情况列于表6－1。

表 6 - 1 主要变量的描述性统计

变量	含义	观测值	均值	标准差	最小值	最大值
λ	行业出口质量指数	378	0.454	0.265	0.091	1.169
ER	用污染治理程度衡量的环境规制	378	- 5.605	1.327	- 7.899	- 3.020
	用能源消费强度衡量的环境规制	378	2.037	1.173	- 0.901	4.921
RD	自主研发	378	- 5.051	0.812	- 7.078	- 3.756
TI	技术引进	378	- 7.023	1.605	- 10.26	- 2.938
K	资本密集度	378	2.193	0.717	0.732	3.666
Human	人力资本	378	- 3.513	0.784	- 5.552	- 2.165
Size	企业规模	378	- 0.157	0.95	- 1.482	3.123
FDI	外资参与度	378	- 1.384	1.038	- 6.853	- 0.197

第四节 出口质量升级的实证分析

基于以上计量模型，利用 1996～2009 年中国制造业行业的动态面板数据，运用 SYS - GMM 方法，实证检验环境规制和技术创新对制造业出口质量升级的影响。同时，为保证以上估计结果的可靠性，本部分以能源消费强度作为环境规制的衡量指标进行稳健性检验。

一、环境规制影响出口质量升级的检验结果

表 6 - 2 报告了对式（6.1）进行逐步回归的结果。AR（1）和 AR（2）检验结果显示，在 10% 的显著性水平上，所有估计模型的随机误差项的差分存在一阶自相关，但不存在二阶自相关；Sargan 检验结果显示，在 10% 的显著性水平上，所有估计模型都无法拒绝"过度识别约束是有效的"原假设，因此本部分 SYS-GMM 估计结果是一致的、可靠的。

表 6 - 2 环境规制影响出口质量升级的检验结果

变量	(1)	(2)	(3)	(4)	(5)	(6)	(7)
L. λ	1.0132*** (120.410)	1.0107*** (169.844)	1.0066*** (160.753)	1.0116*** (146.704)	1.0130*** (140.860)	1.0152*** (127.552)	1.0140*** (134.933)
ER	-0.0422** (-2.081)	-0.0334** (-2.175)	-0.0293** (-2.293)	-0.0211** (-2.304)	-0.0175** (-2.204)	-0.0289* (-1.873)	-0.0285** (-2.139)
ER^2		0.0038* (1.813)	0.0034** (2.301)	0.0029* (1.940)	0.0026* (1.773)	0.0042** (2.344)	0.0041** (2.339)
ERD			-0.0058** (-2.542)	-0.0054** (-2.214)	-0.0063*** (-2.713)	-0.0074*** (-2.894)	-0.0070** (-2.243)
ETI			0.0020# (1.540)	0.0018** (2.053)	0.0021*** (3.122)	0.0039*** (2.782)	0.0038** (2.272)
K				-0.0524 (-1.307)	-0.0538** (-2.283)	-0.0758** (-2.034)	-0.0809*** (-3.284)
Human					0.0145** (2.154)	0.0150** (2.022)	0.0158* (1.722)
Size						-0.1156*** (-3.491)	-0.1112*** (-3.143)
FDI							0.0140** (2.380)
常数项	0.1671 (0.620)	0.1890 (0.634)	0.3263* (1.722)	0.5645*** (2.663)	0.6513*** (2.876)	0.4437* (1.738)	0.5258** (1.984)
行业固定效应	否	是	是	是	是	是	是
Sargan 检验	59.192 [0.679]	58.014 [0.718]	57.960 [0.719]	54.940 [0.808]	58.810 [0.692]	55.712 [0.787]	52.833 [0.860]
AR (1) 检验	-1.792 [0.073]	-1.772 [0.076]	-1.680 [0.092]	-1.738 [0.082]	-2.162 [0.030]	-2.396 [0.016]	-2.462 [0.013]
AR (2) 检验	-0.730 [0.465]	-1.276 [0.201]	-0.654 [0.518]	-1.068 [0.285]	-1.450 [0.146]	-1.534 [0.125]	-1.496 [0.134]
观测值	351	351	351	351	351	351	351

注:(1)( )内数值为采用聚类稳健标准差得到的 z 值;(2)#、*、**和***分别表示 15%、10%、5%和1%的显著性水平;(3)在 Sargan 检验、AR(1)检验和 AR(2)检验中,[ ]内数值为相应统计量的 p 值。

对表 6 - 2 的回归结果进行分析：

（1）被解释变量 λ 的一阶滞后项在所有估计模型中均高度显著为正，证实了出口质量升级是一个逐步累积的过程，表明本部分设定的动态模型是合理的。

（2）解释变量 ER 的一次项系数显著为负、二次项系数显著为正，说明环境规制对制造业出口质量会产生一种"U"型动态影响，即存在一个"拐点"，在环境规制强度达到"拐点"之前，会在一定程度上抑制出口质量升级，而当环境规制强度跨过"拐点"后则会促进出口质量升级。基于模型（7）的估计结果，计算出"拐点"值约为 - 3.4756，而 2009 年制造业的环境规制强度（对数值）平均为 - 4.7915，低于"拐点"值，说明在考察期内制造业的环境规制强度处于较低水平，不利于出口质量的提高[①]。近两三年来，国家对《环境保护法》《大气污染防治法》《节约能源法》和《水法》等法律法规进行了新修改，并已陆续施行，随着环境保护力度的不断加大及公民环保意识的逐渐增强，环境规制将倒逼制造业进行产品质量升级。之所以会产生这种"U"型的动态影响，本书认为其可能的原因在于，在环境规制政策实施的初步阶段，环境规制强度较弱，主要通过"抵消效应"对出口质量升级产生抑制作用；而随着环境规制强度的逐步提高，"补偿效应"对企业的影响愈加突出，进而显著促进出口质量升级。在模型（3）~模型（7）中，逐步引入其他控制变量，ER 的一次项系数和二次项系数的符号及显著性均未发生改变，表明本部分估计结果具有一定的稳定性。

（3）在模型（3）~模型（7）中，环境规制与技术创新的交互项对制造业出口质量存在显著的影响，但两个交互项的作用方向恰恰相反。其中，环境规制与自主研发的交互项 ERD 显著为负，而环境规制与技术引进的交互项 ETI 显著为正，说明在环境规制约束下，自主研发并没有促进出口质量升级，反而起到抑制作用，而技术引进却发挥了显著的促进作用。这可能是因为环境规制的"倒逼效应"和"补偿效应"在不同的技术创新方式上存在差异。我国的技术创新方式存在"取易创难"的特征（支燕、白雪洁，2012），即企业通过技术引进的方式可以获得较快的创新绩效回报，而自主研发并非加大投入就能产生良好的创新绩效，还要受到行业发展阶段、行业特征、行业资源禀赋条件等多种因

---

① 　这里的"拐点值"指的是环境规制对制造业出口质量的影响发生转变的临界值，基于伍德里奇（Wooldridge）（2002）的方法计算"拐点"值。

素的综合影响（林毅夫、张鹏飞，2005）。因此，在环境规制倒逼企业进行技术创新时，企业可能更加偏向于选择技术引进，而在企业资源总量既定的情况下，自主研发投入将会受到环境规制成本和技术引进投入的双重"挤出效应"影响，从而导致在环境规制约束下自主研发和技术引进对出口质量升级的影响方向是相反的。

（4）资本密集度 K 的估计系数显著为负，说明人均资本存量的提高反而降低了产品质量，这与施炳展等（2013）的研究结论相一致。这一结果可以用适宜技术论来解释（林毅夫、张鹏飞，2006），中国目前的要素禀赋结构仍然属于劳动充裕型，因而企业资本密集度越高，就偏离最适宜的技术结构越远，越不利于企业提高产品质量。人力资本 Human 的估计系数显著为正，与预期相符，表明提高科技活动人员在职工中的比重能够显著促进出口质量升级。企业规模 Size 的估计系数与预期相反，说明企业规模只有与企业的核心竞争力联系起来才能发挥积极作用（王树柏、李小平，2015）。外资参与度的估计系数均显著为正，说明引进外资能够在一定程度上推动中国制造业出口质量升级。

二、行业异质性效应的检验结果

这里用行业固定资产投资净额占工业总产值的比重反映行业间要素投入结构的差异，并以此把制造业分为 14 个固定资产投资比重较大的行业和 13 个固定资产投资比重较小的行业，进行分组估计，来考察环境规制、技术创新对制造业出口质量升级的行业异质性效应。

估计结果列于表 6 - 3，其中，模型（1）~模型（4）是固定资产投资比重较大的制造业行业的估计结果，模型（5）~模型（8）是固定资产投资比重较小的制造业行业的估计结果。AR(1)、AR(2) 检验和 Sargan 检验的结果表明，模型（1）~模型（8）选择的工具变量均是有效的。

在表 6 - 3 中，模型（1）和模型（5）是不含任何控制变量的基准估计结果。模型（1）的回归结果显示，对于固定资产投资比重较大的行业，环境规制的一次项系数显著为负，二次项系数显著为正，说明当前的环境规制政策对该类型行业的出口质量升级会产生不利影响，但二者之间存在显著的"U"型动态

表6-3

行业异质性效应的检验结果

变量	(1)	(2)	(3)	(4)	(5)	(6)	(7)	(8)
L.λ	1.0051***	1.0100***	1.0043***	1.0072***	1.0071***	1.0065***	1.0054***	1.0033***
	(158.167)	(94.297)	(120.259)	(131.265)	(202.144)	(201.739)	(175.111)	(266.872)
ER	-0.0615**	-0.1013**	-0.0473**	-0.0946***	0.1674**	0.1965***	0.2014**	0.2627**
	(-2.145)	(-2.046)	(-2.169)	(-2.591)	(2.194)	(2.597)	(2.025)	(2.463)
ER^2		0.0082**	0.0036***	0.0073**		0.0174***	0.0186**	0.0233***
		(2.208)	(2.610)	(2.381)		(2.768)	(2.160)	(2.650)
ERD			-0.0044	-0.0022**			-0.0020**	-0.0035*
			(-1.274)	(-2.140)			(-2.126)	(-1.678)
ETI			0.0001**	0.0004**			0.0059***	0.0062***
			(2.166)	(2.391)			(2.995)	(3.640)
K				-0.0913				-0.0498
				(-1.038)				(-1.215)
Human				0.0442**				0.0103**
				(1.943)				(1.843)
Size				-0.0927				-0.0078
				(-0.392)				(-0.230)
FDI				0.0434***				0.0388**
				(2.657)				(2.246)
常数项	0.1581***	0.1990***	0.4358***	0.0436***	0.6597**	0.8175***	0.8922***	1.0707***
	(2.787)	(2.905)	(2.634)	(3.337)	(2.468)	(3.400)	(2.696)	(3.040)
行业固定效应	否	是	是	是	否	是	是	是

续表

变量	(1)	(2)	(3)	(4)	(5)	(6)	(7)	(8)
Sargan 检验	65.845 [0.447]	68.028 [0.374]	72.453 [0.245]	71.853 [0.261]	75.593 [0.174]	69.939 [0.315]	65.481 [0.468]	55.484 [0.781]
AR (1)	-1.818 [0.069]	-2.001 [0.045]	-1.886 [0.059]	-2.186 [0.029]	-1.263 [0.206]	-1.670 [0.096]	-2.161 [0.031]	-1.807 [0.071]
AR (2)	-1.597 [0.110]	-1.239 [0.215]	-1.169 [0.242]	-1.122 [0.261]	-1.075 [0.282]	-1.5340 [0.1250]	-1.004 [0.315]	-1.309 [0.190]
观测值	182	182	182	182	169	169	169	169
样本类型	固定资产投资比重较大的制造业行业				固定资产投资比重较小的制造业行业			

注：(1) ( ) 内数值为采用聚类稳健标准差得到的 z 值；(2) #、*、** 和 *** 分别表示 15%、10%、5% 和 1% 的显著性水平；(3) 在 Sargan 检验、AR(1) 检验和 AR(2) 检验中，[ ] 内数值为相应统计量的 p 值。

关系，即随着环境规制政策日趋严格，当规制强度跨过拐点之后，反而会对出口质量升级起到促进作用。这一结果与预期相符，反映出固定资产投资比重较大的行业会根据环境规制成本的动态变化而调整其应当策略，环境规制政策实施初期的"抵消效应"将逐渐被技术创新的"补偿效应"所覆盖，进而对出口质量产生先抑制再促进的动态影响。与固定资产投资比重较大行业有所不同的是，在模型（5）的估计结果中环境规制的一次项系数和二次项系数均显著为正，表明环境规制会对固定资产投资比重较小行业的出口质量升级产生有利影响，并且呈现出边际影响递增的"J"型特征。这主要和该行业的要素投入结构有关，因为该行业的固定资产投资相对较少，其进行技术改进的成本较低，力度较弱的环境规制政策就能发挥出较大的"补偿效应"，从而有效激励技术创新，促进产品质量升级；当政策力度提高时，环境规制的"补偿效应"呈现非线性的增长，加速促进该行业出口质量升级。

在模型（1）和模型（5）的基础上，逐步引入其他变量，分别得到模型（2）~模型（4）和模型（6）~模型（8）的估计结果。结果显示，在逐步引入控制变量的过程中，与模型（1）和模型（5）的基准估计结果相比，环境规制的一次项系数和二次项系数的方向与显著性均无明显变化，说明以上估计结果具有较好的稳定性。其余变量的估计结果可参照上文分析。

三、稳健性检验

采用不同的环境规制强度衡量指标得到的分析结果可能不一致，鉴于此，为保证以上分析结论的可靠性，这里以能源消费强度衡量的环境规制指标进行稳健性检验。检验结果报告于表6-4。

表6-4　　　　　　　　　稳健性检验结果

变量	(1)	(2)	(3)	(4)	(5)	(6)
L.λ	0.9640***	0.9581***	0.9202***	0.9291***	0.9347***	0.9316***
	(29.647)	(22.310)	(39.039)	(33.261)	(15.051)	(16.120)
ER	−0.1123**	−0.1156***	−0.0482*	−0.0085**	0.0701*	0.0549**
	(−2.358)	(−3.272)	(−1.655)	(−2.110)	(1.770)	(2.121)

变量	（1）	（2）	（3）	（4）	（5）	（6）
ER²	0.0404 ***	0.0393 ***	0.0156 ***	0.0152 **	0.0287 **	0.0292 **
	（3.984）	（3.811）	（2.682）	（1.995）	（2.276）	（2.179）
ERD	−0.0372 ***	−0.0305 **	−0.0327 ***	−0.0288 ***	−0.0405 ***	−0.0338 ***
	（−3.157）	（−2.568）	（−3.948）	（−3.492）	（−2.840）	（−2.638）
ETI	0.0656 ***	0.0646 ***	0.0437 ***	0.0455 ***	0.0638 ***	0.0673 ***
	（6.911）	（7.660）	（6.233）	（5.916）	（6.809）	（8.178）
常数项	0.0906	0.0414	0.1420	−0.2990	1.4563 *	1.1589
	（0.210）	（0.059）	（0.641）	（−0.458）	（1.749）	（0.775）
控制变量	否	是	否	是	否	是
行业固定效应	否	是	否	是	否	是
Sargan 检验	49.483	51.498	64.938	55.384	58.093	63.972
	[0.923]	[0.888]	[0.478]	[0.796]	[0.715]	[0.512]
AR（1）检验	−2.458	−2.103	−1.657	−1.653	−1.957	−1.652
	[0.014]	[0.035]	[0.097]	[0.098]	[0.050]	[0.098]
AR（2）检验	−1.337	−1.113	−0.865	−1.053	−1.229	−1.528
	[0.181]	[0.265]	[0.386]	[0.292]	[0.218]	[0.126]
观测值	351	351	182	182	169	169

注：（1）（ ）内数值为采用聚类稳健标准差得到的 z 值；（2）#、*、** 和 *** 分别表示 15%、10%、5% 和 1% 的显著性水平；（3）在 Sargan 检验、AR(1) 检验和 AR(2) 检验中，[ ] 内数值为相应统计量的 p 值。

在表 6 - 4 中，模型（1）和模型（2）是对出口质量升级的"抵消效应"与"补偿效应"进行的稳健性检验。模型（1）和模型（2）的估计结果显示，变量 ER 一次项和二次项的系数符号和显著性均未发生实质性改变，说明环境规制对制造业出口质量升级的"U"型动态影响较为稳健；同时，交互项 ERD 和 ETI 的估计系数依然显著，且符号均与前文结果基本一致，这再次说明在环境规制倒逼企业进行技术创新时，与自主研发相比，企业更加依赖于技术引进的方式。模型（3）~模型（6）是对出口质量升级的行业异质性效应进行的稳健性检验。其中，模型（3）和模型（4）报告的是固定资产投资比重较大的制造业行业的估计结果；模型（5）和模型（6）报告的是固定资产投资比重较小的制造业行业的估计结果。比较两类行业的估计结果可以看出，环境规制对两类行业出口质量升级的影响效应依然呈现出不同的特征，与前文分析结果保持一致。

以上检验结果表明，在改变环境规制的衡量指标后，本部分结论仍具有较好的稳健性。

第五节　小　　结

伴随国内要素成本节节攀升、"要素红利"逐渐衰减，中国出口价格呈现出较难逆转的上升趋势。因此，进一步提高制造业"性价比"优势、推动出口贸易向"优质优价"转型升级的关键路径，就在于出口质量的不断升级。而当前，中国制造业的产品质量升级主要面临着技术创新的内在约束和资源与环境的外在约束。基于此，本部分将着重从出口质量升级的角度分析中国制造业在技术创新和资源与环境约束下的出口升级路径。首先，在借鉴现有相关文献的基础上，本章首先剖析了环境规制、技术创新与出口质量升级之间的内在机理。研究发现，从静态上看，环境规制会通过"抵消效应"和"约束效应"对出口质量升级产生抑制作用；而从动态上看，环境规制能够通过"倒逼效应"和"补偿效应"促进出口产品质量的提升。因此，环境规制对出口质量升级的影响效应将取决于"抵消效应""约束效应"与"倒逼效应""补偿效应"之和。此外，在相同的环境规制强度下，不同的行业（企业）会选择不同的应对措施，这主要取决于行业（企业）间的要素投入结构差异。一个行业的要素投入结构中固定资产投资的比重反映了该行业进行技术改进成本的大小和对环境规制"忍耐水平"的高低。因此，一个行业的固定资产比重决定了该行业在面临环境规制约束时所选择的应对策略。

在以上理论分析基础上，利用1996～2009年中国制造业27个行业的动态面板数据，运用SYS-GMM估计方法，实证检验了环境规制对制造业出口质量升级的影响效应及其行业异质性效应。研究发现：第一，总体来说，环境规制对制造业出口质量会产生一种"U"型动态影响，即存在一个"拐点"值，在环境规制强度达到"拐点"值之前，环境规制政策会在一定程度上抑制出口质量升级，然而，当环境规制强度跨过"拐点"值后则会促进出口质量升级。其原因可能是，在环境规制政策实施的初步阶段，环境规制强度较弱，主要通过"抵消效应"对出口质量升级产生抑制作用；而随着环境规制强度的逐步提高，"补偿效应"对企业的影响愈加突出，进而显著促进出口质量升级。第二，在环境规制约束下，自主研发和技术引进对出口质量升级的作用方向是相反的，自主研发并没有促进出口质量升级，而技术引进则发挥了显著的促进作用，说明制造业企业在技术创新方式上存在着明显的路径依赖。第三，当前的环境规制政策对固定资产投资比重较大行业的出口质量升级会产生不利影响，但二者之间存在显著的"U"型动态关系，即随着环境规制政策的日趋严格，当规制强度跨过拐点之后，反而会对出口质量升级起到促进作用。这一结果反映出，固定资产投资比重较大的行业会根据环境规制成本的动态变化而调整其应当策略，环境规制政策实施初期的"抵消效应"将逐渐会被技术创新的"补偿效应"所覆盖，进而对出口质量升级产生先抑制再促进的动态影响。第四，环境规制会对固定资产投资比重较小行业的出口质量升级产生有利影响，并且呈现出边际影响递增的"J"型特征，这主要和该行业的要素投入结构有关。因为该行业的固定资产投资相对较少，其进行技术改进的成本较低，力度较弱的环境规制政策就能发挥出较大的"补偿效应"，从而有效激励技术创新，促进产品质量升级；当政策力度提高时，环境规制的"补偿效应"呈现非线性的增长，加速促进该行业出口质量升级。第五，人力资本水平和外资参与度的提升均在一定程度上促进了制造业的出口质量升级；而资本密集度的提高和企业规模的扩大对出口质量升级并没有表现出显著的积极影响。在改变环境规制的衡量指标后，本部分结论仍具有较好的稳健性。

以上研究结论具有重要的政策含义：第一，实施环境规制政策对于实现环境保护和贸易转型升级的双赢局面是切实可行的。政府应该加强环境规制政策的执行力度，倒逼企业进行清洁技术创新、改良生产工艺，提高产品质量，推动贸易转型升级；同时，政府应通过生产补贴、金融支持、知识产权保护等政策强化环境规制的"补偿效应"，激励企业进行清洁技术创新，并为企业开发新技术提供有效的制度保障，形成环境规制、技术创新与贸易升级之间的良性互动。

第二，"一刀切"的环境规制政策是不适宜的，政府应该针对行业类型的异质性制定差异化的、分层次的环境规制政策。具体来说，对于固定资产投资比重较大的行业，适宜采取环境标准、排放限额等"控制型"的环境规制工具，进而充分发挥环境规制对技术创新、产品质量升级的倒逼作用，加快产品更新替代和产业转型升级；对于固定资产投资比重较小的行业，可以采取排污权交易、环境补贴等"激励型"环境规制工具，积极引导这类企业加大对清洁技术的研发投入，激励企业在出口市场中以"质"取胜。

第三，不能因为在环境规制约束下自主研发对出口质量升级的作用不明显，而忽视自主研发的重要性。恰恰相反，如果企业长期依靠技术引进的方式进行技术创新，很容易形成路径依赖，不利于中国制造业自主创新能力和国际竞争力的提高，因此，政府应该加大对企业自主研发活动的激励措施，鼓励企业在关键领域的核心技术上加大研发投入，形成自主知识产权，提升出口产品的质量水平和附加值含量，推动制造业出口贸易向"优质优价"转型。

第四，政府应该加大人力资本投资，通过提高创新能力和创新绩效，尽可能地降低环境规制对出口质量升级的不利影响。在当前的经济转型关键期，政府加大人力资本投资，既要注重量的增加，又要重视质的提升；一方面逐渐完善职业教育体系，另一方面继续增加对培养和引进高端技术人才的投入，切实解决企业一般人力资本和专业化人力资本相互脱节的问题，保持创新型人力资本的持续供给，突破人力资本对我国技术创新的制约瓶颈，通过创新能力和创新绩效的提高，充分发挥出口质量升级的"补偿效应"。

第五，政府应该有选择地招商引资，在扩大利用外资规模的同时，更应该注重引进外资的技术含量，优化外资参与的行业结构。一方面要避免发达国家对中国的"生态倾销"，另一方面要鼓励高质量的外资参与到以高技术产业为主体的清洁行业，利用外资企业的技术外溢，带动本土企业转型升级。

第七章
制造业出口升级的路径
分析：出口增加值路径

随着国际贸易和分工的新发展以及对 RCA 指数研究的深入，RCA 指数需要重新审视来加以发展和完善。一是国际垂直专业化分工和贸易下，如何用 RCA 指数来反映各国的比较优势？二是在比较优势动态变动的同时，一国贸易品中的要素含量及禀赋状况又发生了怎样的变化？学术界对比较优势的研究相当丰富，但以往大部分主要是基于传统的产业间和产业内分工条件，以贸易品的整体价值来实证分析比较优势问题。本章拟在回顾和探讨这两个问题的基础上，运用投入—产出模型及有关方法，基于出口增加值来测算中国制造业的显示性比较优势指数和要素含量，并结合 VSS 值实证分析垂直专业化贸易和分工下中国制造业比较优势的演进状况，为中国制造业的出口升级提供政策启示。

第一节 引 言

改革开放 40 多年以来，中国参与国际垂直专业化分工和贸易的程度在逐步加深，制成品已是中国出口的主要产品类别，相当多的产品在世界市场上占有较高的份额，特别是一些原先处于比较劣势的资本、技术密集型产品和部门近十几年来表现出强劲的发展势头。2014 年，中国机电产品出口额占当年总出口额的 55.96%，高新技术产品出口占 28.2%[①]。从产品类别上看，中国出口产品结构得到了很大改善，但是否意味着中国制造业的比较优势以及中国要素禀赋状况发生了根本变化呢？中国政府已发布《中国制造 2025》，规划中国"制造立国"，大力发展高端制造业的路线。那么，中国应如何客观认识既有的国际经贸环境及我国的比较优势、要素禀赋变化态势，在此基础上制订有效的发展政策，是一项很有意义的研究工作。

巴拉萨（Balassa，1965）提出的显示性比较优势指数（Revealed Comparative Advantage，RCA），是有关比较优势的理论和实证研究中广泛采用的一项指标，又称出口效绩指数。本质上，RCA 指数是通过一国某种产品出口占该国总出口

---

① 国家统计局：《2014 年国民经济和社会发展统计公报》。

的份额，及世界总出口的份额来显示该国的比较优势大小。其基本依据是一国某种产品出口占本国总出口的比重大，说明这种产品生产的机会成本是低的，或者劳动生产率是相对高的；如果这一比重高于世界同种产品总出口占世界总出口的比重，则说明该国在世界上同种产品的总出口中所占的市场份额大，从而比较优势大，获利能力强，因此一国比较优势的大小是通过市场份额或增值能力大小来体现的，这也就体现出一国生产出口产品的产业或企业与其他国家同类产业或企业竞争力（竞争优势）的强弱。

然而，随着国际贸易和分工的新发展以及对 RCA 指数研究的深入，RCA 指数需要重新审视来加以发展和完善。一是国际垂直专业化分工和贸易下，如何用 RCA 指数来反映各国的比较优势？二是在比较优势动态变动的同时，一国贸易品中的要素含量及禀赋状况又发生了怎样的变化？学术界对比较优势的研究相当丰富，但以往大部分主要是基于传统的产业间和产业内分工条件，以贸易品的整体价值来实证分析比较优势问题。十几年来一些学者开始将研究视角聚集到垂直专业化分工和贸易条件下比较优势及要素含量变化的重新审视上，如张小蒂和孙景蔚（2006）、刘林青和谭力文（2006）、马歇尔（Marshall，2011）、程大中（2014）、戴翔（2015）、李大伟（2015）、孙理军和严良（2016），等等。他们的研究各有侧重点，并取得了富有启发性的成果，但基于出口增加值测算中国的显示性比较优势及要素含量，以此探讨中国制造业比较优势及要素禀赋变化态势的研究尚不多见，并且由于对国内增加值的测算在口径上、方法上存在着一定差异，也使得既有的基于贸易增加值的 RCA 指数的测算结果也有相当程度的不同，这必然会影响到对实际状况的判断。本章拟在回顾和探讨这两个问题的基础上，基于出口增加值来测算中国制造业的显示性比较优势指数和要素含量，并结合 VSS 值实证分析垂直专业化贸易和分工下中国制造业比较优势的演进状况，以为中国制造业的出口升级提供政策启示。

相对已有的成果，本章研究工作的差异性主要体现在：（1）对垂直专业化分工和贸易下比较优势理论进行了重新审视；（2）采用投入—产出模型和方法细致测算了中国制造业 14 个部门的显示性比较优势、要素含量及垂直专业化分工参与度，特别是根据库普曼等（Koopman et al.，2012）对出口中的国内增加值界定，考虑了中间品复进口中的国内增加值，使出口增加值测算及相关分析更为精细；（3）将三项指数结合起来实证分析中国制造业在参与垂直专业化分工和贸易进程中，所显现出的出口增加值比较优势及要素含量的动态变化状况。

本部分剩余内容安排如下：（1）重视审视国际垂直专业化分工和贸易下比较优势理论；（2）测算方法及数据来源说明；（3）中国制造业的 VRCA 和 VEF 实证分析；（4）基本结论及启示。

第二节　比较优势理论的重新审视

当今世界垂直专业化分工和贸易得到迅速发展，产品的生产过程被"碎片化"，这一现实对基于一国或地区进行产品整体生产的传统国际经济和贸易理论提出了挑战。

第一，传统比较优势理论所依存的国际分工和贸易形式已发生根本变化。已有的比较优势理论主要是基于产业间和产业内分工和贸易建立起来的，而 20 世纪中后期以来，产品内的垂直专业化分工和贸易得到迅速发展，跨国公司通过建立子公司或离岸外包的形式将一种产品的生产环节按比较优势的原则分散到其他国家或地区，从而产品的制造在世界范围内形成"生产链"或"价值链"。价值链或生产链理论一般将产品的生产过程划分为四个环节：技术研发和设计、中间品生产、加工组装、销售与服务。不同环节由于技术要求和价值贡献地位不同，对要素的类型和数量要求也不同，由此基于各国之间贸易产品的形态、贸易条件、要素含量来研究比较优势的演进规律显然缺乏解释力。国内外众多学者从 20 世纪 90 年代以来已将研究视角转向了国际垂直专业化分工和贸易，相关研究不断丰富和深入。以垂直专业化分工和贸易来研究国际经济和贸易运行新规律，发展国际经贸易理论，成为重要的研究内容。

第二，在垂直专业化分工和贸易下，应按贸易增加值而不是贸易总值进行度量才能反映各国比较优势及贸易利得的真实状况。在产业间和产业内分工与贸易下，比较优势的度量是基于一国出口整体产品的价值。而在垂直专业化分工下，各国之间的分工体现在同一产品不同生产环节上，一国出口品中含有较高的进口成分，因此所获得的贸易收益也只是所分工的环节上的增加值，若按价值总额统计的国际贸易额则会存在着较大的重复成分。尽管已有的研究表明生产环节的分工仍然遵循的是比较优势原则，但比较优势应该按贸易增加值重新进行度量，由此各国比较优势是否呈现出不同的演进轨迹，仍是值得探讨的新议题。已有研究分别按贸易总值和贸易增加值测算了 2007 年的 RCA 指数，结果发现，按总值统计中国金属制成品行业的比较优势是世界第 1；按增加值统计，则下降为第 19，美国则从 26 上升到 16。其他很多发达国家也与美国类似，排名显著提升，由此改变了对比较优势的一些传统看法（童剑锋，2013）。这种状况在近 20 年已得到认同，近年来，国内外学者开始采用贸易增加值指标来重新测算和研究比较优势，这是对比较优势研究的新发展。蒂梅尔（Timmer，2013）指出，分析分工专业化和竞争优势的标准工具是显性比较优势指数。在垂直专业化分工下，RCA 分析的有用性仍可保留，但有不同的解释。柏得瑞（Beaudreau，2013）也认为贸易增加值数据展现了对一国优势和劣势的更准确的描述。他采用的数据来自 OECD—WTO 数据库。OECD、WTO 以及联合国统计署等国际组织从 2010 年起也着手进行贸易增加值的研究和统计工作。

第三，贸易的要素含量应基于生产环节而不是产品类型。比较优势原理实质上揭示的是，各国分工生产成本相对低的产品并相互进行贸易。在传统的分工与贸易形式下，假定一种产品为由一国完整生产，因而由产品分工和贸易体现出的比较优势实际上就是一国所生产产品中要素含量的不同。而在产品生产环节的分工和贸易下，不同环节由于技术要求和价值贡献地位不同，对要素的类型和数量要求也不同。一般而言，加工组装环节属于劳动密集型环节，对中低技能的劳动力需求相对较大，而其他三个环节则属于资本、技术密集型环节，对资本、技术及中高技能劳动力需求相对较大。因此，若按照产品进行的要素禀赋类型的分类来判断一国比较优势可能会产生偏误，特别是技术密集型和资本密集型产品，即使一国这些类别的产品贸易额大幅增长，也不一定意味着该国的比较优势转向了技术和资本要素上，可能仍在劳动要素上，由此只能说明一国贸易产品结构的变化，而不能断定比较优势的变化。对这一问题，众多研究在定性上已形成共识，但定量的证明和分析有待深入和丰富。

定量分析的难点是测度产品的价值链上各个环节要素含量，现有的分析技术和数据难以从企业和产品微观层面上进行分析，但可以借助非竞争型投入—产出表、供给—使用表以及社会经济表所提供的数据从产业部门层面测算出口增加值中的要素含量及其变化，来描述一国或地区比较优势的变化趋势。这正是本部分所要做的工作。

基于上述，本章拟运用相关方法测算基于出口增加值的显示性比较优势指数、要素含量，以分析中国制造业的比较优势演变状况，为中国制造业的出口升级提供政策启示。

第三节　测算方法及数据说明

一、出口增加值测算方法及数据来源

国际贸易研究一般是以国家或一国的产业为单位，因而增加值的统计口径更多的是一国或一产业出口产品价值中所含的国内成分，既包括一国最终完成出口产品生产的产业新增价值，也包括该出口产品中所含的来自国内其他产业的增加值，故称为出口中的国内增加值或出口增加值。近年来，国内外学者及有关机构加强了对贸易增加值的研究，测算也越来越精细，世界主要的学术机构和统计组织逐步建立起了相关的统计体系及数据库，如 OECD—WTO、联合国统计署、欧盟统计局、日本经济研究所、美国普渡大学等①。尽管出于不同的研究需要，对增加值的界定和测算不尽一致，但综归起来，增加值的测算大致涉及以下几个方面的处理：一是出口产品价值中内含的国内各产业增加值；二是出口产品生产所使用的复进口的中间品中内含的国内增加值；三是国内增加值中投入本国的国外要素收入和出口产品所有权；等等。其中第三项涉及一国生产的投入—产出及增加值是遵循生产地原则还是所有权原则问题（Marcel et al.，2013），在使用投入—产出表测算贸易增加值时，一般暂不考虑这一问题。本部分所测算的出口品内含国内增加值，遵循的是生产地原则，称为出口增加值，

---

① 参见李昕（2014）、潘文卿和李跟强（2014）、童剑锋（2013）等人对这些组织的相关数据库的翔实评价。

包括中国境内生产并出口的产品内含国内各产业直接增加值、间接增加值以及复进口中间品内含国内增加值三部分，并且所出口的产品不作中间品和最终品区分。

参照刘遵义（2007）和库普曼等（2012）的方法，采用投入—产出模型测算出口增加值，公式为：

$$VE_j = v_j(I - A^d)^{-1}E_j + RIM_j \qquad (7.1)$$

式（7.1）中，VE 表示出口增加值向量；v 代表产业的直接增值率向量；$(I - Ad)-1$ 代表各产业国内中间投入的里昂惕夫逆矩阵；E 代表出口向量；RIM 表示出口中再进口中间品所含国内增加值成分向量；下标 j 代表部门。

测算出口增加值时所采用的投入—产出表数据，来自欧盟统计局的世界投入—产出数据库（WIOD）。该数据库提供了 41 个国家和地区及世界总体的非竞争型投入—产出表、供给—使用表、社会经济表，这为测算和分析增加值以及国际比较提供了便利。RIM 数据来源于"OECD Stat"的"贸易增加值数据库"（TiVA）。该数据库中的"EXGR_RIM"表提供了所统计的样本国家和地区分产业的"出口中再进口中间品所含国内增加值成分"的年度数据。本部分对照WIOD 和 OECD Stat 的部门分类，整理出我国分产业部门的 RIM。

二、基于出口增加值的 RCA 指数测算方法及数据来源

巴拉萨（1965）的 RCA 指数测算公式表述为：

$$RCA_j^i = \frac{E_j^i / E^i}{E_j^w / E^w} \qquad (7.2)$$

式（7.2）中，i 表示国家，j 表示商品，E_j^i 为国家 i 的商品 j 出口值，E^i 为国家 i 的出口总值，E_j^w 为商品 j 的世界出口总值，E^w 为世界出口总值。

将式（7.2）的出口额指标替代为相应的出口增加值指标，测算基于出口增加值 RCA 指数。其中，分产业部门的出口增加值世界额以及出口增加值世界总额的数据来自 OECD Stat 的"出口中国内增加值成分表"（EXGR_DVA）。该数据库与 WIOD 在少数产业部门的分类有所不同，如前者将纺织、皮革合并为一个部门，而后者则为两个部门，在数据处理中，本部分将纺织、皮革两个部门

的出口额比例作为权数对相关数据进行拆分或合并。基于出口增加值的 RCA 指数测算公式为：

$$VRCA_j^i = \frac{VE_j^i / VE^i}{VE_j^w / VE^w} \qquad (7.3)$$

式（7.3）中，VRCA 为基于出口增加值的显示性比较优势指数；VE 为出口增加值，上下标识与式（7.2）相同。

通过 VRCA 指数，可以从出口增加值上的比较优势来显示一国的产业部门的国际竞争优势的变化态势。

三、出口增加值中国内要素含量的测算及数据来源

国际贸易理论中有关进出口品中要素含量的研究源于著名的赫克歇尔—俄林—瓦里克模型（Heckscher – Ohlin – Vanek model，HOV），但由于该模型有着极严格的理论假设，被许多实证研究结果证明其应用性并不强。之后，学者们对这一模型进行了修订，主要的工作是放松严格的假设前提，以使模型与实际数据相匹配，如特勒弗勒尔（Trefler，2010）。崔和克里希那（Choi and Krishna，2004）采用投入—产出模型建立了国际贸易中要素含量的测算方法，并运用 OECD 的生产和贸易数据，测算了在非均等化要素价格以及无须其他严格假设条件下双边贸易流量中的要素含量。这一方法也被程大中（2014）用于分析中国增加值贸易中隐含的要素流向扭曲程度。本部分将借鉴这一方法来测算中国制造业出口增加值中的要素含量。由于这一方法与出口增加值测算方法都是基于投入—产出模型，因而比较优势与要素含量的测算与分析容易保证在数据与口径上统一。鉴于本部分不涉及要素流向及替代方面的分析，故暂不考虑要素价格这一因素。

出口增加值中国内要素含量的测算方法为：

$$VEF_j^i = f_j^i (1 - A^d) VE_j \qquad (7.4)$$

式（7.4）中，VEF 代表出口增加值中国内要素含量向量；f 代表产出要素率向量；上标 i 表示要素种类；下标 j 表示产业。

目前理论界对式（7.4）存在的争论是，$f_j^i (I - A^d)^{-1}$ 所计算的是单位产出的

要素含量，这无论对出口还是国内最终使用都是一样的，但发展中国家为了提高出口竞争力，对出口生产和供国内使用的生产在要素使用上存在着差异，采用相同的要素含量与实际不符。而至今理论界仍只是提出这样的问题，尚未找到合适的方法，OECD、WTO 等国际组织也认为这是下一步研究的工作方向。本部分对国内要素含量的测算暂不区分出口生产和供国内使用生产。

经济学理论一般考虑劳动、资本、技术三种要素对产品生产的作用，已有的研究成果对一国出口品中三种要素的国内含量测算方法均进行了富有价值的探讨。相对而言，劳动、资本含量的测算方法较为统一，而技术含量的测算方法仍需进一步完善。姚洋和张晔（2008），盛斌和马涛（2008），马淑琴（2012），王培志和刘雯雯（2014）等学者研究了中国出口品国内技术含量的测算方法并进行了相关测算，对本书具有很好的启发意义。他们的基本结论是，近二十多年中国出口品国内技术含量并无大的改善，甚至一段时期出现下降状况。此外，国内技术含量测算不仅涉及方法上需要探讨，还涉及大量的微观层面数据采集和整理工作，这需要进行专项研究，故本部分暂只测算出口中的国内劳动、资本两个要素的含量，但这并不会对本部分关于中国制造业比较优势的研究产生实质性的影响。

式（7.4）中，劳动的数据来自 WIOD 的"社会经济表"（Socio Economic Accounts）的从业人员数（Number of persons engaged）历年数据；资本数据来自该表的实际固定资本存量（Real fixed capital stock）历年数据。由于实际固定资本存量是基于 1995 年本国货币价格，因此本部分在使用该数据时还采用中国当年平均汇率对同年份数据进行了调整，统一使用美元为货币计量单位，采用的汇率为《中国贸易外经统计年鉴》公布的当年年平均汇价。同时，采用"社会经济表"中的"总产出价格指数（1995 年定基）"对各年份的总产出、出口增加值等指标进行平减，消除价格因素的影响，以求各项指标统计口径具有一致性。

四、各部门垂直专业化分工参与度测算方法及数据来源

依据 HIY 的垂直专业化分工模型，一国各部门垂直专业化分工参与度测算公式为：

$$VSS_j = m_j(1 - A^d)^{-1} \tag{7.5}$$

式（7.5）中，m 为进口中间投入占产出的比例向量，下标 j 表示部门。

中国制造业各部门中间投入品进口额数据来自 WIOD 中的"中国投入—产出表"。

第四节 中国制造业的 VRCA 和 VEF 实证分析

WIOD 数据库将所有产业分为 35 个部门，其中 C15 ～ C37 共 14 个部门为制造业部门。这部分将分别测算 1995 年、2000 年、2005 年、2009 年四个年份中国制造业 14 个部门的 VRCA 和 VEF，并进行相关分析。本部分之所以选择这四个年份，是基于三点考虑：其一，本部分并非做时间序列分析，5 年的时间间隔足以描述出中国制造业比较优势的演变趋势；其二，这四个年份是能够反映国内外贸易和经济形势转变的重要时点；其三，便于投入—产出表、供给—使用表和社会经济表等数据库之间的统计口径相连接。

一、中国制造业的 VRCA 指数

首先利用式（7.1）测算出中国制造业 14 个部门的出口增加值，再利用式（7.3）和式（7.2）分别测算了中国制造业的 VRCA 指数和 RCA 指数，以便进行对比分析。此外，这里还将 14 个制造业部门按要素密集类型进行归类。在实证研究中，通常将产业或部门按要素密集度划分为劳动密集型、资本密集型、技术密集型进行比较优势分析。劳动密集型包括食品、纺织、皮革、木材、资源回收业等部门；资本密集型包括纸浆、炼焦、橡胶、非金属、金属等部门；技术密集型包括化学、电器、运输设备、机械等部门。测算结果如表 7 - 1 所示。

表 7 – 1　　　　　　中国制造业各部门 VRCA 指数和 RCA 指数

部门名称	VRCA				RCA			
	1995	2000	2005	2009	1995	2000	2005	2009
劳动密集型 1. 食品、饮料和烟草	1.26	1.06	0.77	0.66	0.99	0.89	0.55	0.44
2. 纺织及纺织制品	6.57	5.24	4.93	4.93	4.22	3.87	3.17	3.22
3. 皮革、皮革制品及鞋类	8.01	7.85	8.23	6.99	5.27	5.80	5.07	4.51
4. 木材、木材制品和软木	1.88	1.02	1.05	1.20	1.15	1.05	1.09	1.19
5. 资源回收业	1.56	1.93	1.60	1.96	2.59	2.63	2.08	1.89
资本密集型 6. 纸浆、纸张、印刷和出版	0.47	0.39	0.30	0.25	0.28	0.28	0.31	0.45
7. 炼焦、精炼石油及核燃料	0.35	0.41	0.30	0.17	0.53	0.46	0.33	0.30
8. 橡胶和塑料制品	2.15	2.23	1.79	1.90	1.01	1.32	1.18	1.23
9. 其他非金属矿物制品	2.44	2.34	1.68	1.63	1.54	1.44	1.58	1.77
10. 基本金属和金属制品	1.33	1.31	1.11	0.95	1.01	0.99	0.99	0.89
技术密集型 11. 化学品和化工制品	0.33	0.73	0.72	0.74	0.70	0.63	0.58	0.60
12. 机械电气产品	0.47	0.65	0.97	1.28	0.51	0.82	1.05	1.29
13. 电器和光学设备	1.73	1.84	3.08	3.72	1.12	1.48	2.52	2.74
14. 运输设备	0.19	0.26	0.37	0.62	0.23	0.32	0.35	0.56

RCA 指数的判别基本标准是，BRCA = 1，为"中性比较优势"，数值越大显示比较优势越强；BRCA = 0.8，为临界值，1 ~ 0.8 为"具有弱比较优势"；小于 0.8 为"具有比较劣势"，数值越小显示比较劣势越大。根据此标准，从表 7 – 1 中可以看出以下几点。

第一，VRCA 和 RCA 在总体方向上基本一致，这说明 1995 年以来我国制造业各个部门在出口增加值上并未使比较优势产生逆转，即出口总额上处于比较优势的部门在出口增加值上并未转变为比较劣势；反之，则反是。

第二，RCA 指数在绝大部分各个年份要小于 VRCA 指数。这一方面说明按照出口总额测算的 RCA 指数，会缩小各个部门的比较优势，夸大比较劣势，而且也不能通过国内增加值的出口反映比较优势的真实变化，由此会对中国的制造业部门比较优势的判断产生偏误；另一方面也说明在参与国际垂直专业化分工和贸易下，中国制造业出口品在总额上所显示的比较优势下降程度，被出口增加值比较优势的增大所减缓。

第三，从 VRCA 指数看，劳动密集型部门依然是中国出口增加值具有比较优势的部门；五个资本密集型部门中有三个具有比较优势，分别是橡胶和塑料、其他非金属矿物制品、基本金属和金属制品；技术密集型部门中电器和光学设备部门具有较强的比较优势，这是一个值得关注的问题。

第四，资本、技术密集型部门中的大部分仍处于比较劣势，VRCA 指数远小于 0.8 的临界值。

第五，除了电器和光学设备、资源回收业两个部门，具有比较优势部门的 VRCA 指数呈现不断下降趋势，食品和饮料部门从比较优势变为比较劣势。这说明中国传统的具有比较优势的部门，在出口增加值方面的比较优势有所下降。

第六，具有比较劣势部门的变化趋势不尽一致。纸浆、炼焦和精炼石油部门比较劣势更为明显，而化学品和化工制品、机械电气产品、运输设备部门则呈现出比较劣势不断改善的趋势。机械电气产品在 2005 年以后转化为比较优势。表明中国的技术密集型部门的比较劣势正在不断改善。

上述几点是对中国制造业各个部门的 VRCA 和 RCA 所作的实证描述，这些描述性结论与大部分文献从不同角度和指标对中国比较优势的研判，在劳动密集型和资本密集型部门方面是大体相符合的，而差异主要是技术密集型部门。本部分测算的结果是电器和光学设备部门在出口增加值上已具有明显的比较优势，而其他部门的比较劣势正在不断改善。从中可以得出一个基本判断，自 1995 年以来，中国制造业通过自身发展和参与国际垂直专业化分工，产业或部门的国际竞争力在结构上正在发生变化，传统的具有比较优势的部门的竞争优势仍较为明显，但有所下降；而一直具有比较劣势的部门大部分仍处于劣势，但呈改善趋势，特别是技术密集型部门改善明显。这说明这些部门不仅在产品出口上的竞争优势在增强，并且出口增加值上的竞争优势也在不断增强，这对中国走向"制造强国"具有重要意义。那么，影响中国制造业各个部门显示性比较优势变化的主要原因是什么？从国际垂直专业化分工和贸易角度看，这些变动有何更深层含义？单纯从 VRCA 指数本身是不能完整地说明问题的，还需要结合生产要素含量、垂直专业化分工参与度指标进行探讨，这正是下文所要做的工作。

二、中国制造业的 VEF 指数

比较优势原理本质上揭示的是，一国根据要素禀赋进行分工生产进而在国际交换中所体现的获益程度或竞争力强弱，因此，考察一国比较优势的动态变化离不开对一国贸易品生产中所具有的要素禀赋或要素含量变化的分析。严格地讲，要素含量的考察应该是在产品层面上，但测算要素含量时一般要用到投入—产出模型及数据，投入—产出表的框架是基于产业部门来构造的，因此，要素含量的测算主要涉及产业部门层面。这一部分用上文所述的方法和数据具体测量中国制造业出口增加值中的劳动含量和资本含量并进行实证分析。测算结果如表 7 - 2 所示。

贸易品中的国内要素含量及比率是衡量要素密集度的重要指标，反映单位劳动力占用资本情况。这些指标能够明确地反映一国要素禀赋与比较优势的状况。从表 7 - 2 可以看到，第一，1995～2009 年，中国制造业各部门的单位出口增加值中的劳动含量呈现大幅下降，而资本含量则有不同程度的上升，资本—劳动比也不断上升。这既是由于进入 21 世纪后人民币不断升值导致资本存量的美元价值提升，也与近来年中国劳动力成本上升有关，但中国制造业各部门加大资本投入乃是主要原因。第二，除纺织部门外，资本、技术密集型部门的资本含量提高幅度要普遍高于劳动密集型部门，同时，劳动含量减少幅度也要大，说明资本、技术密集型部门的资本密集度在不断加大，而这些部门恰恰是中国制造业中比较优势增强和比较劣势得到改善的部门，因此从一个侧面说明中国这些部门的比较优势增强在一定程度上来自资本密集程度的推动。第三，特别值得注意的是，在 2005 年以来电器和光学设备部门的资本含量和资本—劳动比大幅提高，VRCA 指数仅次于纺织、皮革部门，其主要影响因素是什么？这是值得探讨的问题。下文将结合垂直专业化分工参与度、不同层次技能从业人员工作时间份额、政策等方面作进一步的分析。

三、中国制造业各部门的 VSS 与 VRCA、VEF 对照分析

为了分析中国制造业各部门参与国际垂直专业化分工与比较优势及要素含量的关系，可计算出四个年份的各部门的垂直专业分工参与度（VSS 值），将这三个指标进行对比分析。计算结果报告于表 7 - 3。

表7-2　　中国制造业各部门的VEF值

部门名称		劳动含量（从业人数/百万美元）				资本含量（固定资本存量/百万美元）				资本—劳动比（美元/人）			
		1995	2000	2005	2009	1995	2000	2005	2009	1995	2000	2005	2009
劳动密集型	1. 食品、饮料和烟草	1 095.93	789.58	631.37	394.95	17 900.22	15 523.16	22 815.63	30 541.45	16.33	19.66	36.14	77.33
	2. 纺织及纺织制品	669.60	456.03	398.86	254.96	55 115.34	52 682.72	98 404.65	128 852.92	82.31	115.5	246.7	505.3
	3. 皮革、皮革制品及鞋类	669.72	558.15	495.97	312.70	13 698.25	14 117.71	22 347.23	28 347.91	20.45	25.29	45.06	90.66
	4. 木材、木材制品和软木	698.04	524.27	471.05	296.09	4 658.78	2 770.74	5 150.85	5 670.48	6.67	5.28	10.93	19.15
	5. 资源回收业	1 127.22	707.00	450.78	229.31	7 084.86	12 178.36	20 320.93	35 045.50	6.29	17.23	45.08	152.8
	6. 纸浆、纸张、印刷和出版	550.81	376.91	297.44	206.31	3 337.95	3 307.45	3 959.21	4 472.29	6.06	8.78	13.31	21.68
	7. 炼焦、精炼石油及核燃料	307.97	171.19	112.55	78.45	2 134.74	4 245.94	9 000.79	7 296.01	6.93	24.8	79.97	93.0
资本密集型	8. 橡胶和塑料制品	505.35	359.00	252.24	162.54	10 798.79	13 303.18	23 516.68	34 121.45	21.37	37.06	93.23	209.9
	9. 其他非金属矿物制品	463.42	269.84	182.83	120.27	8 823.54	9 897.95	13 069.90	17 130.68	19.04	36.68	71.49	142.4
	10. 基本金属和金属制品	356.71	227.84	138.13	92.43	27 541.18	28 999.64	54 023.54	61 606.17	77.21	127.2	391.1	666.5

续表

部门名称		劳动含量（从业人数/百万美元）				资本含量（固定资本存量/百万美元）				资本—劳动比（美元/人）			
		1995	2000	2005	2009	1995	2000	2005	2009	1995	2000	2005	2009
技术密集型	11. 化学品和化工制品	455.39	281.81	200.53	139.39	6 600.38	19 692.93	45 985.84	71 126.93	14.49	69.88	229.3	510.2
	12. 机械电气产品	391.44	228.31	143.93	100.63	8 359.61	13 015.26	31 187.79	60 051.81	21.36	57.01	216.6	596.7
	13. 电器和光学设备	333.62	198.77	117.87	89.93	47 222.26	64 596.17	134 575.76	242 074.65	141.5	324.9	1 141.1	2 691.2
	14. 运输设备	370.58	227.67	141.26	99.98	4 150.59	7 742.16	16 162.17	33 844.78	11.2	34.01	114.4	338.5

注：资本—劳动比数值根据资本/劳动计算得到。

表 7 - 3　中国制造业各部门 VSS、VRCA 与资本—劳动比

	部门名称	VSS 值				VRCA 变动率				资本—劳动比增长率			
		1995	2000	2005	2009	1995	2000	2005	2009	1995	2000	2005	2009
劳动密集型	1. 食品、饮料和烟草	8.38	8.02	11.12	9.54	1	0.84	0.61	0.52	1	1.16	1.82	3.25
	2. 纺织及纺织制品	18.36	18.23	19.41	13.11	1	0.83	0.78	0.76	1	1.33	2.49	4.66
	3. 皮革、皮革制品及鞋类	18.92	18.05	19.25	13.32	1	0.98	1.03	0.87	1	1.11	1.71	3.10
	4. 木材、木材制品和软木	16.14	13.56	17.64	13.59	1	0.54	0.56	0.64	1	0.76	1.39	2.12
	5. 资源回收业	15.47	13.52	16.33	12.51	1	1.24	1.03	1.26	1	2.71	6.74	20.41
	6. 纸浆、纸张、印刷和出版	14.44	14.61	18.76	16.10	1	0.83	0.64	0.53	1	1.32	1.82	2.76
资本密集型	7. 炼焦、精炼石油及核燃料	20.68	30.23	36.11	32.78	1	1.17	0.86	0.49	1	2.73	5.22	5.59
	8. 橡胶和塑料制品	18.06	19.04	25.72	20.05	1	1.04	0.83	0.88	1	1.62	3.17	6.45
	9. 其他非金属矿物制品	10.87	12.04	16.95	13.82	1	0.96	0.69	0.67	1	1.71	2.71	4.73
	10. 基本金属和金属制品	15.52	16.62	25.39	22.14	1	0.98	0.83	0.71	1	1.55	3.40	5.22
技术密集型	11. 化学品和化工制品	15.35	18.13	24.85	19.99	1	2.21	2.18	2.24	1	3.85	8.72	18.07
	12. 机械电气产品	14.85	16.09	25.90	19.23	1	1.38	2.06	2.72	1	2.61	8.84	21.69
	13. 电器和光学设备	22.25	26.30	38.94	28.08	1	1.06	1.78	2.15	1	2.22	7.12	15.19
	14. 运输设备	16.32	16.19	25.48	19.50	1	1.37	1.95	3.26	1	2.99	9.34	24.96

　　从表 7 - 3 可以看出：（1）无论是比较优势减弱的部门还是比较优势增强的部门，资本—劳动比均呈现提升态势，说明中国制造业各部门的资本密集程度在提高。（2）资本密集型和技术密集型部门的资本—劳动比增长要高于劳动密集型部门。特别是 2009 年与 1995 年相比，技术密集型部门的资本—劳动比平均水平提升幅度要高出资本密集型和劳动密集型部门三倍，说明技术密集型部门的出口增加值中所反映的资本密集程度或人均资本量相比其他部门有了很大提高。（3）有趣的是，比较优势不断增强的部门，其资本—劳动比增长率要高于比较优势减弱的部门，这在一定程度上反映了中国比较优势不断增强的部门，正在通过资本—产出比的提升来巩固传统的比较优势。（4）中国制造业各个部门参与国际垂直专业化分工程度都在增大，2005 年的 VSS 值在四个年份中达到最大，2009 年有所下降但均比 1995 年要高。这可能与 2008 年爆发的金融危机有关。但资本、技术密集型部门的 VSS 值不仅比劳动密集型部门要高，而且增长速度也要快得多。结合 VRCA 指数和资本—劳动比可以看出，参与国际垂直专业化分工程度不仅有助于增强中国资本、技术密集型部门的比较优势，或使比较劣势得以改善，同时也提高了资本—劳动比。劳动密集型部门 VSS 值变动较为稳定，说明中国劳动密集型部门仍依靠劳动要素禀赋取得较强的比较优势。

　　但是，不同等级从业人员劳动时间所占份额在中国制造业各部门不尽乐观。表 7 - 4 显示，无论是劳动密集型部门，还是资本、技术密集型部门，低技能和中技能从业人员劳动时间平均份额之和均超过 90%，高技能从业人员劳动时间平均份额很小，技术密集型部门在 2009 年也只达到最高的 7.3%，相比发达国家差距很大。2009 年，美国、德国、日本、韩国的技术密集型部门的高技能从业人员劳动时间平均份额超过了 30%，其中，美国高达 45%；与中国发展水平相当的印度，该项指标也达到 20%[①]。这进一步说明中国制造业各部门的比较优势仍然主要来自劳动要素，资本要素的作用有所提升，技术要素的作用过小。中国在参与国际垂直专业化分工过程中，制造业各部门，特别是资本、技术密集型部门主要承担的是中低技能劳动含量高的生产环节，产品中的技术主要包含在进口中间品之中。因此，产品分类为资本、技术密集型的产品，对中国而言，由于在国际分工和全球价值链中处于技术含量偏低的生产环节，因此实质

---

① 作者根据 WIOD 的《社会经济表》相关数据整理得到。

上仍属于劳动密集型产品。

表 7 - 4　中国制造业各部门不同等级技能从业人员劳动时间平均份额　单位：%

部门类型	劳动时间平均份额	1995 年	2000 年	2005 年	2009 年
劳动密集型	低技能劳动时间份额	70.6	66.1	66.3	66.5
	中技能劳动时间份额	28.6	32.8	31.9	31.5
	高技术劳动时间份额	0.8	1.1	1.8	2.0
资本密集型	低技能劳动时间份额	60.8	55.7	55.9	56.1
	中技能劳动时间份额	37.5	41.9	40.5	40.1
	高技术劳动时间份额	1.7	2.4	3.6	3.8
技术密集型	低技能劳动时间份额	51.6	46.2	45.8	45.8
	中技能劳动时间份额	45.1	49.4	47.5	46.9
	高技能劳动时间份额	3.3	4.4	6.7	7.3

资料来源：表中比值为各年份不同类型部门平均数，根据《社会经济表》（WIOD）数据整理得到。

中国电器和光学设备部门的比较优势及资本—劳动比突出增长明显，除了上述的原因外，还与中国近年来贸易方式、鼓励政策等方面有着密切关系。20世纪90年代以来，中央和各地政府相继出台多项政策积极推动高技术产业的发展①，大力引进外资，促进出口，高技术产业增长势头强劲。由于外资充分利用中国政府的优惠政策及充足的劳动力资源，外资涌入中国的高技术产业，采取加工贸易方式在中国加工组装高技术产品并出口。2009 年以前，机电产品出口占到全国总出口的一半，其中高新技术产品出口的 80% 以上由外资企业经营；并且，高新技术产业中加工贸易比重也很高，占加工贸易出口总额的 40% 左右，加工贸易方式出口的高新技术产品占该类别出口总额的 80% 以上，而且外资企业也主要是采取加工贸易方式②。可见，中国的技术密集型部门（特别是电器和光学设备部门），具有外资比例大、加工贸易方式进出口比重高的特点。也正因如此，中国电器和光学设备等部门得以快速发展，出口增加值、资本—劳动比

---

① 中国有多家管理部门和统计机构开展了"高新技术产业"专项统计和政策研究工作。2013 年，中国国家统计局专门颁发了《高技术产业（制造业）分类》文件，统一中国高技术产业统计范围和口径。在包括的六大类产业中，有四大类属于电器及设备类产业。

② 作者根据《中国贸易外经统计年鉴》《中国统计年鉴》《中国海关数据库》历年数据整理得到。

也得到快速提高。因此，这些部门通过积极参与国际垂直专业化分工使中国在这一领域的显示性比较优势得到增强，比较劣势得到一定程度的改善。

第五节 小 结

随着国际贸易和分工的新发展以及对 RCA 指数研究的深入，RCA 指数需要重新审视来加以发展和完善。一是国际垂直专业化分工和贸易下，如何用 RCA 指数来反映各国的比较优势？二是在比较优势动态变动的同时，一国贸易品中的要素含量及禀赋状况又发生了怎样的变化？学术界对比较优势的研究相当丰富，但以往大部分主要是基于传统的产业间和产业内分工条件，以贸易品的整体价值来实证分析比较优势问题。本部分在回顾和探讨这两个问题的基础上，运用投入—产出模型及有关方法，基于出口增加值来测算中国制造业的显示性比较优势指数和要素含量，并结合 VSS 值实证分析垂直专业化贸易和分工下中国制造业比较优势的演进状况。通过以上分析，主要得出的基本结论如下。

第一，经过 40 多年的改革开放和快速发展，中国制造业各部门的垂直专业化分工参与度不断提高，资本、技术密集型部门的 VSS 值要高于劳动密集型部门，总体而言，中国制造业各部门参与国际垂直专业化分工和贸易对增强比较优势，改善比较劣势有着正向效应。

第二，基于出口增加值的显示性比较优势指数（VRCA），相比基于出口总值的 RCA 要高，表明以传统的 RCA 指数对中国制造业各部门的比较优势的判断存在偏误，而 VRCA 指数更能够准确地反映中国制造业各部门在国际垂直专业化分工和贸易下比较优势的实际。

第三，中国制造业中的劳动密集型部门仍具有较强的比较优势，但有减弱的迹象，这一结论与已有的相关研究基本一致，如蒂梅尔（2013）、戴翔（2015）等。九个资本、技术密集型部门中有五个已具有比较优势，特别是电器和光学设备部门发展迅速，比较优势明显，这与中国政府近 20 年来积极推进以及该部门贸易方式等方面有重要关系，其他部门仍处于比较劣势，这一结论与已有的研究存在一定的差异。

第四，中国制造业各部门出口增加值中劳动含量逐年下降，资本含量上升较快，资本—劳动比呈递增态势；资本、技术密集型部门的各项指标明显好于劳动密集型部门，并且与比较优势增强、比较劣势改善呈正向关系。表明中国制造业比较优势增强与资本投入增大有密切关系。

第五，中国制造业各部门的不同等级技能劳动时间份额指标不尽理想。中、低技能劳动时间份额占到90%以上，高技能劳动时间份额虽然逐年增大，但明显偏低。特别是资本、技术密集型部门，这一指标不仅与发达国家有很大差距，也低于印度等发展中国家。这从一个方面反映了中国制造业部门的比较优势仍来自劳动、资本的推动，技术要素的作用不足。

总体而言，从出口增加值考察，中国制造业经过自身发展和积极参与国际垂直专业化分工和贸易，劳动密集型部门及产品的比较优势得到巩固，一些资本、技术密集型部门及产品已具有比较优势，另一些部门的比较劣势得到改善。但无论是比较优势增强还是比较劣势改善主要来自劳动和资本要素的推动，以及依赖内含高技术的中间投入品进口所取得的，国内技术要素的作用偏弱，表明中国在国际垂直专业化分工中仍处于劳动和资本密集度较高的加工组装环节。

尽管如此，也应看到，中国制造业各部门资本密集程度正在不断提高，中、高技能劳动时间份额也在逐步增大，出口增加值的比较优势得以增强，比较劣势有所改善，这为中国实施"制造立国"的《中国制造2025》的战略规划打下了坚实基础。

基于以上研究结论，本章得到以下几点启示。

第一，中国仍是劳动力丰富的国家，劳动密集型产品制造及生产环节依然具有很强的比较优势，在巩固这一优势的同时，应逐步加大中高技能劳动力的比例，从而提高生产效率和产品质量，以使比较优势转化为更强的竞争优势和增值能力。

第二，资本规模扩张是走向"制造强国"必经的阶段。经过几十年的快速发展，中国制造业各部门的资本规模已有大幅度提高，但与制造强国相比，人均资本规模仍偏小。在此基础上，一方面应鼓励中小企业的发展，另一方面应积极扶持大型企业做大做强，建成数个世界级的跨国公司。

第三，在充分利用参与国际垂直专业化分工或价值链体系的同时，注重延长在国内的链条，特别是改革加工贸易以及相关的税收政策，逐步增大从事加工贸易的跨国公司及国内企业从国内采购中间投入品的比例。

第四，加强科技研究成果向技术进步转化。提升国内企业技术研发能力，这是中国建成"制造强国"的根本。目前无论是劳动密集型产品，还是资本、技术密集型产品，国内技术含量均偏低。一国技术进步非简单地加大科技投资所能实现，而是综合性的结果。一是要以市场化、商业化理念改革现有的科技体制，以经济收益保障科技研究成果向技术进步的转化，激励企业加大研发投入，在科技研究与技术进步之间形成良性循环。二是提高国内市场的消费水平和消费层次，只有高的消费水平和层次才能促使企业之间加强产品技术水平及质量的竞争，也使企业能够从技术进步中获得理想的回报。三是现代消费者效用满足不仅仅体现在对产品的技术含量的消费，而更多地体现在对品牌文化、服务的消费，因此，中国企业在追求技术进步同时，更应注重企业文化的建设、品牌建设、服务体系的建设。政府应着力加强生产性服务业的发展。唯有如此才能真正实现中国技术的可持续性进步，将劳动密集型比较优势向技术创新型比较优势转化。

第八章
研究结论与政策启示

本章对以上章节的研究内容进行梳理，归纳和概括出本书的主要研究结论，并在此基础上，联系中国经济与贸易发展实际，提出相应的启示与政策性建议。

第一节 主 要 结 论

本书从中国出口的事实出发，针对现有研究对中国出口增长的解读不够充分，提出本书待研究的问题，即在价格优势渐进弱化而出口产品质量与发达国家尚存在一定差距的情况下，中国的出口贸易为何还能持续增长。基于对现有研究成果的充分吸收，本书尝试从"性价比"的视角对中国出口奇迹作出一种新的解读。首先，将"性价比"引入质量异质性模型，并借鉴哈拉克和西瓦达桑（2013）的双重生产率异质性模型，构建了"性价比"与企业出口行为决定的理论分析框架，并提出研究假设。其次，借鉴科汉德沃等（2013）和哈拉克和肖特（2011）的出口质量测算方法，测算出企业—产品层面的"性价比"指数和行业层面的"性价比"，分别从企业—产品层面和行业层面对本书的研究假设进行经验研究。再次，通过对出口增长和"性价比"变动进行结构性分解，分析"性价比"及其他因素的变化对制造业出口增长的动态影响、考察各因素对制造业出口增长的贡献程度，同时解析制造业"性价比"变动的主要驱动因素及其在结构上的动态变化。最后，在以上研究的基础上，分别从出口产品质量和出口增加值的视角分析了中国制造业的出口升级路径。通过以上研究，主要得出以下结论。

第一，将"性价比"引入质量异质性模型，同时借鉴哈拉克和西瓦达桑（2013）的双重生产率异质性模型，构建了生产率、"性价比"与企业出口行为决定的理论分析框架。研究发现，企业在既定的生产效率和质量生产能力的约束下，将通过对产品"性价比"的选择来实现利润最大化。"性价比"水平越高的企业，在市场中的获利能力也越强。因此，产品的"性价比"水平决定了企业的利润空间，进而影响该企业的市场行为选择。当产品的"性价比"提高到一定水平，使得企业在国外市场获得的利润大于或等于其在国内市场的利润时，该企业就会选择出口。基于此，本书推测，产品的"性价比"水平越高，该产品在国际市场中的竞争力就越强，进而有利于该产品生产企业出口规模的扩大；如果一个行业的"性价比"水平提高，该行业中就会有更多的企业选择从事出口贸易，进而拉动该行业的出口增长。

第二，从企业—产品层面来看：由价格和质量共同决定的"性价比"的提高对制造业企业的出口增长具有显著的促进作用。相比以往相关研究，本书的结论更具有一般性。如前所述，仅仅从价格或质量的某一方面解释中国的出口增长都存在一定的局限性。同时，"性价比"提高对出口增长的促进作用在不同类型企业、不同类型产品和不同类型进口国中均表现出一定的差异性。具体来看，（1）"性价比"对外资企业的出口促进作用要强于本土企业。在外资企业中，"性价比"对外商独资企业的出口促进作用要强于中外合资企业；在本土企业中，"性价比"对国有企业的出口促进作用要强于集体企业和私营企业，其中表现最弱的是私营企业。（2）"性价比"的出口促进作用在劳动密集型产品的表现较为突出，而在资本密集型产品和技术密集型产品的表现则相对较弱。（3）相较于高收入进口国而言，"性价比"对制造业企业的出口促进作用在中低收入进口国的表现更为明显。以上结论在控制内生性、选取不同的产品间替代弹性以及剔除初级品、资源品及同质性产品后，依然具有较好的稳健性。

第三，从行业层面来看：（1）在演进趋势上，中国制造业的"性价比"水平在总体上稳步提升，但在行业结构上发展不均衡。其中，电气、光学设备制造业提升最快，增长率为221%；其次为其他机械及设备制造业和基础金属制造业，也增长较快，增长率分别为63.2%和36.5%；而食品、饮料、烟草制造业、木材加工制造业、焦炭、炼油、核燃料制造业、非金属矿物制品业及其他运输设备制造业的"性价比"水平提高较慢，增长率均低于10%。（2）行业"性价比"的提高和进口国市场需求的增强均在一定程度上促进了中国制造业的出口增长。同时，"性价比"提高的出口拉动作用在不同类型行业和不同类型进口国（地区）中也表现出了差异性，这一结果与企业—产品层面的研究结论相符，即"性价比"提高对劳动密集型行业的出口促进作用比资本密集型行业和技术密集型行业更为突出，在中低收入进口国（地区）的表现也较强于高收入进口国（地区）。此外，进口国（地区）对中国的出口比重、固定贸易成本、可变贸易成本、相对多边贸易阻力和区域贸易安排对中国制造业出口增长的影响均基本符合理论预期，而地理邻近却并未发挥出显著的预期作用。在控制时间趋势和内生性后，以上结论依然可靠。

第四，从制造业出口增长的分解结果来看：（1）"性价比"和进口国市场规模的变动对制造业各行业的出口增长均作出了积极贡献，这反映出中国出口产品的"性价比"提高恰好满足了不断扩大的国外市场需求，成就了中国制造业的出口奇迹。（2）"性价比"对出口增长的贡献程度在各制造业行业中存在较大的差异。其中，在纺织、服装、皮革及鞋类制造业、其他机械及设备制造业、电气、光学设备制造业和其他制造业等4个行业，"性价比"提高对出口增长的贡献较为突出，均在20%以上，特别是电气、光学设备制造业，贡献程度达到了82.45%；而在木材加工制造业、造纸、印刷、出版业、非金属矿物制品业、汽车、挂车及半挂车制造业及其他运输设备制造业等5个行业，"性价比"提高对出口增长的贡献程度较小，均低于10%，这些行业的出口增长主要依赖于进口国市场规模的扩大及其他因素的贡献。（3）相对来说，"性价比"的提高对制造业在高收入进口国（地区）的出口增长贡献程度更大，而进口国（地区）市场规模的扩大对制造业在中低收入进口国（地区）的出口增长贡献程度更大。这一结果反映出，由于发达经济国家的经济增长速度整体放缓，市场需求规模难以大幅提升，因此，中国主要通过提升产品竞争力来实现对发达经济国家的出口扩张；尽管中低收入国家的经济体量相对较小，但其经济增长速度较快，特别是一些新兴经济体，市场需求的潜力不断被发掘，在很大程度上刺激了中国出口贸易的快速扩张。

第五，从制造业"性价比"变动的分解结果来看：（1）在15个制造业行业中，除食品、饮料、烟草制造业和化学品及化学制品业2个行业外，其余13个行业的出口质量变化均对"性价比"的提高表现为正贡献；而价格变化表现为正贡献的行业较少，仅有食品、饮料、烟草制造业、造纸、印刷、出版业、化学品及化学制品业和其他运输设备制造业等4个行业，其余11个行业的价格变化均不利于该行业"性价比"的提高。综合来看，中国制造业出口产品"性价比"的提高主要来源于出口质量的提升，仅有少数行业依赖于价格竞争。（2）在变化趋势上，中国制造业大多数行业的出口质量和出口价格是在同时提高，而"性价比"水平依然保持上升趋势，说明制造业"性价比"在结构上正在从价格竞争型向质量提升型演进。以上结论揭示出，"性价比"在结构上是动态调整的，虽然制造业出口产品仍具有价格优势（IPI 指数小于 1），但出口价格的上升趋势使得价格优势逐渐被削弱，而不断提升的出口质量恰好起到了弥补作用，并带动"性价比"水平进一步提高，这就解释了在价格优势渐进弱化而出口质量与发达国家尚存在差距的情况下制造业出口仍能持续增长的原因。

第六，从资源与环境约束及技术创新对出口质量升级的影响看：（1）总体来说，环境规制对制造业的出口质量升级会产生先抑制再促进的"U"型动态影响。在环境规制强度较弱阶段，环境规制主要通过对技术创新的"抵消效应"抑制出口质量升级；随着环境规制强度的逐步提高，环境规制则通过对技术创新的"补偿效应"促进出口质量升级。（2）对于固定资产投资比重较大的行业来说，当前的环境规制政策不利于该行业的出口质量升级，但二者之间存在显著的"U"型动态关系，即当规制强度跨过"拐点"之后，则会对出口质量升级起到促进作用；而对于固定资产投资比重较小的行业，环境规制对出口质量升级会产生有利影响，并且呈现出边际影响递增的"J"型特征。（3）在资源与环境约束下，自主研发和技术引进对出口质量升级的作用方向是相反的，自主研发并没有促进出口质量升级，而技术引进则发挥了显著的促进作用，说明制造业企业在技术创新方式上存在着明显的路径依赖。（4）人力资本水平和外资参与度的提升均在一定程度上促进了制造业的出口质量升级；而资本密集度的提高和企业规模的扩大对出口质量升级并没有表现出显著的积极影响。

第七，从出口增加值角度的制造业出口升级路径来看：（1）经过 40 多年的改革开放和快速发展，中国制造业各部门的垂直专业化分工参与度不断提高，资本、技术密集型部门的 VSS 值要高于劳动密集型部门，总体而言，中国制造业各部门参与国际垂直专业化分工和贸易对增强比较优势，改善比较劣势有着正向效应。（2）基于出口增加值的显示性比较优势指数（VRCA），相比基于出口总值的 RCA 要高，表明以传统的 RCA 指数对中国制造业各部门的比较优势的判断存在偏误，而 VRCA 指数能够更准确地反映中国制造业各部门在国际垂直专业化分工和贸易下比较优势的实际。（3）中国制造业中的劳动密集型部门仍具有较强的比较优势，但有减弱的迹象。9 个资本、技术密集型部门中有 5 个已具有比较优势，特别是电器和光学设备部门发展迅速，比较优势明显，这与中国政府近 20 年来积极推进以及该部门贸易方式等方面有重要关系。（4）中国制造业各部门出口增加值中劳动含量逐年下降，资本含量上升较快，资本—劳动比呈递增态势；资本、技术密集型部门的各项指标明显好于劳动密集型部门，并且与比较优势增强、比较劣势改善呈正向关系。表明中国制造业比较优势增强与资本投入增大有密切关系。（5）中国制造业各部门的不同等级技能劳动时间份额指标不尽理想。中、低技能劳动时间份额占到 90% 以上，高技能劳动时间份额虽然逐年增大，但明显偏低。特别是资本、技术密集型部门，这一指标不仅与发达国家有很大差距，也低于印度等发展中国家。这从一个方面反映了中国制造业部门的比较优势仍来自劳动、资本的推动，技术要素的作用不足。总体而言，从出口增加值考察，中国制造业经过自身发展和积极参与国际垂直专业化分工和贸易，劳动密集型部门及产品的比较优势得到巩固，一些资本、技术密集型部门及产品已具有比较优势，另一些部门的比较劣势得到改善。中国制造业各部门资本密集程度正在不断提高，中、高技能劳动时间份额也在逐步增大，出口增加值的比较优势得以增强，比较劣势有所改善，这为中国实施"制造立国"的《中国制造 2025》的战略规划打下了坚实基础。

第二节　政　策　启　示

随着生产要素成本不断上升、资源与环境约束日益增强，中国过去依赖资源要素投入的粗放式出口模式已难以为继，转型升级已成为中国外贸可持续发展的内在需求和必然趋势。国家在"十二五"规划中提出了加快转变外贸发展方式，推动外贸发展从规模扩张向质量效应提高转变、从成本优势向综合竞争优势转变的战略目标；之后，在《中国制造 2025》规划中提出了绿色发展、创新驱动、质量为先的战略方针；在"十三五"规划中提出了外贸向"优质优价"转变的贸易强国战略。因此，如何提升中国制造业的综合竞争优势、推动出口贸易转型升级，已成为中国当前重要的理论和现实问题。基于以上研究结论，得到如下重要启示。

第一，国家层面：（1）中国出口产品的"性价比"在结构上正在从依靠价格竞争向依靠质量提升转变，这一演进趋势符合中国出口贸易转型的"优质优价"战略。然而，也应该注意到，伴随资源与环境约束的日益增强，"要素红利"的逐渐衰减，中国的出口价格呈现出明显的上升趋势，而出口质量水平目前仍与发达国家甚至一些发展中国家存在一定的差距。因此，政府应该进一步提高对技术创新的支持力度，为微观部门提供必要的技术创新条件，利用"创新红利"，推动出口产品的"性价比"进一步向质量提升型发展，着力提升中国产品的综合竞争优势。（2）出口贸易转型升级的"优质优价"战略并非意味着绝对的"高质高价"，而应该是在保持"性价比"优势的前提下合理地提升出口质量和出口价格，进而才能实现出口规模和出口效益的双赢。（3）实施环境规制政策对于实现环境保护和出口转型升级的双赢局面是切实可行的。国家应该加强环境规制政策的执行力度，倒逼企业进行清洁技术创新、改良生产工艺，提高产品质量，推动贸易转型升级；同时，政府应通过生产补贴、金融支持、知识产权保护等政策强化环境规制的"补偿效应"，激励企业进行清洁技术创新，并为企业开发新技术提供有效的制度保障，形成环境规制、技术创新与贸易升级之间的良性互动。（4）政府应该加大人力资本投资，通过提高创新能力和创新绩效，尽可能地降低资源与环境约束对出口质量升级的不利影响。在当前的经济转型关键期，政府加大人力资本投资，既要注重量的增加，又要重视质的提升，一方面逐渐完善职业教育体系，另一方面继续增加对培养和引进高端技术人才的投入，切实解决企业一般人力资本和专业化人力资本相互脱节的问题，保持创新型人力资本的持续供给，突破人力资本对我国技术创新的制约瓶颈，通过创新能力和创新绩效的提高，充分发挥出口质量升级的"补偿效应"。（5）政府应该有选择地招商引资，在扩大利用外资规模的同时，更应该注重引进外资的技术含量，优化外资参与的行业结构；鼓励高质量的外资参与到以高技术产业为主体的清洁行业，利用外资企业的技术外溢，带动本土企业转型升级。（6）中国仍是劳动力丰富的国家，劳动密集型产品制造及生产环节依然具有很强的比较优势，在巩固这一比较优势的同时，应逐步加大中高技能劳动力的比例，从而提高生产效率和产品质量，以使比较优势转化为更强的竞争优势和增值能力。

第二，行业层面：（1）"性价比"提高对制造业的出口增长作出了显著贡献，但在木材加工制造业、造纸、印刷、出版业、非金属矿物制品业、汽车、挂车及半挂车制造业及其他运输设备制造业等5个行业，"性价比"的贡献程度还相对较低，仍有较大的上升空间。这类行业应该着力于提高出口产品的"性价比"水平，充分发挥"性价比"对出口增长的促进作用，进而有利于该类行业出口规模的进一步扩大。（2）尽管制造业大多数行业"性价比"的提高主要依靠质量提升，但仍有少数行业（食品、饮料、烟草制造业和化学品及化学制品业）还是依赖于价格竞争，并未摆脱价格扩张和规模扩张的粗放型出口模式。因此，应该推动食品、饮料、烟草制造业和化学品及化学制品业的"性价比"向质量提升型转变，出口模式向"优质优价"转型。一方面，通过提高产品质量的市场准入，倒逼食品、饮料、烟草制造业和化学品及化学制品业的企业进行产品质量升级；另一方面降低该两个行业的市场进入门槛、扩大行业的开放度，通过市场竞争、优胜劣汰，提升行业的出口质量水平，增强行业的综合竞争优势。（3）在充分利用参与国际垂直专业化分工或价值链体系的同时，注重延长在国内的链条，特别是改革加工贸易以及相关的税收政策，逐步增大从事加工贸易的跨国公司及国内企业从国内采购中间投入品的比例。（4）"一刀切"的环境规制政策是不适宜的，不同类型的行业应该制定差异化的、分层次的环境规制政策。具体来说，对于固定资产投资比重较大的行业，适宜采取环境标准、排放限额等"控制型"的环境规制工具，充分发挥环境规制对技术创新、产品质量升级的倒逼作用，加快产品替代和产业转型；对于固定资产投资比重较小的行业，可以采取排污权交易、环境补贴等"激励型"环境规制工具，积极引导企业进行清洁技术研发，激励企业在出口市场中以"质"取胜。

第三，企业层面：（1）"性价比"水平是影响企业出口行为的重要因素，出口企业应该根据自身优势条件针对不同的出口市场而选择合理的出口质量及相应的出口价格，以提高出口产品的综合竞争力，在扩大出口规模的同时兼顾出口绩效。（2）同时，也应该正视到，中国企业（特别是本土企业）的出口产品质量仍有较大的提升空间，通过"以质取胜"获取更大的贸易利益、逐渐参与全球价值链的高端环节是中国企业的必然选择。因此，中国出口企业在保持产品"性价比"优势的同时，一方面要提高生产效率、降低成本，另一方面需要加大技术创新投入、提升产品质量，不断提高"性价比"水平，增强"中国制造"的综合竞争优势。（3）尽管自主研发对出口质量升级的作用还不明显，但是不能忽视自主研发的重要性。恰恰相反，如果企业长期依靠技术引进的方式进行技术创新，容易形成路径依赖，不利于中国企业自主创新能力和国际竞争力的提高。因此，一方面，政府应该加大对企业自主研发活动的激励措施；另一方面，企业应该在关键领域的核心技术上加大研发投入，形成自主知识产权，提升出口产品的质量水平和附加值含量，推动中国企业的出口向"优质优价"转型。（4）资本规模扩张是走向"制造强国"必经的阶段。经过几十年的快速发展，中国制造业各部门的资本规模已有大幅度提高，但与制造强国相比，人均资本规模仍偏小。应在此基础上，一方面鼓励中小企业的发展，另一方面积极扶持大型企业做大做强，建成数个世界级的跨国公司。（5）加强科技研究成果向技术进步转化。提升国内企业技术研发能力，这是中国建成"制造强国"的根本。目前无论是劳动密集型产品，还是资本、技术密集型产品，国内技术含量均偏低。一国技术进步非简单地加大科技投资所能实现，而是综合性的结果。一是要以市场化、商业化理念改革现有的科技体制，以经济收益保障科技研究成果向技术进步的转化，激励企业加大研发投入，在科技研究与技术进步之间形成良性循环。二是提高国内市场的消费水平和消费层次，只有高的消费水平和层次才能促使企业之间加强产品技术水平及质量的竞争，也使企业从技术进步中获得理想的回报。三是现代消费者效用满足不仅仅体现在对产品的技术含量的消费，更多地体现在对品牌文化、服务的消费，因此，中国企业在追求技术进步的同时，更应注重企业文化的建设、品牌建设、服务体系的建设。政府应着力加强生产性服务业的发展。唯有如此才能真正实现中国技术的可持续性进步，将劳动密集型比较优势向技术创新型比较优势转化。

附　录

附录 A　企业最大化利润水平的推导过程

根据式（2.14），企业的利润函数为：

$$\pi_d = \frac{1}{\sigma}\left(\frac{\sigma}{\sigma-1}\right)^{1-\sigma}\left(\frac{\kappa}{\varphi}\right)^{1-\sigma}\frac{E}{P}\lambda_d^{(\sigma-1)(1-\beta)} - F_0 - \frac{f}{\xi}\lambda^\alpha$$

$$= \frac{1}{\sigma}\left(\frac{\sigma}{\sigma-1}\right)^{1-\sigma}\left(\frac{\kappa}{\varphi}\right)^{1-\sigma}\frac{E}{P}\lambda_d^{\alpha-\alpha'} - F_0 - \frac{f}{\xi}\lambda^\alpha$$

$$= \lambda_d^\alpha\left[\frac{1}{\sigma}\left(\frac{\sigma}{\sigma-1}\right)^{1-\sigma}\left(\frac{\kappa}{\varphi}\right)^{1-\sigma}\frac{E}{P}\lambda_d^{-\alpha'} - \frac{f}{\xi}\right] - F_0 \qquad (A1)$$

其中，$\alpha' = \alpha - (\sigma-1)(1-\beta)$。根据式（2.16），企业的最优质量水平为：

$$\lambda_d = \left[\frac{1-\beta}{\alpha}\left(\frac{\sigma-1}{\sigma}\right)^\sigma\left(\frac{\varphi}{\kappa}\right)^{\sigma-1}\frac{\xi}{f}\frac{E}{P}\right]^{\frac{1}{\alpha'}} \qquad (A2)$$

将式（A2）代入式（A1），可得到企业的最大化利润水平为：

$$\pi_d = \lambda_d^\alpha\left[\frac{1}{\sigma}\left(\frac{\sigma}{\sigma-1}\right)^{1-\sigma}\left(\frac{\kappa}{\varphi}\right)^{1-\sigma}\frac{E}{P}\lambda_d^{-\alpha'} - \frac{f}{\xi}\right] - F_0$$

$$= \left[\frac{1-\beta}{\alpha}\left(\frac{\sigma-1}{\sigma}\right)^\sigma\left(\frac{\varphi}{\kappa}\right)^{\sigma-1}\frac{\xi}{f}\frac{E}{P}\right]^{\frac{\alpha}{\alpha'}}\left[\frac{1}{\sigma}\left(\frac{\sigma}{\sigma-1}\right)^{1-\sigma}\left(\frac{\kappa}{\varphi}\right)^{1-\sigma}\frac{E}{P}\right.$$

$$\left.\cdot\frac{\alpha}{1-\beta}\left(\frac{\sigma}{\sigma-1}\right)^\sigma\left(\frac{\kappa}{\varphi}\right)^{\sigma-1}\frac{f}{\xi}\frac{P}{E} - \frac{f}{\xi}\right] - F_0$$

$$= \left[\frac{1-\beta}{\alpha}\left(\frac{\sigma-1}{\sigma}\right)^\sigma\left(\frac{\varphi}{\kappa}\right)^{\sigma-1}\frac{\xi}{f}\frac{E}{P}\right]^{\frac{\alpha}{\alpha'}}\left[\frac{\alpha}{(\sigma-1)(1-\beta)}\frac{f}{\xi}\right] - F_0$$

$$= \left[\frac{1-\beta}{\alpha}\left(\frac{\sigma-1}{\sigma}\right)^\sigma\left(\frac{\varphi}{\kappa}\right)^{\sigma-1}\frac{\xi}{f}\frac{E}{P}\right]^{\frac{\alpha}{\alpha'}}\cdot\frac{\alpha'}{\alpha-\alpha'}\frac{f}{\xi} - F_0$$

$$= \left(\frac{1-\beta}{\alpha}\right)^{\frac{\alpha}{\alpha'}}\left(\frac{\sigma-1}{\sigma}\right)^{\frac{\sigma\alpha}{\alpha'}}\frac{\alpha'}{\alpha-\alpha'}\left(\frac{\varphi}{\kappa}\right)^{\frac{\alpha(\sigma-1)}{\alpha'}}\left(\frac{\xi}{f}\right)^{\frac{\alpha-\alpha'}{\alpha'}}\left(\frac{E}{P}\right)^{\frac{\alpha}{\alpha'}} - F_0 \qquad (A3)$$

194

令 $J = \left(\dfrac{\sigma-1}{\sigma}\right)^{\frac{\sigma\alpha}{\alpha'}}\left(\dfrac{1-\beta}{\alpha}\right)^{\frac{\alpha}{\alpha'}}\left(\dfrac{\alpha'}{\alpha-\alpha'}\right)$，式（A3）可简化为：

$$\pi_d = J\left(\frac{\varphi}{\kappa}\right)^{\frac{\alpha(\sigma-1)}{\alpha'}}\left(\frac{\xi}{f}\right)^{\frac{\alpha-\alpha'}{\alpha'}}\left(\frac{E}{P}\right)^{\frac{\alpha}{\alpha'}} - F_0 \qquad\qquad (A4)$$

即得到企业的最大化利润公式（2.19）。

附录 B　利润对"性价比"函数的推导过程

根据"性价比"χ_d与复合生产率η的关系：

$$\chi_d = \eta^{\frac{1}{\sigma-1}}\left(\frac{\sigma-1}{\sigma}\right)^{\frac{\alpha-\beta+1}{\alpha'}}\left(\frac{1-\beta}{\alpha}\frac{E}{P}\right)^{\frac{1-\beta}{\alpha'}}$$

可将复合生产率η表示为：

$$\eta = \chi_d^{\sigma-1}\left(\frac{\sigma}{\sigma-1}\right)^{\frac{(\alpha-\beta+1)(\sigma-1)}{\alpha'}}\left(\frac{1-\beta}{\alpha}\frac{E}{P}\right)^{\frac{(\beta-1)(\sigma-1)}{\alpha'}} \tag{B1}$$

将式（B1）代入利润对复合生产率的函数$\pi_d(\eta) = J\eta\left(\frac{E}{P}\right)^{\frac{\alpha}{\alpha'}} - F_0$，可得到：

$$\pi_d = J\chi_d^{\sigma-1}\left(\frac{\sigma}{\sigma-1}\right)^{\frac{(\alpha-\beta+1)(\sigma-1)}{\alpha'}}\left(\frac{1-\beta}{\alpha}\frac{E}{P}\right)^{\frac{(\beta-1)(\sigma-1)}{\alpha'}}\left(\frac{E}{P}\right)^{\frac{\alpha}{\alpha'}} - F_0 \tag{B2}$$

再将$J = \left(\frac{\sigma-1}{\sigma}\right)^{\frac{\sigma\alpha}{\alpha'}}\left(\frac{1-\beta}{\alpha}\right)^{\frac{\alpha}{\alpha'}}\left(\frac{\alpha'}{\alpha-\alpha'}\right)$代入式（B2），可得到：

$$\pi_d = \left(\frac{\sigma-1}{\sigma}\right)^{\frac{\sigma\alpha}{\alpha'}}\left(\frac{1-\beta}{\alpha}\right)^{\frac{\alpha}{\alpha'}}\left(\frac{\alpha'}{\alpha-\alpha'}\right)\chi_d^{\sigma-1}\left(\frac{\sigma}{\sigma-1}\right)^{\frac{(\alpha-\beta+1)(\sigma-1)}{\alpha'}}$$

$$\cdot\left(\frac{1-\beta}{\alpha}\frac{E}{P}\right)^{\frac{(\beta-1)(\sigma-1)}{\alpha'}}\left(\frac{E}{P}\right)^{\frac{\alpha}{\alpha'}} - F_0$$

$$= \chi_d^{\sigma-1}\left[\left(\frac{\sigma-1}{\sigma}\right)^{\frac{\sigma\alpha}{\alpha'}}\left(\frac{\sigma}{\sigma-1}\right)^{\frac{(\alpha-\beta+1)(\sigma-1)}{\alpha'}}\right]\left[\left(\frac{1-\beta}{\alpha}\right)^{\frac{\alpha}{\alpha'}}\left(\frac{1-\beta}{\alpha}\right)^{\frac{(\beta-1)(\sigma-1)}{\alpha'}}\right]$$

$$\cdot\left[\left(\frac{E}{P}\right)^{\frac{(\beta-1)(\sigma-1)}{\alpha'}}\left(\frac{E}{P}\right)^{\frac{\alpha}{\alpha'}}\right]\left(\frac{\alpha'}{\alpha-\alpha'}\right) - F_0$$

$$= \chi_d^{\sigma-1}\left(\frac{\sigma-1}{\sigma}\right)^{\frac{\sigma\alpha-(\alpha-\beta+1)(\sigma-1)}{\alpha'}}\left(\frac{1-\beta}{\alpha}\right)^{\frac{\alpha+(\beta-1)(\sigma-1)}{\alpha'}}\left(\frac{E}{P}\right)^{\frac{\alpha+(\beta-1)(\sigma-1)}{\alpha'}}\left(\frac{\alpha'}{\alpha-\alpha'}\right) - F_0 \tag{B3}$$

根据$\alpha' = \alpha - (\sigma-1)(1-\beta)$，可知：

$$\frac{\sigma\alpha-(\alpha-\beta+1)(\sigma-1)}{\alpha'}=\frac{\alpha-(1-\beta)(\sigma-1)}{\alpha'}=1 \tag{B4}$$

$$\frac{\alpha+(\beta-1)(\sigma-1)}{\alpha'}=\frac{\alpha-(1-\beta)(\sigma-1)}{\alpha'}=1 \tag{B5}$$

依据式（B4）和式（B5），可将式（B3）简化为：

$$\pi_d = \chi_d^{\sigma-1}\frac{\sigma-1}{\sigma}\frac{1-\beta}{\alpha}\frac{E}{P}\frac{\alpha'}{\alpha-\alpha'}-F_0$$

$$= \chi_d^{\sigma-1}\frac{(\sigma-1)(1-\beta)\alpha'}{\sigma\alpha(\alpha-\alpha')}\frac{E}{P}-F_0$$

$$= \frac{1}{\sigma}\frac{\alpha'}{\alpha}\chi_d^{\sigma-1}\frac{E}{P}-F_0 \tag{B6}$$

即得到利润对"性价比"的函数式（2.23）。

附录 C 90 个贸易伙伴及其分类

国家或地区	类型	国家或地区	类型	国家或地区	类型
阿尔巴尼亚	UM	德国	H	尼日尔	L
阿尔及利亚	UM	加纳	L	挪威	H
阿根廷	UM	希腊	H	阿曼	H
澳大利亚	H	危地马拉	LM	巴拿马	UM
奥地利	H	中国香港	H	秘鲁	UM
比利时	H	匈牙利	H	菲律宾	LM
玻利维亚	LM	冰岛	H	波兰	H
巴西	UM	印度	LM	葡萄牙	H
保加利亚	UM	印度尼西亚	LM	罗马尼亚	UM
布隆迪	L	爱尔兰	H	俄罗斯联邦	UM
喀麦隆	LM	以色列	H	塞内加尔	LM
加拿大	H	意大利	H	新加坡	H
中非	L	牙买加	UM	斯洛文尼亚	H
智利	UM	日本	H	南非	UM
哥伦比亚	UM	哈萨克斯坦	UM	西班牙	H
哥斯达黎加	UM	韩国	H	苏丹	LM
科特迪瓦	LM	拉脱维亚	H	瑞典	H
克罗地亚	H	立陶宛	UM	瑞士	H
塞浦路斯	H	中国澳门	H	斯里兰卡	L
捷克共和国	H	马达加斯加	L	泰国	LM
丹麦	H	马来西亚	UM	特立尼达和多巴哥	H
厄瓜多尔	LM	马尔代夫	LM	突尼斯	LM

国家或地区	类型	国家或地区	类型	国家或地区	类型
埃及	LM	马耳他	H	土耳其	UM
萨尔瓦多	LM	毛里求斯	UM	乌干达	L
爱沙尼亚	H	墨西哥	UM	乌克兰	LM
芬兰	H	摩尔多瓦	LM	英国	H
南斯拉夫	UM	摩洛哥	LM	美国	H
法国	H	荷兰	H	乌拉圭	UM
冈比亚	L	新西兰	H	委内瑞拉	UM
格鲁吉亚	LM	尼加拉瓜	LM	赞比亚	L

注：资料来源于世界银行 WDI 数据库（2009 年）；"H"表示高收入水平，"UM"表示中高收入水平，"LM"表示中低收入水平，"L"表示低收入水平。

附录 D 企业—产品层面 TSLS 回归的第一阶段估计结果

变量	(1) X	(2) X	(3) X	(4) X	(5) X	(6) X	(7) X	(8) X	(9) X	(10) X	(11) X
L. X	0.8163*** (17.085)	0.7591*** (7.838)	0.8868*** (16.083)	0.8212*** (10.288)	0.8257*** (19.268)	0.8329*** (9.517)	0.7719*** (7.813)	0.7147*** (7.404)	0.9353*** (39.153)	0.7498*** (15.803)	0.8243*** (15.381)
GDP	-0.0082 (-0.848)	0.0355 (1.120)	-0.0199 (-0.787)	-0.0141 (-0.841)	-0.0373** (-2.256)	-0.0046 (-0.357)	-0.0350** (-2.071)	0.0390 (1.603)	-0.0011 (-0.088)	0.1007*** (5.519)	0.0060 (0.436)
export	1.2544*** (2.946)	2.0327* (1.773)	0.5105 (1.005)	1.1432* (1.873)	0.7334* (1.912)	1.1865** (2.566)	0.4607 (1.079)	1.9319** (2.033)	1.3836*** (3.114)	-0.3210* (-1.925)	0.5803 (1.155)
free	0.3176* (1.945)	0.4819 (1.517)	0.5570 (1.474)	0.6675** (2.034)	-0.6545** (-2.320)	0.0408 (0.101)	-0.6481 (-0.944)	1.0735*** (5.155)	0.7596*** (2.709)	0.2063 (0.463)	1.5979*** (5.926)
dist	0.0283 (0.416)	-0.0379 (-0.205)	0.0256 (0.154)	-0.0033 (-0.028)	0.0789 (1.197)	0.1040* (1.901)	0.1319 (0.834)	-0.0889 (-0.548)	-0.0377 (-0.627)	-0.1328** (-2.294)	-0.1412 (-1.204)
MERS	0.0042 (0.221)	0.0678** (2.111)	0.0291 (0.606)	-0.0627 (-1.224)	0.0161 (0.450)	0.0035 (0.111)	-0.0190 (-0.653)	0.1126*** (3.990)	0.0172 (0.501)	0.0986*** (3.883)	0.0028 (0.091)
cont	0.1381 (1.534)	0.0542 (0.351)	0.1217 (0.408)	0.1690 (0.944)	0.0479 (0.547)	0.1846** (2.525)	0.1627 (0.784)	-0.0779 (-0.717)	0.1364* (1.896)	0.1013 (1.220)	-0.0355 (-0.227)

续表

变量	(1)	(2)	(3)	(4)	(5)	(6)	(7)	(8)	(9)	(10)	(11)
	X	X	X	X	X	X	X	X	X	X	X
FTA	0.1808** (2.268)	0.4266** (2.284)	0.1540 (0.751)	0.1398 (0.847)	0.0040 (0.047)	0.0437 (0.596)	-0.0087 (-0.062)	0.4134*** (2.868)	0.1201* (1.720)	0.0843 (1.241)	0.2491* (1.957)
APEC	-0.1398*** (-3.631)	-0.2246* (-1.935)	-0.1354** (-2.352)	-0.1107** (-1.994)	-0.0149 (-0.331)	-0.1354*** (-3.538)	-0.0525 (-1.091)	-0.2069** (-2.018)	-0.1687*** (-3.637)	-0.1773*** (-3.106)	-0.1516*** (-2.979)
常数项	272.6203*** (11.049)	341.8720*** (7.543)	286.9548*** (7.622)	240.8849*** (5.346)	245.4737*** (9.300)	324.8720*** (4.203)	231.3761*** (6.296)	363.3656*** (6.547)	275.4861*** (6.981)	316.9907*** (13.246)	267.8043*** (9.920)
企业固定效应	是	是	是	是	是	是	是	是	是	是	是
产品固定效应	是	是	是	是	是	是	是	是	是	是	是
年份固定效应	是	是	是	是	是	是	是	是	是	是	是
观测值	3 091 913	744 491	595 875	910 611	194 246	521 580	1 461 084	654 025	976 804	602 742	2 489 171
F统计量	291.90	61.44	258.68	105.84	371.26	90.57	61.05	54.82	1 532.98	249.74	236.59
样本类型	全样本	国有企业	中外合资企业	外商独资企业	集体企业	私营企业	劳动密集型产品	资本密集型产品	技术密集型产品	中低收入进口国	高收入进口国

注：*、** 和 *** 分别表示 10%、5% 和 1% 的显著性水平；（）内数值为采用聚类稳健标准差得到的 t 值或 z 值，均聚类在企业—产品—进口国—年份维度。

附录 E　行业层面 TSLS 回归的第一阶段估计结果

变量	(1) χ	(2) χ	(3) χ	(4) χ	(5) χ	(6) χ
REER	0.4729 *** (21.092)	0.7131 *** (24.971)	0.2405 *** (29.264)	0.9988 *** (61.302)	0.4728 *** (16.021)	0.4742 *** (13.742)
GDP	0.0031 (1.477)	0.0034 (0.661)	0.0024 * (1.646)	0.0050 *** (2.684)	0.0030 (0.989)	0.0058 (1.637)
export	− 0.0218 (− 0.575)	− 0.0306 (− 0.316)	− 0.0103 (− 0.404)	− 0.0163 (− 0.499)	− 0.0285 (− 0.582)	0.0409 (0.520)
free	0.0339 (0.945)	0.0521 (0.585)	0.0269 (1.091)	0.0877 *** (2.727)	0.0411 (0.698)	0.0465 (0.615)
dist	− 0.0023 (− 0.320)	0.0004 (0.025)	− 0.0010 (− 0.216)	− 0.0017 (− 0.275)	− 0.0034 (− 0.300)	− 0.0006 (− 0.047)
MERS	0.0072 ** (2.103)	0.0035 (0.411)	0.0049 ** (2.070)	0.0106 *** (3.458)	0.0063 (1.556)	0.0189 ** (2.001)
cont	− 0.0005 (− 0.054)	0.0025 (0.106)	− 0.0000 (− 0.001)	0.0009 (0.107)	− 0.0012 (− 0.085)	− 0.0053 (− 0.357)
FTA	0.0044 (0.367)	0.0052 (0.174)	0.0032 (0.391)	0.0052 (0.483)	0.0007 (0.032)	0.0037 (0.208)
APEC	− 0.0018 (− 0.184)	− 0.0083 (− 0.338)	− 0.0024 (− 0.356)	− 0.0065 (− 0.742)	0.0014 (0.075)	− 0.0057 (− 0.424)
常数项	− 30.0370 *** (− 22.605)	− 19.2586 *** (− 5.931)	− 15.8485 *** (− 16.981)	− 41.8368 *** (− 32.889)	− 30.2033 *** (− 17.261)	− 28.1853 *** (− 12.077)
行业固定效应	是	是	是	是	是	是
年份固定效应	是	是	是	是	是	是
观测值	18 896	5 040	7 557	6 299	10 916	7 980
F 统计量	99.98	163.39	104.86	1 384.31	57.72	42.39
样本类型	全样本	劳动密集型 行业	资本密集型 行业	技术密集型 行业	中低收入 进口国	高收入 进口国

注：*、** 和 *** 分别表示 10%、5% 和 1% 的显著性水平；（）内数值为采用聚类稳健标准差得到的 t 值或 z 值，均聚类在行业—年份维度。

参考文献

[1] 安增军、林昌辉：《品牌对生产者及消费者福利水平影响研究——基于效用函数的重构》，载《东南学术》2010年第2期。

[2] 包群、阳佳余：《金融发展影响了中国工业制成品出口的比较优势吗》，载《世界经济》2008年第3期。

[3] 鲍晓华、朱达明：《技术性贸易壁垒的差异化效应：国际经验及对中国的启示》，载《世界经济》2015年第11期。

[4] 北京大学中国经济研究中心课题组：《中国出口贸易中的垂直专门化与中美贸易》，载《世界经济》2006年第5期。

[5] 曹驰、黄汉民：《外部制度质量差异对企业生产率和出口选择门槛的影响——基于中国制造业行业的理论和实证研究》，载《国际贸易问题》2017年第2期。

[6] 陈爱贞、刘志彪：《决定我国装备制造业在全球价值链中地位的因素——基于各细分行业投入产出实证分析》，载《国际贸易问题》2011年第4期。

[7] 陈传灿、郝琭璐：《基于性价比评估的轿车购车决策模型》，载《汽车工业研究》2016年第10期。

[8] 陈丰龙、徐康宁：《中国出口产品的质量阶梯及其影响因素》，载《国际贸易问题》2016年第10期。

[9] 陈晓华、沈成燕：《出口持续时间对出口产品质量的影响研究》，载《国际贸易问题》2015年第1期。

[10] 陈勇兵、李伟、蒋灵多：《中国出口产品的相对质量在提高吗？——来自欧盟 HS-6 位数进口产品的证据》，载《世界经济文汇》2012年第4期。

[11] 程大中：《中国增加值贸易隐含的要素流向扭曲程度分析》，载《经济研究》2014年第9期。

[12] 戴翔：《中国制造业国际竞争力——基于贸易附加值的测算》，载《中

国工业经济》2015年第1期。

[13] 戴翔、张二震：《中间产品进口、出口多样化与贸易顺差——理论模型及对中国的经验分析》，载《国际经贸探索》2010年第7期。

[14] 董敏杰、梁泳梅、李钢：《环境规制对中国出口竞争力的影响——基于投入产出表的分析》，载《中国工业经济》2011年第3期。

[15] 董巧婷、解海顺、李明：《评标价确定方法研究》，载《建筑经济》2007年第8期。

[16] 杜志彬、徐国强、朱向雷：《改进的层次分析法轿车性价比评价模型》，载《产业与科技论坛》2012年第18期。

[17] 樊纲、关志雄、姚枝仲：《国际贸易结构分析：贸易品的技术分布》，载《经济研究》2006年第8期。

[18] 樊海潮、郭光远：《出口价格、出口质量与生产率间的关系：中国的证据》，载《世界经济》2015年第2期。

[19] 范爱军：《中国各类出口产业比较优势实证分析》，载《中国工业经济》2002年第2期。

[20] 范帅邦、乐君杰：《公共产品性价比水平实证分析——基于杭州市的民意调查》，载《改革与战略》2009年第7期。

[21] 傅朝阳：《中国出口商品比较优势的实证分析：1980~2000》，载《世界经济研究》2005年第3期。

[22] 高晓娜：《中国本土企业出口产品质量测度与影响因素分析》，载《经济经纬》2017年第3期。

[23] 谷克鉴、吴宏：《外向型贸易转移：中国外贸发展模式的理论验证与预期应用》，载《管理世界》2003年第4期。

[24] 郭平：《政治关系、制度环境与中国企业出口行为》，载《当代财经》2015年第1期。

[25] 郭苏文、黄汉民：《制度质量、制度稳定性与对外贸易：一项实证研究》，载《国际经贸探索》2011年第4期。

[26] 韩会朝、徐康宁：《中国产品出口"质量门槛"假说及其检验》，载《中国工业经济》2014年第4期。

[27] 韩小鹏、张旭梅、王磊、但斌：《产品与多增值性服务的联合定价与

资源分配研究》，载《管理工程学报》2015 年第 3 期。

[28] 韩正民：《性价比评标法原理与应用模型研究》，载《经营管理者》2016 年第 23 期。

[29] 贺灿飞、魏后凯：《新贸易理论与外商在华制造企业的出口决定》，载《管理世界》2004 年第 1 期。

[30] 侯仁勇、苏艳丽：《我国轿车性价比评价模型》，载《价值工程》2007 年第 1 期。

[31] 胡新平、李天丽、邓腾腾：《质量和价格影响需求的双渠道供应链饥饿营销策略》，载《系统管理学报》2015 年第 3 期。

[32] 黄亚钧、汪亚楠：《贸易自由化与企业出口表现——基于贸易政策不确定性的视角》，载《经济问题探索》2017 年第 10 期。

[33] 黄永明、何剑峰：《环境规制差异对出口升级的影响——基于我国省际面板数据的研究》，载《国际商务（对外经济贸易大学学报)》2017 年第 1 期。

[34] 计国君、杨光勇：《存在战略顾客的模仿创新研究》，载《管理科学学报》2013 年第 4 期。

[35] 江小涓：《中国出口增长与结构变化：外商投资企业的贡献》，载《南开经济研究》2002 年第 2 期。

[36] 姜伟、王涛：《生产性补贴对中国新能源企业出口影响的实证研究——基于微观企业面板数据》，载《国际经贸探索》2017 年第 9 期。

[37] 蒋伏心、王竹君、白俊红：《环境规制对技术创新影响的双重效应——基于江苏制造业动态面板数据的实证研究》，载《中国工业经济》2013 年第 7 期。

[38] 蒋为、蒋柳：《法制环境、契约执行与中国企业出口行为》，载《当代财经》2015 年第 1 期。

[39] 康志勇、张杰：《制度缺失、行为扭曲与我国出口贸易的扩张——来自我国省际面板数据的实证分析》，载《国际贸易问题》2009 年第 10 期。

[40] 康志勇：《政府补贴与中国本土企业出口行为研究》，载《世界经济研究》2014 年第 12 期。

[41] 康志勇：《资本品、中间品进口对中国企业研发行为的影响："促进"抑或"抑制"》，载《财贸研究》2015 年第 3 期。

[42] 孔庆峰、陈蔚：《基于要素禀赋的比较优势理论在我国贸易实践中适

用性的经验检验》，载《国际贸易问题》2008年第10期。

［43］李春顶、尹翔硕：《我国出口企业的"生产率悖论"及其解释》，载《财贸经济》2009年第11期。

［44］李春顶：《中国出口企业是否存在"生产率悖论"：基于中国制造业企业数据的检验》，载《世界经济》2010年第7期。

［45］李大伟：《提升我国产业在全球价值链中的位势研究》，载《宏观经济研究》2015年第6期。

［46］李方静：《出口、出口目的地与工资水平——来自中国制造业企业微观层面证据》，载《国际经贸探索》2014年第8期。

［47］李方静：《制度会影响出口质量吗?——基于跨国面板数据的经验分析》，载《当代财经》2016年第12期。

［48］李光泗、沈坤荣：《中国技术引进、自主研发与创新绩效研究》，载《财经研究》2011年第11期。

［49］李酣、张继宏：《国际贸易中的产品质量异质性研究进展》，载《中南财经政法大学学报》2015年第1期。

［50］李怀建、沈坤荣：《出口产品质量的影响因素分析——基于跨国面板数据的检验》，载《产业经济研究》2015年第6期。

［51］李军：《企业多重异质性与出口行为：Melitz模型的拓展与来自中国制造业的证据》，华中科技大学博士论文，2011年。

［52］李坤望、蒋为、宋立刚：《中国出口产品品质变动之谜：基于市场进入的微观解释》，载《中国社会科学》2014年第3期。

［53］李坤望、王永进：《契约执行效率与地区出口绩效差异——基于行业特征的经验分析》，载《经济学（季刊）》2010年第3期。

［54］李玲、陶锋：《中国制造业最优环境规制强度的选择——基于绿色全要素生产率的视角》，载《中国工业经济》2012年第5期。

［55］李珊珊：《环境规制对就业技能结构的影响——基于工业行业动态面板数据的分析》，载《中国人口科学》2016年第5期。

［56］李胜旗、佟家栋：《产品质量、出口目的地市场与企业加成定价》，载《国际经贸探索》2016年第1期。

［57］李小平、卢现祥、陶小琴：《环境规制强度是否影响了中国工业行业

的贸易比较优势》，载《世界经济》2012 年第 4 期。

[58] 李小平、周记顺、卢现祥、胡久凯：《出口的"质"影响了出口的"量"吗?》，载《经济研究》2015 年第 8 期。

[59] 李昕：《贸易总额与贸易差额的增加值统计研究》，载《统计研究》2012 年第 10 期。

[60] 李秀芳、施炳展：《补贴是否提升了企业出口产品质量?》，载《中南财经政法大学学报》2013 年第 4 期。

[61] 李有：《出口贸易产品质量与国际竞争力——基于中国制造业的实证研究》，载《当代财经》2015 年第 12 期。

[62] 廖涵：《论我国加工贸易的中间品进口替代》，载《管理世界》2003 年第 1 期。

[63] 廖涵、谢靖：《"性价比"与出口增长：中国出口奇迹的新解读》，载《世界经济》2018 年第 2 期。

[64] 林毅夫、蔡昉、李周：《中国的奇迹：发展战略与经济改革》，上海三联书店 1994 年版。

[65] 林毅夫、张鹏飞：《后发优势、技术引进和落后国家的经济增长》，载《经济学（季刊)》2005 年第 4 期。

[66] 林毅夫、张鹏飞：《适宜技术、技术选择和发展中国家的经济增长》，载《经济学（季刊)》2006 年第 3 期。

[67] 刘林青、谭力文：《产业国际竞争力的二维评价——全球价值链背景下的思考》，载《中国工业经济》2006 年第 12 期。

[68] 刘晴、程玲、邵智、陈清萍：《融资约束、出口模式与外贸转型升级》，载《经济研究》2017 年第 5 期。

[69] 刘晓宁、刘磊：《贸易自由化对出口产品质量的影响效应——基于中国微观制造业企业的实证研究》，载《国际贸易问题》2015 年第 8 期。

[70] 刘志彪、张杰：《我国本土制造业企业出口决定因素的实证分析》，载《经济研究》2009 年第 8 期。

[71] 刘志忠、杨海余、王耀中：《中国出口高速增长之源——基于拉尼斯—费模型的研究》，载《经济评论》2007 年第 1 期。

[72] 刘遵义、陈锡康、杨翠红等：《非竞争型投入占用产出模型及其应

用——中美贸易顺差透视》，载《中国社会科学》2007 年第 5 期。

[73] 卢锋：《中国国际收支双顺差现象研究：对中国外汇储备突破万亿美元的理论思考》，载《世界经济》2006 年第 11 期。

[74] 陆利平、邱穆青：《商业信用与中国工业企业出口扩张》，载《世界经济》2016 年第 6 期。

[75] 马淑琴：《中国出口品技术含量测度及其差异分析——基于产品内贸易分类的跨国数据》，载《国际贸易问题》2012 年第 7 期。

[76] 马述忠、张洪胜：《集群商业信用与企业出口——对中国出口扩张奇迹的一种解释》，载《经济研究》2017 年第 1 期。

[77] 马述忠、郑博文：《中国企业出口行为与生产率关系的历史回溯：2001～2007》，载《浙江大学学报（人文社会科学版）》2010 年第 5 期。

[78] 毛其淋、盛斌：《贸易自由化、企业异质性与出口动态——来自中国微观企业数据的证据》，载《管理世界》2013 年第 3 期。

[79] 毛其淋、盛斌：《贸易自由化与中国制造业企业出口行为："入世"是否促进了出口参与?》，载《经济学（季刊）》2014 年第 2 期。

[80] 孟捷、冯金华：《部门内企业的代谢竞争与价值规律的实现形式——一个演化马克思主义的解释》，载《经济研究》2015 年第 1 期。

[81] 米建国：《产品物美价廉程度的定量分析——物美价廉系数》，载《经济理论与经济管理》1983 年第 3 期。

[82] 慕绣如、孙灵燕：《生产率和融资异质性对企业出口的影响——基于门槛效应的分析》，载《国际贸易问题》2017 年第 10 期。

[83] 潘文卿、李跟强：《垂直专业化、贸易增加值与增加值贸易核算——全球价值链背景下基于国家（地区）间投入产出模型方法综述》，载《经济学报》2014 年第 4 期。

[84] 潘向东、廖进中、赖明勇：《制度因素与双边贸易：一项基于中国的经验研究》，载《世界经济》2004 年第 5 期。

[85] 彭冬冬、杨德彬、苏理梅：《环境规制对出口产品质量升级的差异化影响——来自中国企业微观数据的证据》，载《现代财经（天津财经大学学报）》2016 年第 8 期。

[86] 钱学锋、王菊蓉、黄云湖、王胜：《出口与中国工业企业的生产率——

自我选择效应还是出口学习效应?》,载《数量经济技术经济研究》2011 年第 2 期。

[87] 钱学锋、熊平:《中国出口增长的二元边际及其因素决定》,载《经济研究》2010 年第 1 期。

[88] 邱斌、刘清肇、陈旭:《金融发展与企业出口决策——基于中国工业企业数据的经验研究》,载《东南大学学报(哲学社会科学版)》2016 年第 6 期。

[89] 邱斌、刘修岩、赵伟:《出口学习抑或自选择:基于中国制造业微观企业的倍差匹配检验》,载《世界经济》2012 年第 4 期。

[90] 任宏、竹隰生、曹跃进:《商品住宅经济性能评价研究》,载《重庆建筑大学学报》2000 年第 2 期。

[91] 任力、黄崇杰:《国内外环境规制对中国出口贸易的影响》,载《世界经济》2015 年第 5 期。

[92] 沈能、刘凤朝:《高强度的环境规制真能促进技术创新吗?——基于"波特假说"的再检验》,载《中国软科学》2012 年第 4 期。

[93] 盛斌:《中国对外贸易政策的政治经济分析》,上海人民出版社 2002 年版。

[94] 盛斌、马涛:《中国工业部门垂直专业化与国内技术含量的关系研究》,载《世界经济研究》2008 年第 8 期。

[95] 施炳展、曾祥菲:《中国企业进口产品质量测算与事实》,载《世界经济》2015 年第 3 期。

[96] 施炳展、王有鑫、李坤望:《中国出口产品品质测度及其决定因素》,载《世界经济》2013 年第 9 期。

[97] 施炳展、冼国明:《技术复杂度偏好与中国出口增长——基于扩展引力模型的分析》,载《南方经济》2012 年第 8 期。

[98] 施炳展:《补贴对中国企业出口行为的影响——基于配对倍差法的经验分析》,载《财经研究》2012 年第 5 期。

[99] 施炳展:《中国企业出口产品质量异质性:测度与事实》,载《经济学(季刊)》2013 年第 4 期。

[100] 史朝兴、顾海英:《加入 WTO 对中国双边贸易增长贡献的实证研究——兼论影响中国双边贸易增长的因素》,载《财贸研究》2006 年第 3 期。

［101］苏理梅、彭冬冬、兰宜生：《贸易自由化是如何影响我国出口产品质量的？——基于贸易政策不确定性下降的视角》，载《财经研究》2016 年第 4 期。

［102］孙楚仁、刘雅莹、陈瑾：《资产专用性、制度改进与企业出口行为》，载《世界经济研究》2016 年第 7 期。

［103］孙楚仁、王松、赵瑞丽：《制度好的省份会出口制度更密集的产品吗？》，载《南开经济研究》2014 年第 5 期。

［104］孙理军、严良：《全球价值链上中国制造业转型升级绩效的国际比较》，载《宏观经济研究》2016 年第 1 期。

［105］谭浩邦：《价值工程方法研究》，广东科技出版社 1992 年版。

［106］汤二子、李影、张海英：《异质性企业、出口与"生产率悖论"——基于 2007 年中国制造业企业层面的证据》，载《南开经济研究》2011 年第 3 期。

［107］汤二子、孙振：《异质性生产率、产品质量与中国出口企业的"生产率悖论"》，载《世界经济研究》2012 年第 11 期。

［108］汤萱：《技术引进影响自主创新的机理及实证研究——基于中国制造业面板数据的实证检验》，载《中国软科学》2016 年第 5 期。

［109］田巍、余淼杰：《企业出口强度与进口中间品贸易自由化：来自中国企业的实证研究》，载《管理世界》2013 年第 1 期。

［110］田志龙、李春荣、蒋倩、王浩、刘林、朱力、朱守拓：《中国汽车市场弱势后入者的经营战略——基于对吉利、奇瑞、华晨、比亚迪和哈飞等华系汽车的案例分析》，载《管理世界》2010 年第 8 期。

［111］童健、刘伟、薛景：《环境规制、要素投入结构与工业行业转型升级》，载《经济研究》2016 年第 7 期。

［112］童剑锋：《增值贸易统计研究的国际进展》，载《国际商务财会》2013 年第 4 期。

［113］童伟伟：《环境规制影响了中国制造业企业出口吗？》，载《中南财经政法大学学报》2013 年第 3 期。

［114］汪建新：《贸易自由化、质量差距与地区出口产品质量升级》，载《国际贸易问题》2014 年第 10 期。

［115］王红梅：《中国环境规制政策工具的比较与选择——基于贝叶斯模型平均（BMA）方法的实证研究》，载《中国人口·资源与环境》2016 年第 9 期。

［116］王洪庆：《人力资本视角下环境规制对经济增长的门槛效应研究》，载《中国软科学》2016 年第 6 期。

［117］王华、许和连、杨晶晶：《出口、异质性与企业生产率——来自中国企业层面的证据》，载《财经研究》2011 年第 6 期。

［118］王昆、廖涵：《国内投入、中间进口与 FDI 垂直溢出——基于非竞争型投入产出表的实证研究》，载《数量经济技术经济研究》2011 年第 1 期。

［119］王明益：《中国出口产品质量提高了吗》，载《统计研究》2014 年第 5 期。

［120］王培志、刘雯雯：《中国出口贸易结构变迁及影响因素分析——基于技术附加值的视角》，载《宏观经济研究》2014 年第 10 期。

［121］王少国、潘恩阳：《人力资本积累、企业创新与中等收入陷阱》，载《中国人口·资源与环境》2017 年第 5 期。

［122］王树柏、李小平：《提高碳生产率有助于出口质量提升吗——基于 166 个经济体跨国面板数据的分析》，载《国际贸易问题》2017 年第 1 期。

［123］王树柏、李小平：《中国制造业碳生产率变动对出口商品质量影响研究》，载《上海经济研究》2015 年第 10 期。

［124］王学君、潘江：《贸易自由化与增加值贸易——WTO 对中国出口的真实影响》，载《经济理论与经济管理》2017 年第 6 期。

［125］魏浩、林薛栋：《进出口产品质量测度方法的比较与中国事实——基于微观产品和企业数据的实证分析》，载《财经研究》2017 年第 5 期。

［126］巫强、刘志彪：《中国沿海地区出口奇迹的发生机制分析》，载《经济研究》2009 年第 6 期。

［127］吴福象、刘志彪：《中国贸易量增长之谜的微观经济分析：1978～2007》，载《中国社会科学》2009 年第 1 期。

［128］吴正斌、胡坚耀、李程宇：《低速电动汽车的性能研究》，载《集成技术》2015 年第 1 期。

［129］冼国明、严兵、张岸元：《中国出口与外商在华直接投资——1983～2000 年数据的计量研究》，载《南开经济研究》2003 年第 1 期。

［130］向鹏成、郭峰、任宏：《房地产性价比的确定方法》，载《重庆大学学报（自然科学版）》2006 年第 7 期。

［131］谢建国：《外商直接投资与中国的出口竞争力——一个中国的经验研究》，载《世界经济研究》2003 年第 7 期。

［132］谢靖、廖涵：《技术创新视角下环境规制对出口质量的影响研究——基于制造业动态面板数据的实证分析》，载《中国软科学》2017 年第 8 期。

［133］谢靖、廖涵：《异质性外资、环境规制与出口技术复杂度提升——基于华东地区六省一市的实证研究》，载《华东经济管理》2017 年第 12 期。

［134］谢孟军、王立勇：《经济制度质量对中国出口贸易影响的实证研究——基于改进引力模型的 36 国（地区）面板数据分析》，载《财贸研究》2013 年第 3 期。

［135］徐建炜、田丰：《中国行业层面实际有效汇率测算：2000～2009》，载《世界经济》2013 年第 5 期。

［136］徐榕、赵勇：《融资约束如何影响企业的出口决策?》，载《经济评论》2015 年第 3 期。

［137］徐幼民、漆玲琼、徐小康等：《论技术创新状况的经济评价指标》，载《财经理论与实践》2014 年第 3 期。

［138］许和连、王海成：《最低工资标准对企业出口产品质量的影响研究》，载《世界经济》2016 年第 7 期。

［139］许家云、毛其淋、胡鞍钢：《中间品进口与企业出口产品质量升级：基于中国证据的研究》，载《世界经济》2017 年第 3 期。

［140］许家云、佟家栋、毛其淋：《人民币汇率、产品质量与企业出口行为——中国制造业企业层面的实证研究》，载《金融研究》2015 年第 3 期。

［141］许明：《市场竞争、融资约束与中国企业出口产品质量提升》，载《数量经济技术经济研究》2016 年第 9 期。

［142］寻格辉：《R&D 的投资激励：为什么会有技术领先企业?》，载《上海经济研究》2004 年第 6 期。

［143］阳佳余：《融资约束与企业出口行为：基于工业企业数据的经验研究》，载《经济学（季刊)》2012 年第 4 期。

［144］杨光勇、计国君：《基于战略顾客行为的进入威慑策略研究》，载《中国管理科学》2015 年第 11 期。

［145］杨连星、张秀敏、姚程飞：《异质性出口质量与出口价格变动效应研

究——来自中国情境下的微观证据》，载《世界经济研究》2015 年第 9 期。

[146] 杨全发、陈平：《外商直接投资对中国出口贸易的作用分析》，载《管理世界》2005 年第 5 期。

[147] 杨汝岱、朱诗娥：《中国对外贸易结构与竞争力研究：1978～2006》，载《财贸经济》2008 年第 2 期。

[148] 杨汝岱：《中国工业制成品出口增长的影响因素研究：基于 1994～2005 年分行业面板数据的经验分析》，载《世界经济》2008 年第 8 期。

[149] 姚洋、张晔：《中国出口品国内技术含量升级的动态研究——来自全国及江苏省、广东省的证据》，载《中国社会科学》2008 年第 2 期。

[150] 叶修群：《保税区、出口加工区与贸易开放——基于倍差法的实证研究》，载《中央财经大学学报》2017 年第 7 期。

[151] 易靖韬：《企业异质性、市场进入成本、技术溢出效应与出口参与决定》，载《经济研究》2009 年第 9 期。

[152] 于津平、吴小康、熊俊：《双边实际汇率、出口规模与出口质量》，载《世界经济研究》2014 年第 10 期。

[153] 余淼杰、张睿：《中国制造业出口质量的准确衡量：挑战与解决方法》，载《经济学（季刊）》2017 年第 2 期。

[154] 余淼杰：《中国的贸易自由化与制造业企业生产率》，载《经济研究》2010 年第 12 期。

[155] 詹晓宁、葛顺奇：《出口竞争力与跨国公司 FDI 的作用》，载《世界经济》2002 年第 11 期。

[156] 张成、陆旸、郭路、于同申：《环境规制强度和生产技术进步》，载《经济研究》2011 年第 2 期。

[157] 张鸿：《我国对外贸易结构及其比较优势的实证分析》，载《国际贸易问题》2006 年第 4 期。

[158] 张杰、李勇、刘志彪：《出口促进中国企业生产率提高吗?——来自中国本土制造业企业的经验证据：1999～2003》，载《管理世界》2009 年第 12 期。

[159] 张杰、李勇、刘志彪：《出口与中国本土企业生产率——基于江苏制造业企业的实证分析》，载《管理世界》2008 年第 11 期。

［160］张杰、李勇、刘志彪：《制度对中国地区间出口差异的影响：来自中国省际层面 4 分位行业的经验证据》，载《世界经济》2010 年第 2 期。

［161］张杰、翟福昕、周晓艳：《政府补贴、市场竞争与出口产品质量》，载《数量经济技术经济研究》2015 年第 4 期。

［162］张杰、郑文平、陈志远、王雨剑：《进口是否引致了出口：中国出口奇迹的微观解读》，载《世界经济》2014 年第 6 期。

［163］张杰、郑文平、翟福昕：《中国出口产品质量得到提升了么?》，载《经济研究》2014 年第 10 期。

［164］张明志、铁瑛：《工资上升对中国企业出口产品质量的影响研究》，载《经济学动态》2016 年第 9 期。

［165］张秋菊：《技术进步对我国出口稳定增长的影响——基于各地区面板数据的实证分析》，载《经济问题探索》2013 年第 3 期。

［166］张小蒂、孙景蔚：《基于垂直专业化分工的中国产业国际竞争力分析》，载《世界经济》2006 年第 5 期。

［167］张洋：《政府补贴提高了中国制造业企业出口产品质量吗》，载《国际贸易问题》2017 年第 4 期。

［168］支燕、白雪洁：《我国高技术产业创新绩效提升路径研究——自主创新还是技术外取?》，载《南开经济研究》2012 年第 5 期。

［169］朱柏铭：《从性价比角度看"基本公共服务均等化"》，载《财贸经济》2008 年第 10 期。

［170］朱希伟、金祥荣、罗德明：《国内市场分割与中国的出口贸易扩张》，载《经济研究》2005 年第 12 期。

［171］祝树金、张鹏辉：《中国制造业出口国内技术含量及其影响因素》，载《统计研究》2013 年第 6 期。

［172］Alvarez, R. and Lopez, R. Exporting and Performance: Evidence from Chilean Plants ［J］. *Canadian Journal of Economics*, 2005, 38 (4): 1384 – 1400.

［173］Amiti, M. and Freund, C. An Anatomy of China's Export Growth ［R］. World Bank Policy Research Working Paper, No. 4628, 2007.

［174］Amiti, M. and Khandelwal, A. K. Import Competition and Quality Upgrading ［J］. *The Review of Economics and Statistics*, 2013, 95 (2): 476 – 490.

［175］Amiti, Mary, and Jozef Konings. Trade liberalization, intermediate inputs, and productivity: Evidence from Indonesia ［J］. *The American Economic Review*, 97. 5 (2007): 1611 – 1638.

［176］Antoniades, A. Heterogeneous Firm, Quality and Trade ［R］. Columbia University, Mimeo, 2008.

［177］Arnold, J. M. and K. Hussinger. Export Behavior and Firm Productivity in German Manufacturing: A Firm-level Analysis ［J］. *Review of World Economics*, 2005, 141 (2): 219 – 243.

［178］Athukorala, P., S. Jayasuriya and E. Oczkowski. Multinational Firm and Export Performance in Developing Countries: Some Analytical Issues and New Empirical Evidences ［J］. *Journal of Development Economics*, 1995, 46: 109 – 122.

［179］Aw, B. Y., S. Chung and M. J. Roberts. Productivity and Turnover in the Export Market: Micro-level Evidence from the Republic of Korea and Taiwan (China) ［J］. *The World Bank Economic Review*, 2000, 14 (1): 65 – 90.

［180］Baldwin, J. R. and Gu, W. Export-Market Participation and Productivity Performance in Canadian Manufacturing ［J］. *Canadian Journal of Economics/Revue canadienne d'économique*, 2003, 36 (3): 634 – 657.

［181］Baldwin, R. and J. Harrigan. Zeros, Quality, and Space: Trade Theory and Trade Evidence ［J］. *American Economic Journal: Microeconomics*, 2011, 3 (2): 60 – 88.

［182］Baldwin, R. Heterogeneous Firms and Trade: Testable and Untestable Properties of the Melitz Model ［R］. NBER Working Paper, No. 11471, 2005.

［183］Bas, M. Trade, Foreign Inputs and Firm's Decisions: Theory and Evidence ［R］. CEPII Working Paper series 35, 2009.

［184］Bastos, Paulo, and J. Silva. The Quality of a Firm's Exports: Where You Export to Matters ［J］. *Journal of International Economics*, 2010, 82 (2): 99 – 111.

［185］Bernard, A. B. and J. B. Jensen. Exceptional Exporter Performance: Cause, Effect, or Both? ［J］. *Journal of International Economics*, 1999 (47): 1 – 25.

［186］Bernard, A. B. and J. B. Jensen. Exporters, Jobs, and Wages in U. S. Manufacturing: 1976 – 1987 ［R］. Brookings Papers on Economic Activity: Microeconomics, 1995.

[187] Bernard, A. B. and J. B. Jensen. Exporting and Productivity in the USA [J]. *Oxford Review of Economic Policy*, 2004, 20 (3): 343 – 357.

[188] Bernard, A. B. , J. Eaton, J. B. Jensen and Kortum, S. Plants and Productivity in International Trade [J]. *American Economic Review*, 2003, 93 (4): 1268 – 1290.

[189] Berry, S. T. Estimating Discrete – Choice Models of Product Differentiation [J]. *The RAND Journal of Economics*, 1994, 25 (2): 242 – 262.

[190] Bils, M. Measuring the Growth from Better and Better Goods [R]. NBER Working Paper, No. 10606, 2004.

[191] Brooks, Eileen L. Why Don't Firms Export More? Product Quality and Colombian Plants [J]. *Journal of Development Economics*, 2006, 80 (1): 160 – 178.

[192] Bustos, P. Trade Liberalization, Exports, and Technology Upgrading: Evidence on the Impact of MERCOSUR on Argentinian Firms [J]. *American Economic Review*, 2011, 101 (1): 304 – 340.

[193] Chen C H, Mai C C, Yu H C. The Effect of Export Tax Rebates on Export Performance: Theory and Evidence from China [J]. *China Economic Review*, 2006, 17 (2): 226 – 235.

[194] Chen, N. and Juvenal, L. Quality, Trade, and Exchange Rate Passthrough [J]. *Journal of International Economics*, 2016, 100 (42): 61 – 80.

[195] Clerides, S. , Lach, S. and Tybout, J. Is Learning by Exporting Important? Micro-dynamic Evidence from Colombia, Mexico and Morocco [J]. *Quarterly Journal of Economics*, 1998, 113 (3): 903 – 947.

[196] Conti G, Lo Turco A, Maggioni D. Exporters in Services: New Evidence From Italian Firms [J]. *Applied Economics Quarterly*, 2010, 56 (1): 73 – 98.

[197] Costantini V, Mazzanti M. On the Green and Innovative Side of Trade Competitiveness? The Impact of Environmental Policies and Innovation on EU Exports [J]. *Research policy*, 2012, 41 (1): 132 – 153.

[198] Crino, R. and Epifani, P. Productivity, Quality and Export Behaviour [J]. *Economic Journal*, 2012, 122 (565): 1206 – 1243.

［199］ Crozet, M. , Head, K. and Mayer, T. Quality Sorting and Trade: Firm-level Evidence for French Wine ［J］. *Review of Economics Studies*, 2012, 79 (2): 609 – 644.

［200］ Damijan, J. P. and C. Kostevc. Learning-by-exporting: Continuous Productivity Improvements or Capacity Utilization Effects? Evidence from Slovenian Firms ［J］. *Review of World Economics*, 2006, 142 (3): 599 – 614.

［201］ De Loecker, J. Do Exports Generate Higher Productivity? Evidence from Slovenia ［J］. *Journal of International Economics*, 2007 (73): 69 – 98.

［202］ Dinopoulos, E. , Unel B. A Simple Model of Quality Heterogeneity and International Trade ［J］. *Journal of Economic Dynamics and Control*, 2013, 37 (1): 68 – 83.

［203］ Eckel C, Iacovone L, Javorcik B, et al. Multi-product Firms at Home and Away: Cost-versus Quality-based Competence ［J］. *Journal of International Economics*, 2015, 95 (2): 216 – 232.

［204］ Ederington J, Levinson A, Minier J. Footloose and Pollution-free ［J］. *Review of economics and statistics*, 2005, 87 (1): 92 – 99.

［205］ Fajgelbaum, P. , Grossman, G. M. and Helpman, E. Income Distribution, Product Quality, and International Trade ［J］. *Journal of Political Economy*, 2011, 119 (4): 721 – 765.

［206］ Fan, H. , Li, Y. A. and Yeaple, S. R. Trade Liberalization, Quality, and Export Price ［J］. *The Review of Economics and Statistics*, 2015, 97 (5): 1033 – 1051.

［207］ Fasil C B, Borota T. World Trade Patterns and Prices: The Role of Productivity and Quality Heterogeneity ［J］. *Journal of International Economics*, 2013, 91 (1): 68 – 81.

［208］ Feenstra R C, Hong C, Ma H, et al. Contractual versus Non-contractual Trade: The Role of Institutions in China ［J］. *Journal of Economic Behavior and Organization*, 2013, 94 (2): 281 – 294.

［209］ Feenstra R C, Romalis J. International Prices and Endogenous Quality ［J］. *Quarterly Journal of Economics*, 2014, 129 (2): 477 – 527.

〔210〕 Feenstra, R. C. and Wei, S. J. China's Growing Role in World Trade 〔M〕. Chicago: University of Chicago Press, 2010.

〔211〕 Feiock R, Rowland C K. Environmental Regulation and Economic Development: The Movement of Chemical Production among States 〔J〕. *Western political quarterly*, 1990, 43 (3): 561 – 576.

〔212〕 Feng, L., Li, Z. Y. and Swenson, D. L. The Connection between Imported Intermediate Inputs and Exports: Evidence from Chinese Firms 〔R〕. NBER Working Paper, NO. 18260, 2012.

〔213〕 Fernandes, A. M. and A. E. Isgut. Learning-by-Exporting Effects: Are They for Real 〔R〕. MPRA Paper, No. 3121, 2007.

〔214〕 Gervais A. Product Quality, R&D Investment, and International Trade, Society for Economic Dynamics 〔C〕. Meeting Papers, NO. 1335, 2011.

〔215〕 Girma S, Gong Y, and Görg H, et al. Can Production Subsidies Explain China's Export Performance? Evidence from Firm-level Data 〔J〕. *Scandinavian Journal of Economics*, 2009, 111 (4): 863 – 891.

〔216〕 Goldberg, L. S. Industry-Specific Exchange Rates for the United States 〔J〕. *Economic Policy Review*, 2004, 10 (1): 1 – 16.

〔217〕 Greenaway, D. and R. Kneller. Firm Heterogeneity, Exporting and Foreign Direct Investment: A Survey 〔J〕. *The Economic Journal*, 2007 (117): 134 – 161.

〔218〕 Greenaway, D. and R. Kneller. Firm-level Interactions between Exporting and Productivity: Industry – Specific Evidence 〔J〕. *Review of World Economics*, 2004, 140 (3): 376 – 392.

〔219〕 Grossman, G. M. and Helpman, E. Rent Dissipation, Rree Riding, and Trade Policy 〔J〕. *European Economic Review*, 1995, 40 (3 – 5): 795 – 803.

〔220〕 Grossman, G. M., Helpman, E. and Szeidl, A. Optimal Integration Strategies for the Multinational Firm 〔J〕. *Journal of International Economics*, 2006, 70 (1): 216 – 238.

〔221〕 Gwynne, B., Blomstrom, M., and Grosse R, et al. Foreign Investment and Spillovers 〔J〕. *Bulletin of Latin American Research*, 1991, 10 (1): 99 – 112.

〔222〕 Hahn, C. H. and Park, C. G. Learning-by-Exporting and Plant Characteristics：Evidence from Korean Plant-level Data ［J］. *Korea and World Economy*，2010，11（3）：459 – 492.

［223］ Hallak，J. C. Product Quality and the Direction of Trade ［J］. *Journal of International Economics*，2006，68（1）：238 – 265.

［224］ Hallak，J. C. and Schott，P. K. Estimating Cross-Country Differences in Product Quality ［J］. *Quarterly Journal of Economics*，2011，126（1）：417 – 474.

［225］ Hallak，J. C. and Sivadasan，J. Product and Process Productivity：Implications for Quality Choice and Conditional Exporter Premia ［J］. *Journal of International Economics*，2013，91（1）：53 – 67.

［226］ Hallak，J. C. A Product-Quality View of The Linder Hypothesis ［J］. *The Review of Economics and Statistics*，2010，92（3）：453 – 466.

［227］ Hansen，J. D. and Nielsen，J. U. M. Price as an Indicator for Quality in International Trade? ［R］. Working Paper，2008.

［228］ Hanson，G. H. and Slaughter，M. J. Vertical Production Networks in Multinational Firms ［J］. *The Review of Economics and Statistics*，2005，87（4）：664 – 678.

［229］ Hansson，P. and Lundin，N. N. Exports as an Indicator on or Promoter of Successful Swedish Manufacturing Firms in the 1990s ［J］. *Review of World Economics*，2004，140（3）：415 – 45.

［230］ Kugler，M. and Verhoogen，E. Prices，Plant Size，and Product Quality ［J］. *Review of Economic Studies*，2012，79（1）：307 – 339.

［231］ Helble M，Okubo T. Heterogeneous Quality Firms and Trade Costs ［R］. World Bank Policy Research Working Paper Series，NO. 4550，2008.

［232］ Helpman E，Melitz M and Yeaple S. Export versus FDI with Heterogeneous Firms ［J］. *American Economic Review*，2004，94（1）：300 – 317.

［233］ Hotelling，H. Stability in Competition ［J］. *The Economic Journal*，1929，39（153）：41 – 57.

［234］ Ikeya T. ，Sawada N. and Takagi S. ，et al. Charging Operation with High Energy Efficiency for Electric Vehicle Valve-regulated Lead-acid Battery System ［J］. *Journal of Power Sources*，2000，91（2）：130 – 136.

［235］ Jaffe A B，Palmer K. Environmental Regulation and Innovation：A Panel

Data Study [J]. *Review of Economics and Statistics*, 1997, 79 (4): 610 – 619.

[236] Johnson R C. Trade and Prices with Heterogeneous Firms [J]. *Journal of International Economics*, 2012, 86 (1): 43 – 56.

[237] Jones, R. W. Globalization and the Theory of Input Trade [M]. MIT Press, 2000.

[238] Khandelwal, A. K. The Long and Short (of) Quality Ladders [J]. *Review of Economic Studies*, 2010, 77 (4): 1450 – 1476.

[239] Khandelwal, A. K., Schott, P. K. and Wei, S. J. Trade Liberalization and Embedded Institutional Reform: Evidence from Chinese Exporters [J]. *American Economic Review*, 2013, 103 (6): 2169 – 2195.

[240] Lawless M. Firm Export Dynamics and the Geography of Trade [J]. *Journal of International Economics*, 2009, 77 (2): 245 – 254.

[241] Harrigan, J. and Barrows, G. Testing the Theory of Trade Policy: Evidence from the Abrupt End of the Multifiber Arrangement [J]. *The Review of Economics and Statistics*, 2009, 91 (2): 282 – 294.

[242] Lemoine, F. FDI and the Opening up of China's Economy [R]. CEPII Research Center Working Papers, NO. 11, 2000.

[243] Levchenko, A. A. Institutional Quality and International Trade [J]. *The Review of Economic Studies*, 2007, 74 (3): 791 – 819.

[244] Li, Z. and Yu, M. Exports, Productivity, and Credit Constraints: A Firm-Level Empirical Investigation of China [J]. *Economic Research Journal*, 2013, 48 (6): 86 – 99.

[245] Linder, S. B. An Essay on Trade and Transformation [J]. *Journal of Political Economy*, 1961 (1): 171 – 172.

[246] Liu Z. Foreign Direct Investment and Technology Spillover: Evidence from China [J]. *Journal of Comparative Economics*, 2002, 30 (3): 579 – 602.

[247] Mani, M. and Wheeler, D. In Search of Pollution Havens? Dirty Industry in the World Economy, 1960 – 1995 [J]. *The Journal of Environment & Development: A Review of International Policy*, 1998, 7 (3): 215 – 247.

[248] Manova, K. and Zhang, Z. Export Prices Across Firms and Destinations

[J]. *Quarterly Journal of Economics*, 2012, 127 (1): 379 - 436.

[249] Manova, K., Wei, S. J. and Zhang, Z. Firm Exports and Multinational Activity under Credit Constraints [R]. NBER Working Paper, NO. 16905, 2011.

[250] Martin, J. and Mejean, I. Low-wage Country Competition and the Quality Content of High-wage Country Exports [J]. *Journal of International Economics*, 2014, 93 (1): 140 - 152.

[251] Mayer T, Melitz M J and Ottaviano G I P. Market Size, Competition, and the Product Mix of Exporters [R]. NBER Working Paper, NO. 16959, 2011.

[252] Melitz, Marc J. The Impact of Trade on Intra-industry Reallocations and Aggregate Industry Productivity [J]. *Econometrica*, 2003, 71 (6): 1695 - 1725.

[253] Novy D. Gravity Redux: Measuring International Trade Costs with Panel Data [J]. *Economic Inquiry*, 2013, 51 (1): 101 - 121.

[254] Nunn, N. Slavery, Institutional Development and Long-Run Growth in Africa [C]. Meeting Papers, Society for Economic Dynamics, 2005.

[255] Pack, H. and Saggi, K. Exporting, Externalities and Technology Transfer [R]. The World Bank, Policy Research Working Paper, No. 2065, 1999.

[256] Pavcnik, N. Trade Liberalization, Exit, and Productivity Improvements: Evidence from Chilean Plants [J]. *The Review of Economic Studies*, 2002, 69 (1): 245 - 276.

[257] Perkins, F. C. Export Performance and Enterprise Reform in China's Coastal Provinces [J]. *Economic Development and Cultural Change*, 1997, 45 (3): 501 - 539.

[258] Ranjan, P. and Raychaudhuri, J. Self-selection vs Learning: Evidence from Indian Exporting Firms, Indian Growth and Development Review [J]. *Emerald Group Publishing*, 2007, 4 (1): 22 - 37.

[259] Richard, S. E. China's Exports, Subsidies to State-Owned Enterprises and the WTO [J]. *China Economic Review*, 2006, 17 (1): 1 - 13.

[260] Rodrik, D. What's So Special about China's Exports? [J]. *China & World Economy*, 2006, 14 (5): 1 - 19.

[261] Schor A. Heterogeneous Productivity Response to Tariff Reduction: Evidence from Brazilian Manufacturing Firms [R]. NBER Working Paper, No. 10544,

2004.

［262］ Schott, P. K. The Relative Sophistication of Chinese Export ［J］. *Economic Policy*, 2008, 23 (1): 5 –49.

［263］ Schott, P. K. Across-Product Versus Within – Product Specialization in International Trade ［J］. *Quarterly Journal of Economics*, 2004, 119 (2): 647 –678.

［264］ Thomas, C., Noel, T. and Zhu, W. China's Export Miracle: Origins, Results and Prospects ［M］. London Macmillan Press, 1999.

［265］ Van Biesebroeck, J. Exporting Raises Productivity in Sub-Saharan African Manufacturing Firms ［J］. *Journal of International Economics*, 2005, 67 (2): 373 – 391.

［266］ Verhoogen E A. Trade, Quality upgrading, and Wage Inequality in the Mexican Manufacturing Sector ［J］. *Social science electronic publishing*, 2008, 123 (2): 489 –530.

［267］ Verma, S. Export Competitiveness of Indian Textile and Garment Industry ［R］. Indian Council for Research on International Economic Relations Working Paper, No. 94, 2002.

［268］ Wakasugi R, Tanaka A. Firm Heterogeneity and Different Modes of Internationalization: Evidence from Japanese Firms ［R］. KIER Working Papers, No. 681, 2009.

［269］ Wang, Z. and Wei, S. J. The Chinese Export Bundles: Patterns, Puzzles and Possible Explanations ［R］. Macroeconomics Working Paper, NO. 226, 2008.

［270］ Weisstein E W. Fisher Index ［EB］. From Math World-A Wolfram Web Resource, 2011.

［271］ Xu, B. Measuring China's Export Sophistication ［R］. China Europe International Business School, manuscript, 2007.

［272］ Yeaple, S. R. Firm Heterogeneity, International Trade and Wages ［J］. *Journal of International Economics*, 2005, 65 (1): 1 –20.

［273］ Young, A. The Razor's Edge: Distortions and Incremental Reform in the People's Republic of China ［J］. *The Quarterly Journal of Economics*, 2000, 115 (4): 1091 –1135.

后　记

改革开放以来，中国出口贸易迅速扩张，不仅很快超过了其他发展中国家，而且在 2009 年也超过了发达国家，成为全球第一出口大国。"中国制造"在国际市场中取得的巨大成就被学者们称之为"中国出口奇迹"。为了更好地理解中国出口奇迹，以便于为其他国家提供经验借鉴，学者们做了多方面的尝试来探究中国出口快速扩张的原因。

一个代表性的观点认为，中国出口产品具有价格优势。这一类观点在产品同质性的隐含假设下，旨在说明价格优势是中国出口增长的动力源泉。而如果认为中国出口产品仅在于价格优势，这显然与林德假设不符，因为中国的出口市场主要为欧美等发达经济体。因此，价格优势并不能解释中国出口增长的全部。随着新新贸易理论的广泛应用与发展，一些学者开始尝试从产品质量的视角探索中国出口增长的原因。然而，如果认为中国产品依靠质量优势实现了出口持续扩张，可能会缺乏现实说服力。目前关于中国出口产品质量的测算，尽管由于测算方法和样本选取的不同，测算结果也不尽一致，但鲜有证据表明中国出口产品质量得到了大幅提升进而可以在国际市场中"以质取胜"。本书推测，中国出口增长的动力因素可能既包括价格方面也包括质量方面，仅从其中的某一方面分析都可能存在一定的局限性，难以真实地揭示出中国出口奇迹的原因，而需要综合考虑产品的价格和质量两种因素，这正是本书研究的出发点。

本书是作者在攻读博士学位期间研究成果的延伸。在此，真诚地感谢中南财经政法大学经济学院西方经济学专业导师组的悉心指导；感谢第四届香樟经济学论坛、第四届中国世界经济学科专家和中青年学者学术论坛、国务院发展研究中心中国发展的理论与实践研讨会、全国高校国际贸易学科协作组青年论坛暨西南财经大学 2017 年国际经贸博士生论坛、2017 年中国美国经济学会第十届会员代表大会暨"特朗普当选总统后美国经济走势与中美经贸关系"研讨会等与会学者的专业点评与建议。

　　本书受到湖北省社科基金一般项目（后期资助项目）的资助，在此表示感谢！

　　本书在写作过程中力争逻辑严谨、内容翔实，但难免有疏漏之处，恳请读者指正。